英検 最短合格シリーズ

Grade 2

英検®2級
1回で絶対合格！
まるごと対策

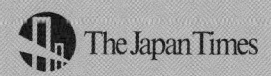

ジャパンタイムズ 編
● CDつき

JN235999

The Japan Times

「英検」は、公益財団法人 日本英語検定協会の登録商標です。

はじめに

　「日本英語検定協会」が公表している「レベルの目安」によると,「英検」2級は「高校卒業程度」の英語力が必要とされています。実際,語彙などのデータをとってみると,驚くほど「大学入試センター試験」と2級のレベルが一致しています。
　また,2016年度から2級にも「英作文(ライティング)問題」が加わりましたが,これも大学入試が4技能化される方向性と同じです。
　「4技能化」とは,英語を「読む・聞く」だけでなく,英語で「書く・話す」,つまり「表現する力」が問われるということです。
　したがって,2級の合格を目指して勉強するということが,これまで以上に,高校で学ぶ英語の総仕上げにつながり,また,大学入試にも直結していくと言えるのです。

　本書では,この「高校英語の総仕上げ」と「2級合格への最短の道」を一冊の中に盛り込みました。具体的には,過去の問題のみならず,新しくなった高校教科書の分析もふまえて,これからの2級の「出題傾向」とその「対策」を「まるごと」紹介しています。
　(詳しくは「本書の構成と使い方」をご覧ください)

　本書を活用して,みなさんが2級合格の栄冠を手にすることを確信しています。

編　者

Contents

目次

はじめに ‥‥‥ 3
本書の構成と使い方 ‥‥‥ 8
「英検」2級の試験内容 ‥‥‥ 10

一次試験
《筆記》解き方のポイントと練習問題

大問1 「適切な語(句)を選ぶ問題」‥‥‥ 12

① 適切な名詞を選ぶ問題　例題1 ‥‥‥ 12
　練習問題 ‥‥‥ 14
② 適切な動詞を選ぶ問題　例題2 ‥‥‥ 16
　練習問題 ‥‥‥ 18
③ 適切な形容詞・副詞・その他を選ぶ問題　例題3 ‥‥‥ 22
　練習問題 ‥‥‥ 24
④ 適切なイディオムを選ぶ問題　例題4 ‥‥‥ 26
　練習問題 ‥‥‥ 28
⑤ 適切な文法・語法を選ぶ問題　例題5 ‥‥‥ 32
　練習問題 ‥‥‥ 34
　　◎ 2級によく出る文法のまとめ ‥‥‥ 36
　　◎ 2級によく出る単語ベスト910　Part 1
　　　◆ 最重要 名詞 97 ‥‥‥ 42
　　　◆ 最重要 動詞 91 ‥‥‥ 45
　　　◆ 最重要 形容詞・副詞 52 ‥‥‥ 49
　　　◆ その他の品詞 5 ‥‥‥ 51

大問2 「長文問題 ― 適語句選択」‥‥‥ 52

① 大問 [2A]　練習問題1 ‥‥‥ 54
　　　　　　 練習問題2 ‥‥‥ 58
① 大問 [2B]　練習問題1 ‥‥‥ 62
　　　　　　 練習問題2 ‥‥‥ 66

◎ 2級によく出るイディオム ベスト325
- ◆「be +形容詞」で始まるもの ‥‥‥70
- ◆ 動詞で始まるもの ‥‥‥70
- ◆ 前置詞＋名詞（＋前置詞）‥‥‥76
- ◆ その他 ‥‥‥79

大問 3 Ⓐ 「長文問題―Eメール」‥‥‥82

① 大問 [3A]　Eメール　　練習問題　3A-1 ‥‥‥84
　　　　　　　　　　　　　練習問題　3A-2 ‥‥‥88

大問 3 Ⓑ・Ⓒ 「長文問題―説明文」‥‥‥92

② 大問 [3B]・[3C]　説明文　練習問題　3B-1 ‥‥‥94
　　　　　　　　　　　　　　練習問題　3B-2 ‥‥‥98
　　　　　　　　　　　　　　練習問題　3C-1 ‥‥‥102
　　　　　　　　　　　　　　練習問題　3C-2 ‥‥‥106

◎ 2級によく出る単語ベスト910　Part 2
- ◆ 重要 名詞 123 ‥‥‥110
- ◆ 重要 動詞 128 ‥‥‥115
- ◆ 重要 形容詞・副詞 80 ‥‥‥120
- ◆ その他の品詞 4 ‥‥‥123

大問 4 「英作文問題」‥‥‥124

例題 ‥‥‥124
　　◎ 2級ライティングのツボ ‥‥‥126

練習問題 1 ‥‥‥128
練習問題 2 ‥‥‥132

Contents

◎ 2級によく出る単語ベスト910　Part 3
- ◆ 重要 名詞 114 ‥‥‥ 136
- ◆ 重要 動詞 118 ‥‥‥ 140
- ◆ 重要 形容詞・副詞 98 ‥‥‥ 145

一次試験 《 リスニング 》解き方のポイントと練習問題

リスニング第1部 「対話の内容を聞き取る問題」‥‥‥ 150

　　　例題1 ‥‥‥ 150
　　　例題2 ‥‥‥ 152
① 家族・友人同士の会話　　　　練習問題 ‥‥‥ 154
② 学校・職場・店頭などでの会話　練習問題 ‥‥‥ 166

リスニング第2部 「英文の内容を聞き取る問題」‥‥‥ 178

　　　例題1 ‥‥‥ 178
　　　例題2 ‥‥‥ 180
①「人」に関する問題　　　　　　練習問題 ‥‥‥ 182
②「動植物・事物」に関する問題　練習問題 ‥‥‥ 198
③ アナウンス　　　　　　　　　練習問題 ‥‥‥ 204

二次試験《面接》会話のポイントと練習問題

「二次試験(面接)の受け方」 ･････ 210

例題 ･････ 213
練習問題 1 ･････ 218
練習問題 2 ･････ 222

挑戦！模擬テスト

問題 ･････ 228
筆記　解答・解説 ･････ 251
リスニング　解答・解説 ･････ 266

解答用紙 ･････ 285

カバーデザイン：清水裕久 (Pesco Paint)
カバー・トビライラスト：島津敦 (Pesco Paint)
本文デザイン：森村直美
問題イラスト：落合恵
DTP 組版：㈱河源社

CD ナレーション：Edith Kayumi & Howard Colefield
CD 収録・編集：ELEC 録音スタジオ
収録時間：約 70 分

※付属の CD は再生機器の種類により、不具合を生じる場合があります。
ご使用に際しての注意事項につきましては、以下のウェブサイトをご覧ください。
http://bookclub.japantimes.co.jp/act/cd.jsp

本書の構成と使い方

筆記試験とリスニング試験の問題の種類は，大きく分けて3段階で展開しています。

段階1　「例題」　問題の傾向と対策をつかむ。

⇒

段階2　「練習問題」　対策を実践する。弱点を強化する。

⇒

段階3　「模擬テスト」　最後の腕試し。

❶ 例題

各大問ごとに，一番よく出るタイプの問題を例題として，その「出題のポイント」「出題パターン」，そして「解き方のポイント」が解説されています。

各大問のポイントをつかんでおくことが，得点力アップへの近道です。

❷ 練習問題

「過去問」の出題傾向を徹底的に分析して作られたオリジナル問題です。

「問題」の右側ページには「解答」「訳」「解説」があります。「解説」では正解のためのヒントや，問題のポイントなどが説明されています。参考にしてください。

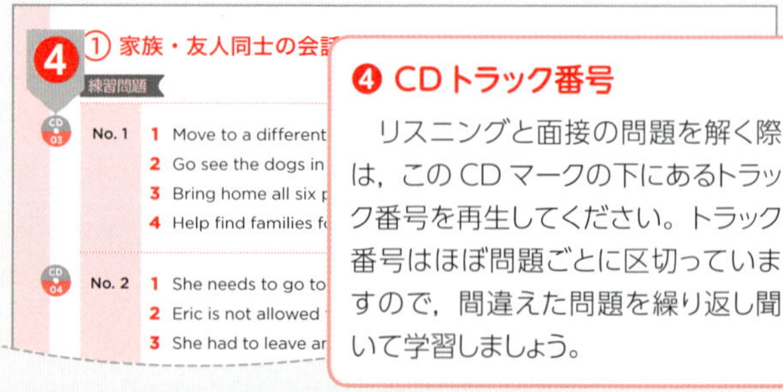

❸ 「マル得！」

問題文の「パターン」や，正解につながる「かぎ」の見つけ方など，知っていると「お得な」情報が書かれています。

❹ CDトラック番号

リスニングと面接の問題を解く際は，このCDマークの下にあるトラック番号を再生してください。トラック番号はほぼ問題ごとに区切っていますので，間違えた問題を繰り返し聞いて学習しましょう。

❺ 模擬テスト

　実際の試験と同じ形式の「模擬テスト」（1回分）です。巻末の「解答用紙」を使って、本番の試験時間を守って、挑戦してください。

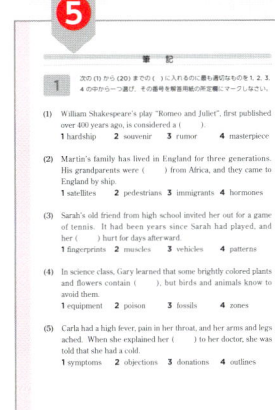

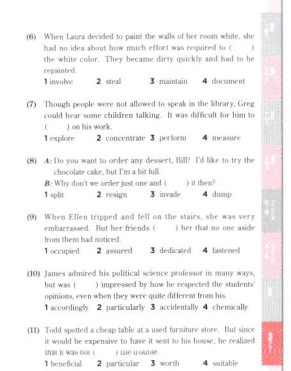

❻ 単語・イディオムのまとめ

　各大問の後に、2級によく出る単語、イディオムをまとめてあります。

● 「単語ベスト910」は、大問1だけでなく、すべての問題文中に頻出する最も重要な単語です。

　910語を重要度によって、Part 1〜3の3段階に分けて収録しました。

● 「イディオム ベスト325」

　大問1と大問3はもちろん、会話や長文にもよく出るものばかりです。

（単語と熟語の用例については、姉妹編『出る順で最短合格！ 英検®2級単熟語EX』をご活用ください）

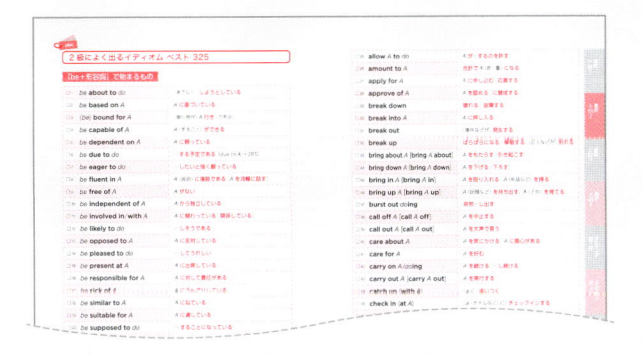

「英検」2級の試験内容

■ 2級の英語レベル

2級は「高校卒業程度」の英語力が求められます。英文には高校で学ぶ文法・構文全般が含まれます。使われる「単語」は約3,300語,「熟語」は約900語です。*

＊単語数・熟語数は編者の分析によります。

■ 試験内容

● 一次試験　筆記 (85分／39問)　リスニング (約25分／30問)

		形　式	問題数
筆記	大問1	短文空所補充 (短い英文の空所に入る適切な語句を選ぶ)	20
	大問2	長文の語句補充 (長文の空所に入る適切な語句を選ぶ)	6
	大問3	長文問題 (長文を読み,その内容に関する質問に答える)	12
	大問4	英作文 (与えられたトピックについて意見を書く)	1
リスニング	第1部	対話文問題 (対話の内容に関する質問に答える)	15
	第2部	英文問題 (英文の内容に関する質問に答える)	15

● 二次試験　英語での面接 (約7分)

	形　式	問題数
音　読	問題カードにある60語程度の英文を読む	1
質問に答える	問題カードにある英文に関する質問に答える	1
	問題カードにある3コマのイラストを説明する	1
	受験者自身の考え・意見を問う質問に答える	2

■ 合格基準

2016年度から合否の判定方法が変わりました。「英検CSEスコア」という統計的な基準に基づいて合否が判定されます。今までのように,何問正解すると合格というような判断はできません。しかし,判定方法が変わっても,合格に必要な英語力は従来通りと思われます。

一次試験 《 筆記 》
Written Test

解き方のポイントと練習問題

2級の筆記問題は，大問1～4からなっている。それぞれの問題でどのようなことが問われるか，まずは例題で出題のポイントを確認しよう。解き方の注意点がわかったら，練習問題に挑戦だ。

大問 1 「適切な語（句）を選ぶ問題」

① 適切な名詞を選ぶ問題

例題 1 次の（　）に入れるのに最も適切なものを 1, 2, 3, 4 の中から一つ選びなさい。

A: Excuse me. It's my first time on an airplane. Is it normal for my ears to hurt?

B: It happens to some people because of the high (　　). We're 3,000 feet from the ground.

1 substance　**②** altitude　**3** outcome　**4** reaction

出題のポイント

　　選択肢に名詞が並んでいる問題である。このような問題は毎回 4 問程度出題されている。高校 3 年間で習う範囲から出題されるので、効率よく覚え、得点したいところだ。「2 級によく出る単語ベスト 910」(Part1 ～ 3) の「名詞」を確認しよう。

出題パターン

　　名詞は前後の語句との結びつき*で覚えておくのがコツである。この結びつきがわかるとおのずから正解がわかったり、選択肢を絞れたりする。最近出題された例を見てみよう（赤字の部分が空欄である）。*この結びつきを「コロケーション」と言う。

- 動詞との結びつき
  many **immigrants** arrived「多くの移民が到着した」
  celebrate his **achievements**「彼の業績を祝う」
- 形容詞との結びつき
  great **progress**「大きな進歩」
  a wide **range** of ～「広範囲の～」
- 前置詞との結びつき
  under normal **circumstance**「普通の環境では」
  a **passion** for ～「～への情熱」

解き方のポイント

「名詞」の問題は，文中の他の語がヒントになる。

Step 1 ▶▶ 最初に選択肢に目を通し，名詞の意味を確認する。

Step 2 ▶▶ 選択肢に関連する語に注意しながら，文を読む。空欄の部分は前後の動詞や前置詞，あるいは空欄を修飾している語句に注目する。

Step 3 ▶▶ 選択肢から適切な1語を選ぶ。

Step 4 ▶▶ 選んだ語句を入れた文を読み直し，意味が通ることを確認する。

《例題解説》

　選択肢を見ると，名詞が並んでいる。空欄の前後を確認すると，前に high（高い）があるので，**2 altitude「高度」**が最も自然な結びつきではないかと考えられる。続く文に We're 3,000 feet from the ground.「私たちは地上から3,000フィートにいます」とあることからも，これが最も自然だということがわかる。high[low] altitude で「高い[低い]高度」と覚えておくとよい。

　他の選択肢は，1 substance「物質」，3 outcome「結果」，4 reaction「反応」。

マル得！ 語と語の結びつきを考えるメリット

　こんな経験はないだろうか。文を読み，4つの選択肢に目を通し，空欄にあてはまるものを考える。でも，結局どの選択肢が適切かわからない…。それは出題者が，どこか似た意味の単語や，記憶があいまいになりがちな単語を選択肢として並べているからだ。

　この出題者のわなにひっかからずに，速く正確に解答するためには，結びつきを考えて解くことが有効な方法だ。普段の学習から語と語の結びつきに注意するようにしよう。

正解　2　altitude

《問題文訳》

A：すみません。初めて飛行機に乗っています。耳が痛いのは普通ですか。

B：**高度**が高いから起きてしまう人もいます。現在地上から3,000フィートにいます。

練習問題

1
A: You're doing great in your position as sales manager, Martha. This company is very pleased to have you. In fact, we'd like to give you a (　　) and increase your responsibilities.
B: That's such an honor! I'm happy you appreciate my work.

1 sponsor　　**2** promotion　　**3** experience　　**4** technique

2
While there are several (　　) causing global warming, we cannot deny that it is caused by human activity.

1 packs　　**2** archeologists　　**3** destinations　　**4** factors

3
When Patrick was planning his trip to Russia, he asked his friend Margaret for hotel (　　), because he knew she had been there before.

1 recommendations　　**2** circumstances
3 assignments　　**4** functions

4
When Harriet voted to cut down the 500-year-old tree in her neighborhood because it was blocking the street, she was in the (　　). Most people wanted to find a way to protect it.

1 permission　　**2** minority　　**3** motivation　　**4** majority

5
A: Sorry, Dad. I just spilled grape juice all over the table.
B: You need to wipe it up as soon as possible, then, or there will be a (　　).

1 reflection　　**2** trend　　**3** legacy　　**4** stain

1
《正解》 **2 promotion**

《訳》 A：セールス・マネージャーの仕事をとてもよくやっています，マーサ。この会社はあなたがいることにとても満足しています。実は，あなたを昇進させて責任を増やしたいと考えています。
B：それはとても光栄です！ 私の仕事を評価していただけて嬉しいです。

《解説》 give you a ( ) and increase your responsibilities「あなたに( )を与えて責任を増やす」と言って，マーサにさらなる活躍を期待しているから，( )には鼓舞するような語が入ると予想できる。選択肢の中では，**2 promotion**「昇進」が適切である。 1 sponsor「スポンサー」 3 experience「経験」 4 technique「技量」

2
《正解》 **4 factors**

《訳》 地球温暖化の要因はいくつかあるが，人間の活動によって引き起こされていることは否定できない。

《解説》 several ( ) causing global warming「地球温暖化を引き起こすいくつかの( )」から，空欄には「原因，要因」などの意を表す語が入ると推察できる。cause は「～を引き起こす，～の原因である」の意。1 packs「箱」 2 archeologists「考古学者」 3 destinations「目的地」 **4 factors**「要因」

3
《正解》 **1 recommendations**

《訳》 パトリックはロシアへの旅を計画していたとき，友達のマーガレットにホテルの推薦を頼んだ。以前彼女がそこに行ったことがあると知っていたので。

《解説》 ロシアへの旅行を計画したパトリックが，経験があるマーガレットにホテルについて頼むのは？ 正解は **1 recommendations**「推薦」。ask A for B「A（人）に B（意見・援助など）を求める［頼む］」。 2 circumstances「状況」 3 assignments「仕事，割当」 4 functions「機能，役割」

4
《正解》 **2 minority**

《訳》 ハリエットが近所にある樹齢 500 年の木を，道の妨げになっているので切り倒すことに 1 票入れたとき，彼女は少数派だった。ほとんどの人は木を守るための方法を見つけたいと思っていた。

《解説》 she was in the ( )「彼女は( )でした」の後の文に Most people wanted to ... to protect it「大多数の人たちは木を守るため…と思っていた」とあるから，切り倒すことに賛成したハリエットは「少数派」だったことがわかる。したがって，**2 minority**「少数（派）」が正解（be in the minority で「少数である」）。 1 permission「許可」 3 motivation「意欲」 4 majority「多数（派）」

5
《正解》 **4 stain**

《訳》 A：お父さん，ごめん。今テーブル中にグレープジュースをこぼしちゃった。
D：ならできるだけ早くふかなければ，シミになってしまうよ。

《解説》 spilled grape juice ...「ジュースを…こぼした」あとは，すぐ wipe it up「ふき取る」ことが必要。そうしないテーブルには **4 stain**「しみ」ができる。spill は「（液体を）こぼす」といつ意味。 1 reflection「反射，映像」 2 trend「傾向」 3 legacy「遺産」

② 適切な動詞を選ぶ問題

> **例題 2** 次の（　）に入れるのに最も適切なものを 1，2，3，4 の中から一つ選びなさい。
>
> Sam's usual train was delayed due to an accident. He had to take a different route that required him to (　　) trains three times to get home.
>
> **1** surround　**2** strengthen　**③** transfer　**4** complain

出題のポイント

　選択肢を見ると動詞が並んでいる。このような問題は 20 問中 4 問程度の出題がある。過去の出題を見る限り，ing形や過去形といった動詞の変化の形はそろえられており，問われることはないと考えてよいだろう。これは文法を問う問題 (p.32) で注意すべきポイントだ。重要動詞については「2 級によく出る単語ベスト 910」(Part 1 ～ 3) の「動詞」の項を確認しておこう。

出題パターン

　動詞の場合も，名詞と同じように他の語との結びつきがポイントになる。最近出題された例を見てみよう（赤字の部分が空欄）。

- 後ろの語が目的語
  endure the pain「痛みに耐える」
  operate this copy machine「このコピー機を動かす」
- 後ろの語が前置詞
  participate in the discussion「議論に参加する」
  react to the news「ニュースに反応する」
- 「主語＋動詞」の関係
  the mayor resigns「市長が辞職する」
  cats and dogs are abandoned「犬や猫が捨てられる」
  なお，〈動詞＋目的語＋前置詞句〉の形は頻出だが，この場合は前置詞に注目する。
  divide the students **into** seven groups「生徒たちを 7 つのグループに分ける」
  enable the team **to** win the tournament「チームにそのトーナメントを勝たせる」

解き方のポイント

「動詞」の問題は，文の主語となる語や空欄の直後の語がヒントになる。

Step 1 ▶▶ 最初に選択肢に目を通し，動詞の意味を確認する。
Step 2 ▶▶ 選択肢に関連する語に注意しながら文を読む。空欄の部分は，文の主語や後ろに続く語句に注意する。
Step 3 ▶▶ 選択肢から適切な1語を選ぶ。
Step 4 ▶▶ 選んだ語句を入れた文を読み直し，意味が通ることを確認する。

《例題解説》

選択肢には，動詞が並んでいる。空欄の前後では，直後に trains「列車」があるので，この語との結びつきを考えると，**3 transfer「乗り換える」**が最も自然である。transfer trains で「電車を乗り換える」と覚えておくとよい。

最後に全文を読んで，意味が通ることを確認しておこう。1文目で「サムがいつも乗る電車が遅れた」という「状況」を説明し，2文目で「電車を乗り換えなくてはいけなかった」とその「結果」を述べている。このように，2つの文がどのような関係にあるかをチェックしながら読むと，読み間違いが減る。また，2文目の He は Sam を指している。代名詞が指すものをチェックしながら読むことも大切だ。他の選択肢は，1 surround「～を囲む」，2 strengthen「～を強くする」，4 complain「不平を言う」。

マル得！ 問題文の特徴

大問1の問題文は，例題1のような2人の対話文と例題2のような通常の英文の2種類がある。通常の英文の場合，2つのセンテンスか，あるいは複文（2つの文を接続詞を使って1つの文にした形）がほとんどだ。

正解 **3** transfer

《問題文訳》
サムのいつもの電車は事故のため，遅れていた。彼は別のルートを使わなければならず，家に帰るまで電車を3回乗り換えなければならなかった。

練習問題

1 When a national newspaper reported that the wife of a famous actor was ill, they were criticized for (　　) facts about someone's private life.

1 exposing　　2 interfering　　3 resuming　　4 assuring

2 Mary and Hilary are identical twins. They always dress in exactly the same clothes, so everyone but their parents finds it impossible to (　　) one from the other.

1 warn　　2 distinguish　　3 hire　　4 persuade

3 When Mike said that he wanted to go see a movie on a very rainy night, it took him a long time to (　　) his mother to drive him to the theater.

1 pretend　　2 connect　　3 lie　　4 convince

4 Heidi was planning a hiking trip in the mountains, but the day before, it snowed so hard that paths to the mountain were blocked. Heidi was disappointed that her plans were (　　).

1 described　　2 healed　　3 ruined　　4 established

5 *A:* Someone has torn up all the flowers in our yard! I can't believe someone would be so mean.
B: I (　　) it's the cat from next door. I saw it walking into the yard last night.

1 deny　　2 suspect　　3 endure　　4 confirm

1
《正解》 **1 exposing**
《訳》 ある全国紙が，有名な俳優の妻が病気にかかっていることを報道したとき，人の私生活に関する事実を暴露したことが批判された。
《解説》 they were criticized for ( ) facts「彼ら（その新聞）は事実を（ ）ことで批判された」の空欄は，「有名な俳優の妻が病気だと報道した」ことを指している。「報道する」ということは別の言い方をすれば，事実を暴露するということだ。したがって，**1 exposing**（expose「暴露する」）が正解。 2 interfering（interfere「干渉する」） 3 resuming（resume「再開する」） 4 assuring（assure「保証する」）

2
《正解》 **2 distinguish**
《訳》 メアリーとヒラリーはそっくりな双子である。彼女たちはいつもまったく同じ洋服を着ている。それで，両親以外誰も彼女たちを見分けることができない。
《解説》 identical twins は「そっくりな双子」。so「それで」の後は everyone (but their parents) finds it impossible to ( )という形（but は前置詞）。直訳すると「両親以外のみんなが（ ）することが不可能であるとわかる」。正解は **2 distinguish**「見分ける」。 1 warn「警告する」 3 hire「雇う」 4 persuade「説得する」

3
《正解》 **4 convince**
《訳》 マイクがひどい雨の夜に映画を見に行きたいと言ったとき，映画館まで送ってくれるよう母親を説得するのに時間がかかった。
《解説》 it took him a long time to ( ) his mother to …「…するよう母親を（ ）のに長い時間がかかった」の意味。正解は **4 convince**「説得する」（convince A to do「～するよう A（人）を説得する」）。 1 pretend「のふりをする」 2 connect「つなぐ」 3 lie「横になる」

4
《正解》 **3 ruined**
《訳》 ハイジは山でのハイキング旅行を計画していたが，その前日に雪がひどく降り，山への道は封鎖されてしまった。ハイジは自分の計画が台無しになったことにがっかりした。
《解説》 it snowed so hard that paths … were blocked「雪がひどく降ったので道は封鎖された」，それで Heidi was disappointed that her plans were ( ).「計画が（ ）になってがっかりした」。正解は **3 ruined**（ruin「台無しにする」）。1 described（describe「描写する」） 2 healed（heal「治す」） 4 established（establish「設立する」）

5
《正解》 **2 suspect**
《訳》 A：誰かが私たちの庭のお花を全部ちぎったみたい！ そんなに意地悪な人がいるなんて信じられない。
B：隣の猫だと思うな。昨日の夜，庭に入っていくところを見たもの。
《解説》 誰かが庭の花を全部 torn up「引きちぎった」という A に対して，B が I ( ) it's the cat next door.「隣の猫だと私は（ ）」と言っている。**2 suspect**「(～ではないかと) 思う」がぴったりである。mean は「意地悪な，卑劣な」という意味。 1 deny「否定する」 3 endure「耐える」 4 confirm「確認する」

6 When Hazel's parents moved to a different country, she (   ) their house. Living there reminds her of them.

1 littered **2** associated **3** collapsed **4** inherited

7 *A:* I can pick you up from work in the car when you're finished, Mom.
B: No, I don't want to (   ) you. I can take the train home.

1 burden **2** transform **3** shrink **4** confuse

8 After hearing someone speaking loudly on their phone, the library (   ) a new rule that prohibited phone calls inside the building.

1 exported **2** implemented **3** organized **4** performed

9 While preparing to bake a cake, Benjamin realized that he did not have any cream. He had to (   ) it with milk.

1 overlook **2** ensure **3** substitute **4** invest

10 Greg's cat caught a mouse, but it (   ) before he could figure out what to do.

1 survived **2** escaped **3** entered **4** greeted

6
《正解》 **4 inherited**

《訳》 ヘーゼルの両親が海外に引っ越したとき彼女は彼らの家を相続した。そこに住んでいると両親のことを思い出す。

《解説》 両親が moved to a different country「外国に引っ越した」, そして Living there reminds her of them.「そこに住んでいると両親を思い出す」ということは, 彼女は家を **4 inherited** (inherit「相続する」) のである。remind A of B は「A (人) に B を思い出させる」。1 littered (litter「散らかす」)　2 associated (associate「関連づける」)　3 collapsed (collapse「壊れる」)

7
《正解》 **1 burden**

《訳》 A：お母さんの仕事が終わったら車で迎えに行くよ。
B：いいえ, あなたに負担をかけたくないわ。電車で家に帰れるわよ。

《解説》 A (息子) が pick you up … in the car「車で迎えに行く」と言うのに対して, B (母親) が No, I don't want to (　) you.「いいえ, あなたを (　) したくない」と言って断っている。正解は **1 burden**「負担をかける」。pick A up は「車で A (人) を迎えに行く」(in the car はなくてもよい)。　2 transform「変形する [させる]」　3 shrink「収縮させる」　4 confuse「困惑させる」

8
《正解》 **2 implemented**

《訳》 誰かが大声で電話で話しているのが聞こえた後, 図書館は建物内での電話を禁止する新しいルールを実施した。

《解説》 (　) a new rule that prohibited …「…を禁止する新しい規則を (　)」。a new rule「新しい規則」を目的語にとりそうな言葉は「作る」「適用する」「実施する」などが思いつくだろう。ここでは **2 implemented** (implement「実施する」) が正解。1 exported (export「輸出する」)　3 organized (organize「組織する」)　4 performed (perform「(仕事などを) 行う」

9
《正解》 **3 substitute**

《訳》 ケーキを焼く準備をしているとき, ベンジャミンはクリームがまったくないことに気づいた。彼は牛乳で代用しなければならなかった。

《解説》 He had to (　) it with milk. は「(クリームがないので) 牛乳でそれを (　) しなければならなかった」の意味。正解は **3 substitute**「代用する」(substitute A with B「A の代わりに B を用いる」)。1 overlook「見落とす」　2 ensure「保証する」　4 invest「投資する」

10
《正解》 **2 escaped**

《訳》 グレッグの猫はネズミを捕まえたが, ネズミは彼がどうするか決める前に逃げてしまった。

《解説》 it (　) before he could …「ネズミは彼が…する前に (　)」とあれば, 正解は **2 escaped** (escape「逃げる」) である。 1 survived (survive「生き残る」)　3 entered (enter「入る」)　4 greeted (greet「あいさつをする」)

③ 適切な形容詞・副詞・その他を選ぶ問題

例題3 次の（　）に入れるのに最も適切なものを1，2，3，4の中から一つ選びなさい。

Henry loves his dog, a big brown dog named Mocha. She is always very (   ), and enjoys being petted.

① inevitable　　2 legal　　3 valid　　④ affectionate

出題のポイント

　形容詞や副詞の問題は，20問中2〜3問出題されている。出題数は名詞や動詞に比べ少ないが，読解問題のことを考えるとおろそかにはできない。

出題パターン

　形容詞は，叙述用法（be/become/getなどの後ろに置く用法）も限定用法（名詞を修飾する用法）も出題されている。最近の例を見てみよう（赤字の部分が空欄）。

- 叙述用法→主語に注目する。
  The memory is very vague …「記憶がとてもあいまいで…」
  He became very emotional …「彼はとても感情的になった…」
- 限定用法→後ろの名詞に注目する。
  a neat person「きちんとした人」
  opposite personalities「反対の性格」

　副詞は，動詞を修飾することが多く，文全体を修飾する用法もある。以下は最近出題された例である（赤字の部分が空欄）。いずれの場合も修飾されるものとの結びつきに注目しよう。

- 動詞を修飾
  sit silently「静かに座る」
  live independently「独立して生活する，一人暮らしをする」
- 文全体を修飾
  Afterward, Lucy apologized and promised not to do it again.
  「その後，ルーシーは謝って二度とそれをしないと約束した」

解き方のポイント

Step 1 ▶▶ 最初に選択肢に目を通し，形容詞や副詞の意味を確認する。

Step 2 ▶▶ 選択肢に関連する語に注意しながら文を読む。
　　　　　　形容詞：叙述用法なら主語に，限定用法なら後ろの名詞に注目する。
　　　　　　副詞：空欄の前か後にある動詞，あるいは文全体の動詞に注目する。

Step 3 ▶▶ 選択肢から適切な1語を選ぶ。

Step 4 ▶▶ 選んだ語句を入れた文を読み直し，意味が通ることを確認する。

《例題解説》
　選択肢を見ると，形容詞が並んでいる。前に be 動詞があるので，まずは主語との関連を見てみよう。ここで主語の She は，前文の a big brown dog「大きな茶色い犬」を指している。犬を形容するのに適切な形容詞は，**4 affectionate「人懐こい」**である。また，空欄の後ろに and enjoys being petted「また，なでられるのが好きだ」とあるので，意味の流れから 4 affectionate が適切と確認できる。

　他の選択肢は，1 inevitable「必然的な」，2 legal「合法の」，3 valid「有効な，妥当な」。

マル得！　消去法も活用できる

　大問1を解く場合に，正解がすぐわからないときは「消去法」を活用しよう。この例題の場合，選択肢4の意味がわからなくても，a big brown dog と 1 inevitable，2 legal，3 valid が結びつかないことを順に確認し，消去していければ，正解にたどりつける。

正解　4　affectionate

《問題文訳》
ヘンリーはモカという名前の大きな茶色い自分の犬が大好きだ。モカはいつもとても人懐こく，なでられるのが好きだ。

練習問題

1
A: During the lunch hour, we ask that families with children sit on this side of the restaurant.
B: Can you give us a (   ) reason for this?

1 specific　　2 efficient　　3 flexible　　4 unexpected

2
The secret to keeping a plant healthy is not to give it too much water. The soil should always be (   ), but not wet.

1 exact　　2 unusual　　3 invisible　　4 moist

3
Donald got a wallet from his great-grandfather when he was 16. He keeps it in his desk drawer because it is too (   ) for everyday use.

1 raw　　2 tight　　3 mysterious　　4 precious

4
Ms. Morgan, a kind and calm teacher was (   ) angry at her students. If a student broke the rules, instead of yelling, she would always explain why the student had disappointed her.

1 accidentally　　2 particularly　　3 largely　　4 seldom

5
When Sally went to the bookstore on Tuesday, she saw that it was closed. (   ), there was a note on the door informing customers that from now on, it would be closed on Tuesdays and Wednesdays.

1 Moreover　　2 Relatively　　3 Probably　　4 Eventually

1

《正解》 **1 specific**

《訳》 A：昼食時間には，お子様連れのご家族にはレストランのこちら側に座るようお願いしています。
B：具体的な理由を教えていただけますか。

《解説》 Bが知りたいのは，a (　　) reason for this「これについての (　　) な理由」。this とは「子連れの家族はこちら側に座る」こと。選択肢では **1 specific**「明確な，具体的な」が適切。a specific reason for this で「このことの明確［具体的］な理由」となる。2 efficient「効率的な」　3 flexible「柔軟な」　4 unexpected「思いがけない」

2

《正解》 **4 moist**

《訳》 植物を健康にしておく秘訣は，水をあげすぎないことだ。土はいつも湿っているほうがいいが，濡れていてはいけない。

《解説》 第1文で The secret ... is not to give it too much water「…の秘訣は水をやりすぎないこと」，第2文で always be (　　), but not wet「いつも (　　) で濡れていない」と言っている。この状態を表す語は，選択肢では **4 moist**「湿った」である。なお，最初の the secret to doing は「～する秘訣［コツ］」という意味 (to 不定詞ではないので注意)。1 exact「正確な」　2 unusual「ふつうでない」　3 invisible「目に見えない」

3

《正解》 **4 precious**

《訳》 ドナルドは16歳のとき，ひいおじいさんから財布をもらった。それがふだん使うにはあまりに貴重なものなので，彼は机の引き出しの中にしまってある。

《解説》 ドナルドは曽祖父にもらった財布を使わないで机の引き出しにしまっている。それは too (　　) for everyday use「日常に使用するにはあまりに (　　)」という理由だ。選択肢では **4 precious**「貴重な，大切な」が適切。1 raw「生の」　2 tight「きつい」　3 mysterious「不思議な」

4

《正解》 **4 seldom**

《訳》 優しくて穏やかなモーガン先生は，生徒を怒ることはめったになかった。学生がルールを破ったときは，いつも，怒鳴るのではなく，生徒がなぜ彼女をがっかりさせたかを説明したものだ。

《解説》 a kind and calm teacher「優しくて穏やかな先生」なのだから，怒ることは「めったにない」と考えるのが自然である。正解は **4 seldom**「めったに～ない」。instead of yelling「怒鳴らずに」，最後の文の would は「よく～したものだった」(過去の習慣) の意味。1 accidentally「偶然に」　2 particularly「特に」　3 largely「大いに」

5

《正解》 **1 Moreover**

《訳》 サリーが火曜日にその本屋に行くと，店は閉まっていた。そのうえ，今後は火曜日と水曜日が定休になることをお客に伝える知らせがドアに貼ってあった。

《解説》 ... It was closed. (　　), there was a note on the door「店は閉まっていた。(　　) お知らせがドアに貼ってあった」。文意から空欄には「さらに，そのうえ」など，情報を追加する語が入ることがわかる。選択肢では **1 Moreover**「そのうえ」が適切。2 Relatively「比較的」　3 Probably「おそらく」　4 Eventually「結局は」

④ 適切なイディオムを選ぶ問題

例題 4 次の（　）に入れるのに最も適切なものを 1，2，3，4 の中から一つ選びなさい。

A: Mom, I'm not going to eat dinner at home on Tuesday this week. Jack's older brother is in town, so he's going to take us out to dinner.

B: Thanks for telling me (　　), Bob. That's really helpful.

1 in advance　　**2** for ages　　**3** by nature　　**4** up to date

出題のポイント

　イディオム（熟語）問題は，20 問中 6 〜 7 問程度出題される。イディオムが選択肢になっている場合と，イディオムの一部が選択肢になっている場合がある。よく出題されるイディオムは「2 級によく出るイディオム ベスト 325」（p. 70）にまとめてあるので確認しておこう。

出題パターン

　次の 2 つのパターンに分けて考えると解答しやすい。

① **イディオムの一部が選択肢になっている場合**
　⇒ 英文中の語とイディオムを完成させることを考える（これだけで正解になる場合が多い）。

② **イディオム全体が選択肢になっている場合**
　⇒ 空欄が文中でどのような働きをしているかを確認して，空欄に関連する語を見つけ，適切な選択肢を選ぶ。

以下のようなものが出題されている（全体がイディオム，赤字部分が空欄）。

- **動詞の働きをする**
  make room for ～「～に場所を空ける」
  do away with ～「～を廃止する，取り除く」

- **副詞の働きをする**
  by way of ～「～を通って，～経由で」
  back and forth「前後に，往復して」
  To (the best of) my knowledge「私の知る限りでは」

解き方のポイント

①イディオムを完成させる問題　②イディオム全体が選択肢の問題の2つのパターンに分けて考える。

Step 1 ▶▶ 最初に選択肢に目を通す。
　　　　　① どのようなイディオムがつくられるか想定する。
　　　　　② 文の中に入ったときにどのような働きをするかを確認する。

Step 2 ▶▶ 選択肢に関連する語に注意しながら文を読む。
　　　　　① 文中の語からイディオムを構成する語を探す。
　　　　　② 文中での空欄の働きに注意して，関連する語を探す。

Step 3 ▶▶ 適切な選択肢を選ぶ。

Step 4 ▶▶ 選んだ語句を入れた文を読み直し，意味が通ることを確認する。

《例題解説》

　選択肢を見ると，どれもイディオム（一部ではなく，全部）であり，副詞の働きをすることがわかる。ここでは，空欄の前が tell me ... となっているので，tell を修飾する語を選ぶ。tell と最も自然に結びつくのは **1 in advance**「前もって，早めに」である。最後に英文を読んで，意味が通ることを確認する。

マル得！　対話文の場面設定

　問題文がAとBの対話である場合，場面設定（どこで，誰と誰が，何について話しているか）をいち早くつかむことが大切である。この例題では，冒頭の Mom がポイント。これだけで，Aが子ども，Bが母親とわかる。
　これは，対話を聞き取るリスニング問題（リスニングテスト第1部）への対策にもなる。

正解　**1 in advance**

《問題文訳》
A：お母さん，今週の火曜日はうちで夜ご飯を食べないよ。ジャックのお兄さんが戻ってきているから，僕たちを夜ご飯に連れて行ってくれるんだ。
B：早めに教えてくれてありがとう，ボブ。助かるわ。

練習問題

1 Lydia couldn't help showing (　) her new bag to her friends. She had been saving up to buy it for a long time.

1　off　　　　2　up　　　　3　away　　　　4　out

2 In (　) the Chinese New Year, special events are held in many cities all around the world. People in those cities organize parades with music and Chinese dragons and tigers.

1　proportion to　　2　relation to　　3　terms of　　4　honor of

3 Derek was (　) of leaving for work when his wife asked him to take the kids to school.

1　in charge　　2　on the point　　3　for the sake　　4　in the shadow

4 When Bob searched for his mother, he found her easily. She was wearing a pink dress and (　) in the crowd.

1　took up　　2　stood out　　3　moved on　　4　came around

5 Regina saw a man on a bicycle crash into another person, and immediately (　). She ran up to them and checked to see whether they were hurt.

1　made sense　　2　killed time　　3　took action　　4　dropped out

1

《正解》 **1 off**

《訳》 リディアは新しいバッグを友人たちに見せびらかしたくてたまらなかった。彼女はそれを買うために長い間お金を貯めたのだ。

《解説》 couldn't help showing (　) her new bag は「新しいバッグを (　) したくてたまらなかった」。空欄に入れて文意に合うイディオムは show off「見せびらかす，誇示する」である。したがって，正解は **1 off**。cannot help doing は「〜するのをこらえられない，〜せずにはいられない」の意味。

2

《正解》 **4 honor of**

《訳》 中国の正月（春節）を祝って，世界中の多くの都市で特別なイベントが開催される。それらの都市では，人々は音楽や中国の竜や虎が出てくるパレードを行う。

《解説》 In (　) the Chinese New Year「中国の正月（春節）を (　) して」。文意に合うイディオムは in honor of「〜を祝して［記念して］」。したがって **4 honor of** が正解。他の選択はそれぞれ in をつけて 1 (in) proportion to「〜に比例して」 2 (in) relation to「〜に比較して」 3 (in) terms of「〜の点で」

3

《正解》 **2 on the point**

《訳》 デレクは仕事に出かけようとしていたとき，妻に子供たちを学校に送っていってほしいと頼まれた。

《解説》 Derek was (　) of leaving for work when …「デレクは仕事に出かけ (　)（その）とき…」の文意に合うイディオムは be on the point of doing「まさに〜しようとしている」である。したがって **2 on the point** が正解。1 (be) in charge (of) 〜「〜の責任者である」 3 for the sake (of) 〜「〜のために」(3 は be に続く用法はない) 4 (be) in the shadow (of) 〜「〜の陰に隠れて」

4

《正解》 **2 stood out**

《訳》 ボブは母親を探したとき容易に見つけることができた。彼女はピンクの服を着ていて人ごみの中で目立っていた。

《解説》 母親を容易に見つけることができたのは she (　) in the crowd.「彼女が人ごみの中で (　)」から。選択肢では **2 stood out** (stand out「目立つ」) のみが文意に合う。search for A で「A を探す」。1 took up (take up「占める，とる」) 3 moved on (move on「進み続ける」) 4 came around (come around「巡ってくる」)

5

《正解》 **3 took action**

《訳》 レジーナは自転車に乗っている男性が他の人に衝突するところを見て，すぐさま行動を起こした。彼らのところに駆けつけ，けがをしているかどうか確認した。

《解説》 Regina saw …, and immediately (　).「レジーナは…を見て，すぐ (　)」。文意に合うイディオムは **3 took action** (take action「行動を起こす」) である。この文に続いて ran up to them and checked …「駆けつけ，…を確認した」と具体的な行動が述べられる。crash into A「A に衝突する」，check to see whether S V「…かどうか確認する」。1 made sense (make sense「意味が通じる」) 2 killed time (kill time「時間をつぶす」) 4 dropped out (drop out「やめる」)

6. Martha had far too much work to do on her own, so she hired an assistant. He answered her phone calls and emails, making it easier for her to (　　) on more important things.

  1 focus　　　**2** insist　　　**3** depend　　　**4** advise

7. When her brother asked Melanie what she thought of his jacket, she complimented him, but (　　) she thought it did not suit him.

  1 in detail　　**2** on purpose　　**3** under fire　　**4** in her heart

8. They were permitted to enter the country (　　) that they don't bring any dangerous things.

  1 because of　　**2** on condition　　**3** for fear　　**4** in order

9. As this university has received foreign students from many countries, they (　　) for 40 percent of all students.

  1 call　　　**2** charge　　　**3** long　　　**4** account

10. Peter has been on a short trip with his friends for the last weekend, (　　) his sister took care of his dog.

  1 in the meantime　　　　**2** on the edge
  3 on the whole　　　　　　**4** in the long run

《正解》 **1　focus**

《訳》　マーサは1人でやるには仕事量が多すぎたためアシスタントを雇った。彼は電話の応対をしたり，Eメールに返事を出すなど，マーサがより重要なことに**集中し**やすいようにした。

6　《解説》　making it easier for her to (　) on more important things「彼女がより重要なことに(　)することを容易にする」の文意に合うイディオムは **1 focus (on)**「〜に集中する」である。have far too much work は「あまりにも多すぎる仕事がある」の意味。2 insist (on)「〜を主張する」　3 depend (on)「〜に頼る」　4 advise (on)「〜を忠告する」

《正解》 **4　in her heart**

《訳》　メラニーの兄が彼のジャケットをどう思うか彼女に聞いたとき，彼女はほめたが，**心の中では**似合わないと思った。

7　《解説》　... complimented, but (　) she thought ...「ほめた，しかし (　) …と思った」とある。口で言ったことと異なることを思うのは **4 in her heart**「心の中で(は)」である。compliment は「ほめる」，suit A で「A (人) に似合う」の意味。1 in detail「詳しく」　2 on purpose「故意に」　3 under fire「非難を受けて」

《正解》 **2　on condition**

《訳》　彼らは危険なものは持ち込まないという**条件で**その国への入国を許可された。

8　《解説》　enter the country (　) that ...「…という (　) その国に入る」の文意に合うのは **2 on condition (that)**「(という) 条件で」だけである。1 because of「〜のために」　3 for fear (that)「〜を恐れて」　4 in order (that)「〜するために」

《正解》 **4　account**

《訳》　この大学では多くの国から外国人学生を受け入れていて，全学生の 40 パーセントを**占める**までになっている。

9　《解説》　..., they (　) for 40 percent of all students.「彼らは全学生の 40 パーセントを (　)」に適切なイディオムは **4 account (for)**「〜を占める」だ。1 call (for)「〜を強く求める」　2 charge (for)「〜の料金として請求する」　3 long (for)「〜を切望する」

《正解》 **1　in the meantime**

《訳》　ピーターは先週末友達と小旅行に出かけていて，**その間**妹が彼の犬の世話をしてくれた。

10　《解説》　「ピーターは旅行に行っていた」という文の後に，his sister took care of his dog「妹が彼の犬の世話をした」という文を続けられるのは **1 in the meantime**「その間」だけである。時間を表すイディオムとして覚えておこう。2 on the edge「ぴりぴりして」　3 on the whole「概して」　4 in the long run「結局 (は)」

⑤ 適切な文法・語法を選ぶ問題

例題 5 次の（　）に入れるのに最も適切なものを 1，2，3，4 の中から一つ選びなさい。

Had Mike gone to bed at his usual time the night before, he (　) been able to wake up on time.

1 has　　**2** had　　**3** would have　　**4** having had

出題のポイント

「文法」を問う問題は，毎回 2 〜 3 問程度出題される。高校で学習する文法全般が含まれる。「2 級によく出る文法のまとめ」(p. 36) を読んで，特に理解できていないところをチェックするようにしよう。

出題パターン

以下の項目は過去に出題が多い。これらは have[has/had] が関わるものが多いので，混同しないように区別して形を覚えておこう。

- 使役動詞 〈have ＋目的語＋動詞の原形〉　「(目的語に) 〜させる，〜してもらう」
  　　　　　〈have ＋目的語＋過去分詞〉　「(目的語を) 〜にしてもらう，〜される」
- 過去完了 〈had ＋過去分詞〉　過去の時点での「完了」や「結果」を表す。
  進行形や受動態などの形で出題されることが多い。
  　　過去完了進行形　〈had been ＋現在分詞〉
  　　受動態の過去完了　〈had been ＋過去分詞〉
- 仮定法
  　　仮定法過去　　〈If S ＋過去形, S ＋ would ＋動詞の原形〉
  　　　　　　　　　「もし (今) 〜だったら，…」
  　　仮定法過去完了　〈If S ＋過去完了, S ＋ would ＋ have ＋過去分詞〉
  　　　　　　　　　「もし (その時) 〜だったら，…」
  次のような表現を使い，**if** のない形の仮定法が出題されることが多い。
  　　with 〜「〜があれば」
  　　without 〜「〜がなければ」
  　　otherwise「そうでなければ」

解き方のポイント

Step 1 ▶▶ 選択肢に目を通し，時制や動詞の形などを確認する。
Step 2 ▶▶ 空欄の部分の意味と，文の「時制」に注意しながら文を読む。
Step 3 ▶▶ 適切な選択肢を選ぶ。
Step 4 ▶▶ 選択肢を入れた文を読み直し，意味が通るか，文法の規則に合っているかを確認する。

《例題解説》

　have を使った選択肢が並んでいる。空欄の後ろには been がある。1 が入れば現在完了，2 が入れば過去完了，3 が入れば仮定法過去完了になる。4 は入らない。

　文を見ると〈Had ＋主語＋過去分詞〉の形だ。これは，仮定法過去完了〈If＋主語＋had＋過去分詞〉「もし～だったら，…」の if を省略して had を文頭に置いた形である（「倒置」と言う）。したがって，後半（空欄の部分）は〈would＋have＋過去分詞〉とすればよいので，**3 would have** が正解。

　このように，倒置が設問に関わるパターンは限られているので，どの語句があれば倒置にできるのかを覚えておくとよい。過去には次のような文が出題されている（赤字が注意する語句，下線が問題の空欄）。

Not only did he forget to take his report to work, **but** he was also 15 minutes late.
「彼は仕事にレポートを持っていくのを忘れたばかりでなく，15 分遅刻した」
I heard Rick plays a lot of chess. — Really? So do I.
「リックはチェスをよくやるって聞いたよ。— 本当？　僕もやるよ」

☞ **正解　3 would have**

《問題文訳》
もしマイクが前の晩いつもの時間に寝ていたら，時間通り起きることができただろうに。

練習問題

1 Rebecca has to go back to England today. With more time, she ( ) one more day in Los Angeles.

1 stays　　**2** would stay　　**3** stayed　　**4** has stayed

2 Penny decided on a cell phone service plan in which she could make international calls. She wanted to be able to use her phone ( ) she was in the world.

1 whoever　　**2** whenever　　**3** however　　**4** wherever

3 Michael never would have noticed that his wallet had fallen out of his pocket ( ) not been for the kind person who picked it up for him.

1 has it　　**2** had it　　**3** was it　　**4** were it

4 Having ( ) in one country for all her life, Patricia thought it was time for a change. She applied for a new job in Germany.

1 had living　　**2** lived　　**3** lives　　**4** had lived

5 I recommend this book. ( ) in plain English, it is suitable for the students who study English as a second language.

1 Writing　　**2** Written　　**3** To write　　**4** To be written

1
《正解》 **2　would stay**

《訳》　レベッカは今日イギリスに戻らなければならない。もっと時間があれば，彼女はロサンゼルスにもう1日滞在するのだが。

《解説》　with more time「(もし) もっと時間があれば」は if のない仮定法。「レベッカは今日イギリスに戻らなければならない (ので，時間がない)」ということから，she (　　) one more day … の (　　) は仮定法過去の形になる。したがって，**2 would stay** が正解である。

2
《正解》 **4　wherever**

《訳》　ペニーは国際電話がかけられる携帯電話サービスプランを選んだ。彼女は世界中どこにいても電話が使えるようにしたかった。

《解説》　use her phone (　　) she was in the world「彼女が世界中 (　　) 電話を使う」とあるので，場所を強調する **4 wherever**「どこにいても」が適切。1 whoever「誰が〜しようとも」　2 whenever「いつ〜しようとも」　3 however「どんなに〜しようとも」

3
《正解》 **2　had it**

《訳》　親切な人が拾ってくれなかったら，マイケルはポケットから財布が落ちたことにまったく気づかなかっただろう。

《解説》　Michael never would have noticed that … から仮定法過去完了の文とわかる。また，選択肢を見ると if がない，倒置された形とわかる。if を使うと If it had not been for …「もし…がなかったなら」である。したがって選択肢 **2 had it** が正解。Had it not been for … = If it had not been for … と覚えておこう。

4
《正解》 **2　lived**

《訳》　これまでの人生をずっと1つの国で過ごしてきたので，パトリシアは変化の時期だと思った。彼女はドイツでの新しい仕事に応募した。

《解説》　Having … は分詞構文。接続詞で表すと As she had lived in one country …, Patricia thought … となる (主節の時制が thought なので，as の後は過去完了〈had + 過去分詞〉)。したがって，分詞構文 having の後は **2 lived** が適切。apply for A は「A に応募する」。

5
《正解》 **2　Written**

《訳》　私はこの本をお勧めします。わかりやすい英語で書かれているので，第2言語として英語を学ぶ学生にはぴったりです。

《解説》　選択肢から空欄には write「書く」の適切な形が入ることがわかる。(　　) in plain English から，「平易な英語で (書かれているので)」と受け身の意味を表す形を選ぼう。選択肢の中では **2 Written** が適切。Being written in … の Being が省略された分詞構文になる。

2級によく出る文法のまとめ

① 不定代名詞

> 不定代名詞 + of + the 名詞

不特定の人や物を指す代名詞（「**不定代名詞**」という）は後に「of＋名詞」を続けるとき，名詞に the か my/his/her などをつける。後につける名詞が「数えられる名詞」のときは複数形にする。

　　all of his friends「彼の友達全員」
　　all of his money「彼のお金のすべて」（＊ money は「数えられない名詞」）
※ただし，of の後が代名詞の場合は the をつけない。all of them となる。

② 完了形

> have/has/had + 過去分詞

〈**have/has＋過去分詞**〉(現在完了形) は，次のような意味を表す。
　①「～し終えた (ところだ)」(完了・結果)
　②「～したことがある」(経験)
　③「(ずっと) ～である」(継続)

〈**had＋過去分詞**〉(過去完了形) には，次の2の用法がある。
　① 過去の時点で「～し終えた (ところだった)」(完了)，「～したことがあった」(経験)，「(ずっと) ～であった」(継続) などの意味を表す。
　② 過去の時点のさらに過去のこと (「大過去」という) を表す。
　　　Mark didn't tell his parents that he had failed the math test.
　　　　　　過去のこと　　　　　　　　　　　　　過去のさらに過去
　　　「マークは数学のテストに落ちたことを両親に話さなかった」

③ 完了進行形

> have/has/had been + 現在分詞

〈**have/has been＋現在分詞**〉(現在完了進行形) は，動作が過去から現在まで続いていることを表す。
　　Donald has been cooking since he got here.
　　「ドナルドはここに着いてからずっと料理し続けている」

〈had been＋現在分詞〉（過去完了進行形）は，過去のある時点でそれ以前から動作が続いていたことを表す。

Donald **had been** cook**ing** for three hours and was a little tired.
「ドナルドは3時間も料理し続けていたので少し疲れていた」

④ 助動詞＋完了形

must/may/should ＋ have ＋ 過去分詞

〈must/may/should ＋ have＋過去分詞〉で，過去のことについての「推量・後悔」などの意味を表す。

- **must have 過去分詞**「～したに違いない」
  Nancy **must have gone** home early today.
  「ナンシーは今日は早く家に帰った［早退した］に違いない」
- **may/might have 過去分詞**「～したかもしれない」
  I think I **may have lost** my necklace here.
  「私はここでネックレスをなくしたかもしれません」
- **should have 過去分詞**「～したほうがよかった，～すべきだった」
  I **should have left** home ten minutes earlier.
  「あと10分早く家を出ればよかった」

⑤ 不定詞

to ＋ 動詞の原形

「不定詞」は，名詞，形容詞，副詞の働きをする。
I want **to be** a pilot.「私はパイロットになりたい」　　〔名詞〕
I want something **to eat**.「何か食べるものが欲しい」　　〔形容詞〕
She is coming **to see** me this summer.「彼女はこの夏，私に会いに来ます」〔副詞〕
I was glad **to hear** the news.「その知らせを聞いてうれしかった」　　〔副詞〕

⑥ 比較級

比較級（形容詞・副詞）＋ than

〈A is 比較級 than B〉で「A は B よりも～」の意味を表す。
Tokyo Skytree is **taller than** Tokyo Tower.
「東京スカイツリーは東京タワーより高い」　※ taller ← tall（形容詞）の比較級

⑦ 最上級

the 最上級（形容詞・副詞）＋ in/of

〈**A is the 最上級 in/of B**〉で「A は B の中で一番〜」の意味を表す。
「〜の中で」は「**in**＋単数名詞」か「**of**＋複数名詞」の形にする。

Their hot dogs are **the best in** town.　※ best ← good（形容詞）の最上級
「あの店のホットドッグは街中で一番良い［おいしい］」

Jupiter is **the largest of** all the planets in the solar system.
「木星は太陽系の惑星の中で一番大きい」

⑧ 間接疑問

疑問詞＋S＋V

「疑問文」を1つの名詞として使うことを「**間接疑問**」という。「間接疑問」では、疑問詞の後が〈S＋V〉の語順になる。

Do you know **where** Mrs. Baker is ?
　　　　　　　　　　　S　　　V
「ベーカー夫人がどこにいるか知っていますか」

「疑問詞」が主語の場合は〈疑問詞＋V〉の語順になる。

I don't know **what** happened at the party .
　　　　　　　　S　　　V
「パーティーで何が起きたのか私は知りません」

⑨ 疑問詞＋不定詞

疑問詞（what/when/how/*etc.*）＋ to *do*

〈**what/when/how/***etc.* **to *do***〉で、「何を［いつ，どのように，など］〜すべきか」の意味を表す。

I don't know **what to** do.「私は何をすべきかわからない」
We have decided **when to** start.「いつ出発するかを決めていた」
The question is **where to** go.「問題はどこへ行くべきかだ」
Do you know **how to** pronounce this word?
「この単語をどのように発音すべきか知っていますか」

⑩ 現在分詞・過去分詞（名詞を修飾する働き）

名詞 ← 現在分詞・過去分詞

「現在分詞」は「〜している」の意味になる。
　I know the man **standing** by that big tree.
　「私はあの大きな木のそばに立っている男性を知っている」

「過去分詞」は「〜された」（受動態）の意味になる。
　I am reading a novel **written** by an English writer.
　「イギリス人作家によって書かれた（→イギリス人作家が書いた）小説を読んでいる」

⑪ 分詞構文

S + V, *doing* ... ／ *Doing* ..., S + V

文の（述語）動詞と**同時または前後**の「動作・状態」を現在分詞（ing 形）で表すことを「**分詞構文**」という。現在分詞の意味上の主語は**文の主語と一致する**。
「〜しながら，〜したとき」（時），「〜したので」（理由），「〜すると」（条件）などの意味を表すが，どの意味になるかは文の前後関係で決まる。

　He walked around the room, **reading** a book.
　「彼は本を読み**ながら**部屋の中を歩き回った」

　Walking along the street, I saw a car accident.
　「道を歩いている**とき**，自動車事故を見た」

　Working hard all day, he needed to sit down for a rest.
　「一日中懸命に働いた**ので**，彼は座って休む必要があった」

※「have ＋過去分詞」は **having** *done* の形になる。
　Having visited London before, he knew how to get from the airport to his hotel.
　「以前にロンドンを訪れたことがある**ので**，彼は空港からホテルへの行き方を知っていた」

※「be＋過去分詞」では being を省略することが多いので，**過去分詞で始まる**形になる。
　(Being) **seen** from a distance, the rock looks like a bear.
　「遠くから見る**と**，その岩はクマのように見える」
　（＝ If the rock is seen from a distance, the rock looks like a bear.）

※分詞構文は「書き言葉」なので，会話ではあまり使わない。

⑫ 関係代名詞

名詞 ← 関係代名詞の節

「関係代名詞」に導かれる節は名詞を修飾する。
- **who/whose** は「人」を修飾する。
  I have a brother **who** is an English teacher.
  「英語の教師をしている兄［弟］がいる」
  I know the man **whose** brother is a painter.
  「兄［弟］が画家である男性を知っている」
- **which** は「もの」を修飾する。
  This is a camera **which** I bought yesterday. 「これは私が昨日買ったカメラだ」
- **that** は「人・もの」を修飾する。
  Did you read the book **that** I gave you? 「あなたにあげた本を読んだ？」
- **what** は修飾する名詞がいらない（what が「〜すること［もの］」の意味を含む）。
  This is **what** I want to tell you. 「これがあなたにお話ししたいことです」

※ **who/whose/which** の前にカンマがあるときは，前の名詞を後ろから補足的に説明する。
  I would like to introduce Ms. Princeton, **who** will be teaching this class.
  「プリンストンさんをご紹介します，彼女がこのクラスを指導することになっています」
  There is a sport called kabaddi, **which** comes from India.
  「カバディと呼ばれるスポーツがあり，それはインド発祥（のスポーツ）である」

※「前置詞 + which」で名詞を修飾することができる。口語では名詞を修飾する節の最後に置く。
  The house **in which** Napoleon was born is now a museum.
  The house **which** Napoleon was born **in** is now a museum.　（口語）
  「ナポレオンが生まれた家は今は博物館になっている」

⑬ 関係詞 + -ever

whatever/whichever/whoever/whenever/wherever

関係詞に -ever がついた語は 2 つの意味を持つ。
- what/which/who + ever

| whatever | 〜するものは何でも | (たとえ) 何が［を］〜しても |
| whichever | 〜するどちらでも | (たとえ) どちらが［を］〜しても |

| whoever | ～する人は誰でも | （たとえ）誰が[を]～でも |

It's up to you. We can do **whatever** you want to do.
「あなた次第です。私たちはあなたがしたいことは何でもします」

Whatever happens, I will not change my mind.
「たとえ何が起きようと，私は決心を変えるつもりはありません」

・when/where/how ＋ ever

whenever	～するときはいつでも	（たとえ）いつ～しようとも
wherever	～する所ならどこにでも	（たとえ）どこへ～しようとも
however		（たとえ）どんなに～でも

※ however は〈however＋形容詞・副詞〉の形で「どんなに～でも」の形で使う。単独では「しかしながら」の意味。

I like Sunday because I can get up **whenever** I want to.
「私は起きたいときにいつでも起きられるので日曜日が好きだ」

Whenever you come, you'll be welcome. 「いつ来ても歓迎しますよ」

However hard it may be, it is worth trying.
「どんなに難しくても，それは試みてみる価値がある」

⑭ 仮定法

$$\text{if S ＋ 過去, S ＋ would ＋ 動詞の原形}$$
$$\text{if S ＋ 過去完了, S ＋ would have ＋ 過去分詞}$$

「仮定法過去」は「もし（今）～だったら…」と，現在の事実と反対のことを仮定して述べる。would のほか could や might なども使う。

If you **won** the prize, what **would** you **do** with the money?
「もしその賞を得たら，そのお金で何をする？」

「仮定法過去完了」は「もし（その時）～だったら…」と，過去の事実と反対のことを仮定して述べる。would のほか could や might なども使う。

If I **had known** her new address, I **would have sent** her a birthday card.
「もし彼女の新しい住所を知っていたら，彼女にバースデーカードを送っていたのに」

※ **if it were not for** A, ～や **if it had not been for** A などの仮定法を使った慣用表現は「2級によく出るイディオム ベスト325」を参照 (p. 80)。

※ if のない仮定法

with「もし～があれば[あったら]」，without「もし～がなければ[なかったら]」，otherwise「（もし）そうでなければ」などは，if .... の意味を持つ。

With a little more time, I **could have finished** the job.
「もう少し時間があれば，私はその仕事を終えることができたのに」

2級によく出る単語ベスト910　Part 1

(※ Part 2 → p. 110)

最重要 名詞 97

※ 熟 は「2級によく出るイディオム ベスト325」(p.70) に収録されていることを示します。

□ 1	activity	名 活動, 〔~ies で〕活動	[æktívəti]
□ 2	advantage	名 有利(さ), 利点 (take advantage of A → 熟)	[ədvǽntɪdʒ]
✓ 3	advertisement	名 広告, 宣伝〔略 ad〕	[ædvərtáɪzmənt]
□ 4	amount	名 量, 額　動 合計で〔~に〕なる	[əmáunt]
□ 5	announcement	名 発表, 公表	[ənáunsmənt]
□ 6	attention	名 注意(力) (pay/give attention to A → 熟)	[əténʃən]
□ 7	average	名 平均(値)　形 平均(値)の (on average → 熟)	[ǽvərɪdʒ]
□ 8	behavior	名 ふるまい〔行儀, 態度〕	[bɪhéɪvjər]
□ 9	benefit	名 利益, 恩恵　動 ~に利益をもたらす	[bénəfɪt]
✓ 10	board	名 ボード〔板, 掲示板〕, (幹部)会議 動 (乗り物)に乗る	[bɔ́:rd]
□ 11	career	名 キャリア〔仕事, 経歴〕	[kəríər]
□ 12	case	名 箱, 場合 ((just) in case, in case of A → 熟)	[kéɪs]
✓ 13	charity	名 慈善	[tʃǽrəti]
□ 14	citizen	名 住民, 市民, 国民	[sítəzən]
□ 15	communication	名 コミュニケーション〔情報, 意見などの伝達〕	[kəmjù:nəkéɪʃən]
□ 16	community	名 コミュニティー〔地域社会〕	[kəmjú:nəti]
□ 17	condition	名 状態　(on condition that *S V* → 熟)	[kəndíʃən]
✓ 18	contract	名 契約(書) 動 ~と契約する, (病気など)にかかる	名 [ká:ntrækt] 動 [kəntrǽkt]
□ 19	cost	名 費用　動 (金額)がかかる	[kɔ́:st]
□ 20	damage	名 被害　動 ~に被害〔損害〕を与える	[dǽmɪdʒ]
✓ 21	deal	名 〔a great/good deal of で〕たくさん (多量) (deal with *A* → 熟)	[dí:l]
✓ 22	debate	名 議論, 討論　動 ~を議論する	[dɪbéɪt]

☐ 23	decision	名 決定，決断		[dɪsíʒən]
☑ 24	demand	名 需要，要求　動 ～を要求する		[dɪmǽnd]
☐ 25	department	名 部門，(デパートなどの) 売り場		[dɪpάːrtmənt]
☐ 26	design	名 デザイン〔設計〕　動 ～を設計する		[dɪzáɪn]
☑ 27	detail	名 細部，詳細　(in detail → 熟)		[díːteɪl]
☐ 28	development	名 発達，発展		[dɪvéləpmənt]
☐ 29	device	名 装置，手段		[dɪváɪs]
☑ 30	economy	名 経済，節約		[ɪkάːnəmi]
☐ 31	effect	名 影響，効果		[ɪfékt]
☐ 32	effort	名 努力，試み		[éfərt]
☐ 33	environment	名 環境		[ɪnváɪərnmənt]
☑ 34	equipment	名 設備，備品		[ɪkwípmənt]
☐ 35	exercise	名 運動，練習　動 運動をする		[éksərsàɪz]
☐ 36	experience	名 経験　動 ～を経験する		[ɪkspíəriəns]
☑ 37	experiment	名 実験		[ɪkspérəmənt]
☐ 38	fact	名 事実，現実 (のこと)		[fǽkt]
☐ 39	factor	名 要因，要素		[fǽktər]
☐ 40	fashion	名 ファッション〔流行〕		[fǽʃən]
☐ 41	force	名 力，軍隊　動 ～に強いる		[fɔ́ːrs]
☑ 42	form	名 (記入用の) 用紙，形		[fɔ́ːrm]
☐ 43	garbage	名 ごみ，くず		[gάːrbɪdʒ]
☐ 44	hometown	名 故郷，ふるさと (= home town)		[hóʊmtaʊn]
☐ 45	image	名 イメージ〔印象〕，像		[ímɪdʒ]
☐ 46	industry	名 産業，工業		[índəstri]
☐ 47	influence	名 影響 (力)　動 ～に影響を及ぼす		[ínfluəns]
☑ 48	instance	名 (出来事の) 例　(for instance → 熟)		[ínstəns]
☑ 49	insurance	名 保険 (金・会社)		[ɪnʃúərəns]

☑ 50	issue	名 問題 (点), (雑誌などの) 〜号 動 発行する, (声明などを) 出す	[íʃuː]
☐ 51	item	名 アイテム〔品目〕, (新聞などの) 記事	[áɪtəm]
☐ 52	law	名 法律, 法則	[lɔ́ː]
☑ 53	layer	名 層, 重なり	[léɪər]
☐ 54	limit	名 制限, 限界　動 〜を制限する	[límɪt]
☐ 55	liquid	名 液体　形 液体の, 流動性の	[líkwɪd]
☑ 56	manufacture	名 製造, (大量) 生産　動 〜を製造する	[mæ̀njəfǽktʃər]
☐ 57	matter	名 問題, 〔the 〜で〕困った事 動 (〜に) 重要である	[mǽtər]
☐ 58	meaning	名 意味	[míːnɪŋ]
☐ 59	means	名 〔複 means〕手段, 方法 　(by all/no means, by means of A → 熟)	[míːnz]
☐ 60	method	名 方法, 方式	[méθəd]
☐ 61	movement	名 運動	[múːvmənt]
☐ 62	nature	名 自然, 性質, 性格　(by nature → 熟)	[néɪtʃər]
☐ 63	opinion	名 意見, 考え	[əpínjən]
☐ 64	organization	名 組織, 団体	[ɔ̀ːrɡənəzéɪʃən]
☐ 65	pattern	名 パターン〔型, 様式, 模様〕	[pǽtərn]
☐ 66	point	名 点, 論点, 要点　動 〜を指さす, 〜を向ける	[pɔ́ɪnt]
☐ 67	population	名 人口, (動植物の) 個体数	[pɑ̀ːpjəléɪʃən]
☐ 68	position	名 位置, 姿勢, 地位 動 〜を (特定の位置に) 置く	[pəzíʃən]
☐ 69	practice	名 実行・実践, 練習 動 〜を練習する, 〜を実践 [実行] する	[prǽktɪs]
☐ 70	presentation	名 プレゼン (テーション), 提出・提示	[prìːzəntéɪʃən]
☐ 71	pressure	名 圧力, (精神的) プレッシャー	[préʃər]
☐ 72	process	名 プロセス〔過程〕　動 〜を加工処理する	[prɑ́ːses]
☐ 73	product	名 製品, 産物	[prɑ́ːdəkt]
☐ 74	purpose	名 目的　(on purpose → 熟)	[pə́ːrpəs]

☐ 75	**quality**	名 質，品質	[kwá:ləti]	
☐ 76	**research**	名 研究，調査　動 研究[調査]する	名 [rí:sə:rtʃ] 動 [rɪsə́:rtʃ]	
☐ 77	**resource**	名 〔通例〜s で〕資源	[rí:sɔ:rs]	
☐ 78	**result**	名 結果 動 (〜の結果として) 生じる (result in A → 熟)	[rɪzʌ́lt]	
☐ 79	**room**	名 部屋，スペース[場所]，余地	[rú:m]	
☐ 80	**scene**	名 シーン〔場面〕，眺め	[sí:n]	
✓ 81	**section**	名 部門，区域	[sékʃən]	
☐ 82	**sense**	名 感覚，センス (make sense, in a sense → 熟)	[séns]	
☐ 83	**series**	名 〔複 series〕連続，(番組・本などの)シリーズ	[síəri:z]	
☐ 84	**site**	名 場所，(ウェブ)サイト	[sáɪt]	
☐ 85	**situation**	名 状況，状態	[sìtʃuéɪʃən]	
☐ 86	**skill**	名 技術，熟練	[skíl]	
☐ 87	**solution**	名 解決策，解答	[səlú:ʃən]	
☐ 88	**source**	名 源・水源，情報源	[sɔ́:rs]	
☐ 89	**species**	名 〔複 species〕(生物学上の)種	[spí:ʃiz]	
✓ 90	**statement**	名 声明，陳述	[stéɪtmənt]	
☐ 91	**success**	名 成功	[səksés]	
✓ 92	**survey**	名 調査，測量　動 (意見など)を調査する	名 [sə́:rveɪ] 動 [sərvéɪ]	
✓ 93	**tax**	名 税金　動 〜に税金をかける	[tæks]	
☐ 94	**trade**	名 貿易　動 (〜を[と]) 取引する	[tréɪd]	
☐ 95	**value**	名 価値　動 〜を重んじる	[vǽlju:]	
☐ 96	**view**	名 眺め，意見	[vjú:]	
☐ 97	**wave**	名 波　動 〜を振る	[wéɪv]	

最重要 動詞 91

☐ 98	**accept**	動 〜を受け取る[受け入れる]	[əksépt]	
☐ 99	**add**	動 〜を加える	[ǽd]	

☑ 100	advertise	動 ～を宣伝[広告]する	[ǽdvərtàɪz]
☐ 101	affect	動 ～に影響を及ぼす，[be affected で] 感動する・心を動かされる	[əfékt]
☐ 102	agree	動 賛同する，同意する	[əgríː]
☐ 103	allow	動 ～を許す，～を可能にする	[əláʊ]
☐ 104	announce	動 ～を発表する	[ənáʊns]
☐ 105	appear	動 (～のように) 見える，現れる	[əpíər]
☐ 106	approach	動 ～に近づく 名 (問題などへの) 接近(法)	[əpróʊtʃ]
☑ 107	argue	動 言い争う，論争する	[άːrgjuː]
☐ 108	attend	動 ～に出席する	[əténd]
☐ 109	avoid	動 ～を避ける	[əvɔ́ɪd]
☑ 110	bear	動 ～に耐える	[béər]
☐ 111	believe	動 ～を信じる，[believe in で] (～の存在を) 信じる	[bəlíːv]
☑ 112	book	動 ～を予約する	[búk]
☐ 113	cancel	動 ～をキャンセルする	[kǽnsəl]
☐ 114	cause	動 ～を引き起こす 名 原因，理由	[kɔ́ːz]
☐ 115	check	動 ～を調べる，～を確認する (check in/out → 熟)	[tʃék]
☐ 116	close	動 ～を閉める，閉まる，～を終える，終わる (close 形 → 195)	[klóʊz]
☑ 117	compare	動 ～を比較する (compared to/with A → 熟)	[kəmpéər]
☐ 118	complain	動 不平[苦情]を言う	[kəmpléɪn]
☐ 119	concern	動 [be concerned で] 心配する，関心がある，関係する 名 関心(事)，心配(事)	[kənsə́ːrn]
☑ 120	connect	動 ～をつなぐ[結ぶ]	[kənékt]
☐ 121	consider	動 ～をよく考える[検討する]，(～と) 思う	[kənsídər]
☐ 122	contain	動 ～を含む[含んでいる]	[kəntéɪn]
☐ 123	control	動 ～を支配する 名 支配(権)	[kəntróʊl]
☐ 124	create	動 ～を創り出す[創造する]	[kriéɪt]
☐ 125	describe	動 ～の特徴を述べる[描写する]	[dɪskráɪb]

☐ 126	develop	動	～を発展[発達]させる，発展[発達]する	[dɪvéləp]
☐ 127	discover	動	～を発見する	[dɪskʌ́vər]
☐ 128	discuss	動	～を話し合う，～を議論する	[dɪskʌ́s]
✓ 129	donate	動	～を寄付する，(血液，臓器など)を提供する	[dóʊneɪt]
☐ 130	drive	動 名	～を運転する，(人)を(車で)送る ドライブ	[dráɪv]
☐ 131	encourage	動	～を励ます，～を奨励する	[ɪnkə́:rɪdʒ]
☐ 132	expect	動	～を予期する，～を期待する	[ɪkspékt]
☐ 133	face	動 名	～に直面する 顔	[féɪs]
☐ 134	fill	動	～をいっぱいにする，いっぱいになる (fill in/out A → 熟)	[fíl]
☐ 135	fix	動	～を修理する	[fíks]
☐ 136	follow	動	～のあとについて行く，～に従う	[fɑ́:loʊ]
☐ 137	gain	動	～を得る[獲得する]	[géɪn]
☐ 138	gather	動	(人が)集まる，～を集める	[gǽðər]
☐ 139	graduate	動	(～を)卒業する	[grǽdʒueɪt]
☐ 140	guess	動 名	～を推測する 推測	[gés]
☐ 141	guide	動 名	～を案内する ガイド[案内者[書]]	[gáɪd]
✓ 142	improve	動	～を向上させる，向上する	[ɪmprúːv]
☐ 143	include	動	～を含む[含める]	[ɪnklúːd]
☐ 144	increase	動	増える	[ɪnkríːs]
✓ 145	involve	動	～を巻き込む，[be involved で] (～に)関わる	[ɪnvɑ́:lv]
☐ 146	land	動 名	着陸する，上陸する 陸，土地	[lǽnd]
☐ 147	lay	動	～を置く，(卵)を産む	[léɪ]
☐ 148	lead	動	～を導く，～を案内する	[líːd]
☐ 149	leave	動	～を去る[出発する]，～を置いて行く	[líːv]
✓ 150	manage	動	(何とか～を)やり遂げる，～を経営[管理]する (manage to do → 熟)	[mǽnɪdʒ]
☐ 151	marry	動	～と結婚する	[mǽri]

☐ 152	mean	動	～を意味する	[míːn]
☑ 153	measure	動	～を測定する　名 対策，措置	[méʒər]
☐ 154	meet	動	(人) と会う [知り合う]，(人) を出迎える，(要求・条件など) を満たす	[míːt]
☐ 155	mention	動	～に言及する　名 言及	[ménʃən]
☐ 156	miss	動	～をとらえ損なう，(人) がいなくて寂しい	[mís]
☐ 157	move	動	動く，～を動かす，[move to で] ～に引っ越す	[múːv]
☐ 158	offer	動	～を提供する，(～すること) を申し出る 名 申し出	[ɔ́ːfər]
☑ 159	organize	動	～を準備する [手配する]	[ɔ́ːrɡənàɪz]
☐ 160	prepare	動	(～の) 準備をする	[prɪpéər]
☐ 161	present	動 ～を贈呈する，～を提出する 形 現在の，出席している (be present at A → 熟) 名 現在 (at present → 熟)，贈り物		動形 [prɪzént] 名 [prézənt]
☑ 162	prevent	動	～を防ぐ [妨げる] (prevent A from doing → 熟)	[prɪvént]
☐ 163	produce	動	～を生産 [製造] する	[prədjúːs]
☐ 164	prove	動	(～だと) 証明する，(～だと) わかる	[prúːv]
☐ 165	provide	動	～を [～に] 提供する	[prəváɪd]
☐ 166	publish	動	～を出版する，～を公表する	[pʌ́blɪʃ]
☑ 167	realize	動	～がわかる，～に気づく	[ríːəlàɪz]
☐ 168	recommend	動	～を勧める，～を推薦する	[rèkəménd]
☐ 169	reduce	動	～を減らす	[rɪdjúːs]
☐ 170	refuse	動	～を断る [辞退する]，～を却下する	[rɪfjúːz]
☐ 171	relax	動	リラックスする [くつろぐ]，～をほぐす	[rɪlǽks]
☐ 172	release	動 ～を放つ [解放する]，～を公表する 名 解放，公表		[rɪlíːs]
☐ 173	remain	動 (～の) ままである，(物，事が) 残っている 名 〔～s で〕遺跡，残り物		[rɪméɪn]
☐ 174	remove	動	～を取り除く	[rɪmúːv]
☑ 175	rent	動	～を賃借りする　名 賃貸料	[rént]

☑ 176	repair	動 ～を修理する　名 修理	[rɪpéər]
☐ 177	replace	動 ～を取り替える	[rɪpléɪs]
☑ 178	represent	動 ～を代表する，～を表す［示す］	[rèprɪzént]
☑ 179	require	動 ～を必要とする，～を義務づける〔規則など〕	[rɪkwáɪər]
☐ 180	run	動 走る，（川などが）流れている，（機械など）を動かす，（会社など）を経営する	[rʌ́n]
☐ 181	search	動 ～を探す［捜す］　名 捜索，検索 (search for A, in search of A → 熟)	[sə́ːrtʃ]
☑ 182	serve	動 ～を給仕する，（役職などを）務める	[sə́ːrv]
☐ 183	solve	動 （問題など）を解決する	[sɑ́ːlv]
☐ 184	sound	動 （～に）聞こえる［思える］　名 音	[sáʊnd]
☐ 185	stick	動 くっつく，～をくっつける，～を差し込む　名 棒切れ，つえ	[stík]
☐ 186	suggest	動 ～を提案する，～を示す［暗示する］	[səɡdʒést]
☐ 187	support	動 ～を支える［支持する］，（家族を）を養う　名 支持	[səpɔ́ːrt]
☐ 188	treat	動 ～を扱う　名 もてなし	[tríːt]

最重要 形容詞・副詞 52

☐ 189	actually	副 実は，実際に［は］	[ǽktʃuəli]
☑ 190	available	形 入手できる，（人が）都合がつく	[əvéɪləbəl]
☐ 191	certain	形 確信している，ある～　(for certain → 熟)	[sə́ːrtn]
☑ 192	chemical	形 化学の，化学的な　名 〔通例～s で〕化学物質［薬品］	[kémɪkəl]
☑ 193	chief	形 主要な〔原因，理由など〕　名 （組織の）長	[tʃíːf]
☐ 194	clear	形 明らかな，クリアな［澄んだ］　動 ～を片づける	[klíər]
☐ 195	close	形 （距離・時間・関係などが）近い　副 近くに　(close 動 → 116)	[klóʊs]
☐ 196	commercial	形 商業の　名 コマーシャル［広告放送］	[kəmə́ːrʃəl]
☐ 197	common	形 よくある，共通の　(in common (with A) → 熟)	[kɑ́ːmən]

☑ 198	downtown	副 中心街 [繁華街] へ [で，に] 形 中心街 [繁華街] の	副 [dàuntáun] 形 [dáuntaun]
☐ 199	economic	形 経済 (上) の	[èkənáːmɪk]
☐ 200	effective	形 効果的な	[ɪféktɪv]
☐ 201	electric	形 電気の，電動の	[ɪléktrɪk]
☐ 202	especially	副 特に	[ɪspéʃəli]
☐ 203	eventually	副 結局は，ついに	[ɪvéntʃəli]
☐ 204	exactly	副 正確に，(数・量などが) ちょうど	[ɪgzǽktli]
☑ 205	extra	形 余分の，追加の	[ékstrə]
☐ 206	global	形 世界的な，地球全体の	[glóubəl]
☐ 207	huge	形 巨大な，ばく大な	[hjúːdʒ]
☑ 208	increasingly	副 ますます	[ɪnkríːsɪŋli]
☐ 209	indeed	副 本当に，実に [強調]	[ɪndíːd]
☐ 210	individual	形 個々の 名 個人	[ìndəvídʒuəl]
☐ 211	just	副 ちょうど，ほんの [ただ] (〜だけ)	[dʒʌ́st]
☑ 212	mainly	副 主に	[méɪnli]
☐ 213	major	形 主要な 名 専攻科目 (major in A → 熟)	[méɪdʒər]
☐ 214	moreover	副 そのうえ，さらに	[mɔːróuvər]
☐ 215	natural	形 自然の	[nǽtʃərəl]
☐ 216	nearly	副 ほとんど，もう少しで	[níərli]
☑ 217	neither	形 どちらの〜も〜でない [neither + 単数名詞] 副 [neither + (助)動詞 + S で] 〜もまた (〜し) ない， (neither A nor B, neither of A → 熟)	[níːðər]
☑ 218	nevertheless	副 それにもかかわらず	[nèvərðəlés]
☐ 219	official	形 公式の，公の	[əfíʃəl]
☐ 220	ordinary	形 普通の，通常の	[ɔ́ːrdnèri]
☐ 221	own	形 自分の (on one's own → 熟) 動 〜を所有する	[óun]
☑ 222	particular	形 特別の，特定の (in particular → 熟)	[pərtíkjələr]

☐ 223	past	形 過去の　前 (～を) 過ぎて 名 過去		[pǽst]
☐ 224	patient	形 がまん強い　名 患者		[péɪʃənt]
☐ 225	perhaps	副 たぶん		[pərhǽps]
☐ 226	probably	副 おそらく，たぶん		[prɑ́:bəbli]
☐ 227	public	形 大衆の，公共の		[pʌ́blɪk]
☐ 228	rather	副 かなり，むしろ		[rǽðər]
☐ 229	recent	形 最近の		[rí:sənt]
☐ 230	recently	副 最近		[rí:səntli]
☐ 231	serious	形 深刻な，本気の		[síəriəs]
☐ 232	short	形 不足した，短い		[ʃɔ́:rt]
☐ 233	similar	形 似ている (be similar to A → 熟)		[símələr]
☐ 234	simple	形 簡単な，シンプルな [質素な]		[símpəl]
☐ 235	simply	副 簡単に，単に		[símpli]
✓ 236	sincerely	副 心から		[sɪnsíərli]
☐ 237	successful	形 成功した		[səksésfəl]
✓ 238	unfortunately	副 残念ながら		[ʌnfɔ́:rtʃənɪtli]
✓ 239	urban	形 都市の，都会の		[ə́:rbən]
☐ 240	various	形 さまざまな		[véəriəs]

その他の品詞 5

☐ 241	though	接 ～だけれども (= although)	[ðóu]
✓ 242	throughout	前 ～の至るところに，～の間ずっと	[θruáut]
☐ 243	whenever	接 (～する) ときはいつも，いつ～しようとも	[wenévər]
☐ 244	wherever	接 (～する) 所ならどこでも， どこで [へ] ～しようとも	[weərévər]
☐ 245	worth	前 ～に値する，～の価値がある　名 価値	[wə́:rθ]

大問 2 「長文問題 — 適語句選択」

出題のポイント

　大問 2 は比較的長い英文を読んで，文中の空欄に入る適切な語句を選択肢から選ぶ問題。長文は 2A, 2B の 2 問が出題され，それぞれに 3 つの空欄がある。選択肢は単語ではなく，2 語以上の語句である。

　この問題では，選択肢の中から，話の流れに合うもの，論理的につながるものを選ぶので，文章全体の趣旨を理解し，空欄前後の文脈を把握することが求められる。

出題パターン

トピック（話題）

　2A は科学的な話題，2B は社会的な話題に関するレポート文が多く出題される。日常的な話題の文は出題されていない。

長文の特徴

　2A, 2B いずれも，3 つのパラグラフで構成される文章で，各パラグラフに 1 つずつ空欄がある。

　長文の内容を速く正確に理解するためには，パラグラフとパラグラフの関係をつかむことが大切だ。各パラグラフには，1 つのトピック（主題）があり，このトピックが組み合わされて文章全体が構成されているからだ。

　このトピックを要約している文を「**トピックセンテンス**」と言う。トピックセンテンスは，ふつう，各パラグラフの最初にあるが，結論を述べるパラグラフでは最後になることもある。したがって，まずは，各パラグラフの最初の文と最後の文を読み，全体の構成をつかんでおけば，その長文の趣旨を間違えることはない。

　過去に出題された問題文で見てみよう。

Turn It Off（2014 年第 1 回）より

[第 1 パラグラフ]
　第 1 文　　スマートフォンなどの携帯ツールは私たちの生活を便利にしている。
　最終文　　しかし，結果として，それらのツールがストレスとなっている。
　↓

[第2パラグラフ]
第1文　1つの解決策はインターネットがつながらない空間を作ることだ。
最終文　インターネットにつながらないところで休暇をとることだ。

⬇

[第3パラグラフ]
第1文　調査によると，ふだんの休暇ではほとんどの人がインターネットに接続している。
最終文　インターネットにつながらない休暇では不便さに喜びを感じられる。

⇒ ここから推測される文章の概要は，「携帯ツールは便利だが，ストレスにもなっている。このため，インターネットにつながらない場所や時間を作るといったことが必要である」というものになる。

話の展開を示す語句

次のような語句が論理の展開を示す。これらの語句が出てきたらマークしておこう。適切な選択肢を選ぶための重要なヒントにもなる。また，これらの語句自体が空欄になることも多い。

for example「例えば」	if「もし」
because「なぜなら」	though「～だけれど」
when「～するとき」	once「ひとたび～すると」
moreover「さらに」	however「しかし」
finally「最後に」	after all「結局」

解き方のポイント

ポイントを絞って読み，文章の概要を大ざっぱにつかむ。

Step 1 ▶▶ タイトルを読んで話題をつかむ。
Step 2 ▶▶ 各パラグラフからトピックセンテンスを探し，全体の構成をつかむ。
Step 3 ▶▶ 空欄の前後を確認しながら，選択肢の適切なものを選ぶ。
Step 4 ▶▶ 選択した語句を入れて文を読み直し，意味が通ることを確認する。

① 大問 [2A]

練習問題 1

The Plus Pool

For decades, New York City's East River has been considered polluted and unattractive. The water is frequently tested to see if it is safe for people to swim in, and a yearly swimming event is held there. (1), because people know that waste from houses and other buildings sometimes pour into the river, they have a hard time believing it is clean. The city is trying to improve the situation. In 2013, it announced that it would spend 5.2 billion dollars over the next decade to clean up the water.

Now, one company is planning to clean the river in their own way. They have designed an Olympic-size pool called the Plus Pool. It is shaped like a plus sign, and can float in water. The Plus Pool also has a very useful feature: it contains a large water filtration system that allows it to clean the water it floats on. The walls of the pool are made of layers of material that separate pollution in the water. The company plans to (2). This will allow people to swim safely in the river, surrounded by beautiful views of New York City. The pool will also be open to the public, meaning anyone can swim in it. Eventually, they hope it will make the river clean enough to swim in.

However, the pool is still in the development phase. The company is currently talking with different groups to work out various issues. One issue is deciding how to get rid of the waste it collects. Another is obtaining approval from the city and the state to float the pool on the river. A third issue is (3) to continue the project. The Plus Pool requires about 21 million dollars to build. The company has raised money over the Internet, with individuals paying over half a million dollars towards the project. They have also attracted investors from major companies. It is certainly an idea that many people expect to become a reality.

1
1. In other words
2. As a result
3. Gradually
4. However

2
1. float it on the East River
2. use it at the Olympics
3. fight global warming with the pool
4. lend it out to famous people

3
1. gathering enough interest
2. finding talented engineers
3. raising enough money
4. getting permission from the U.S. government

《問題文訳》

プラスプール

　ニューヨーク市のイーストリバーは汚染され，魅力的ではないと何十年も思われている。泳ぐのが安全か確認するため，水は頻繁に検査され，毎年水泳のイベントが開催される。（　1　），家々やほかの建物からの廃棄物がときどき，川に流れ込むことを知っているため，人々は川がきれいだとなかなか信じられない。市はこの状況を改善しようとしている。2013年に，今後10年，水をきれいにするため52億ドル出資することを発表した。

　今，ある会社が自らの手法で川をきれいにしようと計画している。彼らは「プラスプール」という名のオリンピック公認サイズのプールをデザインした。それはプラス記号の形をしていて，水に浮くことができる。また，プラスプールには非常に有益な特徴がある。それは，プラスプールが浮いている水をきれいにする大きな水ろ過システムが付属していることである。プールの壁は水中の汚染物質を分離できる素材の層でできている。会社は（　2　）計画を立てている。これによって人々はニューヨーク市の美しい光景に囲まれて，安全に川で泳げるようになる。プールは一般に公開され，つまり誰でも泳げるようになる。最終的には，川の中を泳げるくらいに水がきれいになることを期待している。

　しかし，このプールはまだ開発の段階にある。会社は現在さまざまな課題を解決するために，各種グループと話し合っている。1つの課題は，集めた廃棄物をどのように処理するかを決めることである。もう1つは，プールを川に浮かべる許可を市と州から取得することである。3つ目の課題はこの計画を継続するための（　3　）である。プラスプールを作るのに約2,100万ドル必要である。会社はインターネット上で資金を集めており，個人の人たちがこの企画に50万ドル出資した。彼らは大企業からも投資を受けた。まさに多くの人々が実現化を期待しているアイデアである。

1	《正解》	**4　However**
	《訳》	1　つまり
		2　結果として
		3　徐々に
		4　しかしながら
	《解説》	（　　）の前後の記述の内容はどうなっているか。（　　）の前は，水質検査を頻繁に行い毎年水泳のイベントを開催するなど，イーストリバーがクリーンであることの市当局の懸命なアピールについて。（　　）の後は，家庭やその他の建物からの廃棄物がときどき流れ込むことが知られており，川がクリーンであることをなかなか信じない人々について述べられている。つまり，クリーンさをめぐっては双方の見解が対立していることがわかる。よって，逆接の接続詞 4 However が正解。have a hard time doing ～「～するのは大変である，～するのに苦労する」。
2	《正解》	**1　float it on the East River**
	《訳》	**1　イーストリバーに浮かべる**
		2　オリンピックで使う
		3　プールを使って地球温暖化と戦う
		4　有名な人たちに貸し出す
	《解説》	（　　）の後の This will allow people to swim safely in the river「これによって人々は安全に川で泳げるようになる」に注目。「これによって」とあるが，「これ」が（　　）の中の内容である。どうすれば，泳げるようになるかを考えればよい。水のろ過装置を備えたプラスプールを水上に浮かべるから可能になるのである。
3	《正解》	**3　raising enough money**
	《訳》	1　十分な注目を集めること
		2　才能があるエンジニアを見つけること
		3　十分な資金を集めること
		4　米国政府から許可を得ること
	《解説》	計画を継続するためには何が必要か考えればよい。（　　）のある文の後の，The Plus Pool requires about 21 million dollars to build.「プラスプールは作るのに約 2,100 万ドル必要」という記述から，必要なのは，資金ということがわかる。したがって，正解は raising enough money「十分な資金を集めること」。get rid of ～は「～を捨てる，取り除く」。

練習問題 2

How Taste is Formed

Research into human beings and our relationship with food has led to many interesting discoveries about how our sense of taste is developed. For example, it has been proven that babies develop their taste for food before they are even born. If a mother eats food with a strong taste such as spicy food while she is pregnant, the baby inside her body will end up tasting it as well. This is because the liquid that the baby floats around inside the mother will taste spicy too. After birth, the baby will (1) and respond strongly when given the same food again.

Bee Wilson, a British food writer and researcher, says that babies are most flexible about eating different foods when they are four to seven months old. In her opinion, if a baby is exposed to new flavors and tastes at this young age, they will more easily be able to eat food with different flavors later in life. (2), this does not mean that once the baby is past seven months old, they can no longer accept new flavors. Children are highly influenced by the food environment around them. If you eat lots of different styles of food as a child, you will find it easier to appreciate a wide range of flavors when you are older. And even if children do not like something the first time they eat it, they can learn to like it.

Although different cultures raise their children with food of different flavors, one thing scientists have found out is that people all over the world love things that taste sweet. While other tastes, such as saltiness, are developed after they are born, all babies are born with a (3). This explains why food targeted at children, such as cereal, are so sweet. However, sweet things do not have to come in the form of candy or sweets. Many healthy foods naturally contain sugar, such as corn or rice.

1
1. learn to cook
2. prefer it to the mother's milk
3. (remember the taste)
4. reject all spicy food

2
1. Soon
2. (Yet)
3. Already
4. Suddenly

3
1. (preference for sweetness)
2. liking of milk
3. knowledge that sweet things are unhealthy
4. love for spicy food

《問題文訳》

味覚はどのように形づくられるか

人間と食べ物の関係に関する研究は，私たちの味覚がどのように発達していくかに対してたくさんの興味深い発見につながった。例えば，赤ちゃんは生まれる前からでも食べ物の味覚を養っていることが証明された。母親が妊娠している間に辛い物など，味が濃い食べ物を食べると，体の中にいる赤ちゃんも結局それを味わうことになる。これは，お母さんの中で赤ちゃんが浮いている液体も辛い味がするからである。誕生後，赤ちゃんは（　1　），同じ食べ物が再び与えられたたとき，強く反応する。

イギリス人の料理記者であり研究者でもあるビー・ウィルソンは，赤ちゃんが4か月から7か月の間が，さまざまな食べ物を食べることに対して最も柔軟であると言う。彼女の意見では，赤ちゃんがこの乳児期に新しい香りや味に触れれば，後の人生でよりたやすくいろいろな味の食べ物を食べられるようになる。（　2　），これは，赤ちゃんが7か月を過ぎてしまったら，新しい味を受け入れられないということではない。子供は周りの食環境に非常に影響を受けやすい。子供の頃さまざまな種類の食べ物を食べれば，大人になったとき，幅広い味をより容易に味わうことができるようになる。そして，子供が何かを初めて食べたときその味が好きではなくても，好きになることができる。

異なる文化では異なる味の食べ物で子供たちを育てるが，科学者たちが発見した1つのことは，世界中の人々は甘いものが好きだということである。塩辛さのような，他の味覚は生まれた後に発達するものであるが，すべての赤ちゃんは生まれつき（　3　）を持っている。これで，シリアルのような子供を対象とした食べ物がなぜとても甘いのかが説明できる。しかし，甘いものは飴やお菓子という形でなければ摂取できないわけではない。とうもろこしや米のような健康的な食べ物の多くは，自然に糖分を含んでいる。

1	《正解》	**3**	remember the taste
	《訳》	1	料理の仕方を学ぶ
		2	母乳より好む
		3	**味を覚えている**
		4	辛い物をすべて拒絶する
	《解説》	「誕生後，赤ちゃんは（　　），それで同じ食べ物が再び与えられたたとき，強く反応する」の文の（　　）部分は，後半部の理由になっている。赤ちゃんは，母親の胎内にいるときに味わった味を誕生後も「覚えている」ので，それに再度出会うと強く反応を示すのである。end up with *doing* 〜「結局〜することになる」。

2	《正解》	**2**	Yet
	《訳》	1	すぐに
		2	**けれども**
		3	すでに
		4	突然
	《解説》	(　　) の前の記述内容「赤ちゃんは，4 か月から 7 か月の時期にさまざまな香りや味に触れれば，後の人生でいろいろな味の食べ物を簡単に食することができる」を，（　　）の後で「このことは，赤ちゃんが 7 か月を過ぎてしまったら，新しい味を受け入れられないということではない」とただし書きをつけているので，つなぎの語としては，2 Yet が適切。once 〜「いったん〜したら」。

3	《正解》	**1**	preference for sweetness
	《訳》	**1**	**甘いもの好き**
		2	牛乳が好き
		3	甘いものは不健康であるという知識
		4	辛いものが大好き
	《解説》	「塩辛さなどの味覚は生まれた後に発達するものであるが，すべての赤ちゃんは生まれつき（　　）を持っている」という文の内容から（　　）には「塩辛さ」の反対の意味の語句が入りそうである。したがって，正解は 1 preference for sweetness「甘いもの好き」。すぐ後の「このことからも，…子供を対象とした食べ物がなぜとても甘いのかが説明できる」という一文も，そのことを裏付けている。

② 大問 [2B]

練習問題 1

Using Email Less for Business

In the past 20 years, email has become a standard form of communication. In the business world, while people communicate using the telephone or in person, it can be said that most people would not be (1) without using email. One research found out that on average, working people spend 28% of their time at work on emails. Another found that people send and receive an average of 122 business emails every day. This number is expected to grow.

However, as much as we rely on email, some companies have begun to question whether using email is truly a good way to get work done. They feel that spending so much time writing or checking emails is an inefficient use of time, as it interrupts other work. And with so many people able to check their email from their smartphones today, it has become increasingly difficult to get away from work, even after you leave the office and go home. (2), email is not always the best way of communicating your thoughts and ideas. It is easy for people to become confused if they have to read a lot emails. Also, people often lose track of important points when communicating through email. Misunderstandings over email can also have serious consequences for businesses.

As an experiment, some companies are (3). At Reliable PSD, a web design company in America, one day a week, employees answer emails for only an hour in the morning and an hour at the end of the day. They also make sure employees are not checking emails on their smartphones. The company president reported that this improved the productivity and creativity of its workers. Taking a break from emails allowed employees to focus, write better emails, and interact better with customers. While doing away with email completely may not be possible, this experiment shows that it is possible for companies to come up with other solutions.

1
1. ignorant of the relationship
2. reluctant to work
3. in touch of their friends
4. able to work

2
1. Otherwise
2. Furthermore
3. Eventually
4. Accidentally

3
1. limiting their use of email
2. developing a new communication method
3. hiring people to answer emails
4. banning the Internet at work

《問題文訳》

ビジネスでのEメール使用を減らす

　ここ20年で，Eメールは一般的な情報伝達の手段となった。ビジネスの世界では，電話や直接会ってコミュニケーションを図ることもあるが，Eメールなしでは大体の人は（　1　）ないと言える。あるリサーチでは，人々は平均で仕事時間の28％をメールに費やしていることがわかった。別のリサーチで，人々は1日平均122のビジネス関連Eメールを送受信していることがわかった。この数は今後伸びることと予測されている。

　しかし，私たちがEメールに頼る一方，Eメールを使うことは本当に仕事をこなすために良い方法なのか，疑問に思い始めている企業もある。彼らは，メールを書くことや確認をすることにたくさん時間をかけるのは，その他の仕事を中断することを意味するため，時間の使い方の能率が悪いと考える。そして今日，多くの人がスマートフォンを使ってメールをチェックできるため，事務所から離れ，家に帰っても，仕事から離れることがだんだん難しくなってきている。（　2　），Eメールは必ずしも自分の考えやアイデアを伝える最上の手段ではない。たくさんのEメールを読まなければならないとしたら，人々は困惑しやすい。また，Eメールを通してコミュニケーションを図るとき，人々はしばしば重要なポイントを追えなくなってしまう。Eメールを通じて生じた誤解は，ビジネスにとって深刻な結果をもたらすこともある。

　実験として，いくつかの企業は（　3　）。Reliable PSDという米国のウェブデザイン会社では，週に1日，従業員は午前中に1時間と1日の終わりに1時間だけEメールに返信する。また，会社は，従業員がスマートフォンでメールをチェックしないよう確認している。会社の社長は，このことが従業員の生産性と創造性を改善したと報告した。Eメールから解放されることによって，従業員は集中し，より良いEメールを書くことができ，顧客とより良く交流できた。Eメールを完全になくすことは可能ではないかもしれないが，この実験は，企業がその他の解決策を考えることができることを示している。

1

《正解》 **4 able to work**

《訳》
1 関係を知ら
2 仕事をしたく
3 友達と連絡し
4 仕事をすることができ

《解説》 (　)の前に，E メールが一般的な情報伝達の手段になっているとの記述があり，(　)の後の記述では，実態調査を示すことによって，ビジネスに従事している人たちがいかに多くの仕事時間をメールのやりとりに費やしているかを裏付けている。そこから E メールをなくしてしまったなら，仕事が不可能になってしまうことは明らかである。よって，正解は 4 able to work。in person「直接会って」。

2

《正解》 **2 Furthermore**

《訳》
1 さもないと
2 さらに
3 結局は
4 偶然に

《解説》 メールには良い点ばかりがあるわけではないことを例をあげて説明している。場所や時を選ばずチェックが可能なため，人は職場を離れても仕事から離れられないだけではない。メールはやりとりの過程で見落としや，誤解などによって深刻な事態を招くこともあり，自分の考えやアイデアを伝えるには必ずしも最良の手段とは言えない。この 2 つの欠点をつなぐ語は何かが本問。2 例目の欠点のほうが深刻であるから，追い討ちをかけていることがわかる。選択肢の中では，2 Furthermore がぴったりである。as much as ～「～だけれども」，not always ～「必ずしも～であるわけではない」(部分否定)，lose track of ～「～を見失う」。

3

《正解》 **1 limiting their use of email**

《訳》
1 E メールの使用を限定している
2 新しいコミュニケーション手法を開発している
3 E メールの返事をする人を雇用している
4 職場でインターネットを禁止している

《解説》 (　)の後の文の後半に，one day a week, employees answer emails for only an hour in the morning and an hour at the end of the day「週に 1 日，従業員は午前中に 1 時間と 1 日の終わりに 1 時間だけ E メールに返信する」とあるから，会社は「E メールの使用を限定している」ことがわかる。したがって，1 limiting their use of email が正解。do away with ～「～を廃止する」，come up with ～「～を思いつく」。

The Future of News Reporting

Nonny De la Peña is an American journalist. For three decades, she has written for some of the most famous newspapers and magazines in the world. But today, she is known for creating a new form of news reporting called "immersive journalism." Immersive journalism uses computer technology and filmmaking methods to create news stories. Viewers wear a special machine on their head that (1), so they see and hear only the 3D images that De la Peña has created. The result is a 3D animation that the viewer can experience for themselves.

Unlike news stories that film what is happening as it happens, De la Peña's work re-creates events. (2), when De la Peña creates a work based on a crime, she uses evidence such as a phone call made to the police, photographs of the victim, or a map of the building where the crime took place. The result is that the viewer is placed inside a news story, and is able to respond to the news not only with their mind, but their entire body. As a journalist, De la Pena is careful to create an animation that does not tell people what to think, but allows them to form their own opinions of the topic.

Immersive journalism is still in its earliest stages, but in the future, De la Peña believes that all news stories will be filmed with 3D cameras. Viewers will be able to experience the news with 360 degree vision, and even be able to walk around in the place where the events take place. But what is the most valuable about immersive journalism is not (3). It is important because it allows viewers to experience the lives of people they have never met, and understand their point of view better. This is especially important today, as humans all over the world deal with difficult issues such as war, religion, and poverty.

1.
  1. hides the newspaper
  2. covers their eyes and ears
  3. is connected to a television
  4. can draw animation

2.
  1. In the long run
  2. So to speak
  3. On the other hand
  4. For example

3.
  1. the technology it uses
  2. the topics it focuses on
  3. its point of view
  4. what it is called

《問題文訳》

ニュース報道の未来

　ノニー・デ・ラ・ペーニャはアメリカ人のジャーナリストである。30年間，彼女は世界で最も有名ないくつかの新聞や雑誌のために記事を書いてきた。しかし今日，彼女は「イマーシブ・ジャーナリズム」という新しい形態のニュース報道を作ったことで有名である。イマーシブ・ジャーナリズムはニュース記事を作成するのに，コンピューター技術と映像制作の手法を用いる。視聴者は（　1　）特別な装置を頭につけ，デ・ラ・ペーニャが作った3D映像だけを見て，聞くようにする。その結果，視聴者は3Dアニメーションを自ら体験することになる。

　出来事が起きている時に起きているままを撮影するニュース報道と違い，デ・ラ・ペーニャの作品は出来事を再現する。（　2　），デ・ラ・ペーニャが犯罪を基にした作品を作る場合は，警察への通報，被害者の写真，事件が起きた建物の地図などの証拠を使う。結果として視聴者はニュース記事の中に置かれ，頭だけではなく体全体でニュースに反応することができる。ジャーナリストとして，デ・ラ・ペーニャは人々に何を考えるべきかを伝えるアニメーションではなく，トピックに対して人々が自らの意見を形成できるようなアニメーションを作るよう気をつけている。

　イマーシブ・ジャーナリズムはまだ初期段階であるが，将来，デ・ラ・ペーニャはすべてのニュース報道は3Dカメラで撮影されると信じている。視聴者はニュースを360度映像で体験することができ，事件が起きている現場を歩き回ることさえできるだろう。しかし，イマーシブ・ジャーナリズムの最も価値があるところは（　3　）ではない。それが重要なのは，視聴者が，会ったことがない人々の生活を体験し，彼らの考え方をよりよく理解することができるようにするからである。これは，世界中の人々が戦争，宗教，貧困などの難しい課題に対処している今日，特に重要である。

1

《正解》 **2 covers their eyes and ears**

《訳》
1 新聞を隠す
2 目と耳を覆う
3 テレビに繋がっている
4 アニメーションを描ける

《解説》（　）の後の文は they see and hear only the 3D images that De la Peña has created「デ・ラ・ペーニャが制作した 3D だけを見たり聞いたりする」の意味だから，頭につける特殊な装置は，目と耳を覆って他のものに関心がそれないようにしたものでなければならない。したがって，2 covers their eyes and ears が正解。

2

《正解》 **4 For example**

《訳》
1 長い目で
2 いわゆる
3 一方
4 例えば

《解説》デ・ラ・ペーニャの作品は出来事を re-create「再現する」と述べた後に，when De la Peña creates a work based on a crime, she uses evidence such as …「デ・ラ・ペーニャが犯罪を基にした作品を作る場合は，…のような証拠を使う」から，この部分は制作するさまざまな作品の手法の一例をあげていることがわかる。例をあげるときには，英語では，4 For example を用いるのが一般的である。

3

《正解》 **1 the technology it uses**

《訳》
1 使っている技術
2 着目するトピック
3 視点
4 呼ばれている名前

《解説》空欄の前の文で，イマーシブ・ジャーナリズムの視聴者は 3D の映像によって even be able to walk around in the place where the events take place「事件の現場を歩き回ることさえできる」と言っている。それに続けて But what is the most valuable about immersive journalism is not (　　). It is important because …「しかしイマーシブ・ジャーナリズムの最も価値があるところは（　　）ではない。それが重要なのは…」と論を進めている。つまり，前に述べた「3D の映像など（の技術）」自体に一番の価値があるのではない，というわけだ。選択肢では 1 the technology it uses である。

2級によく出るイディオム ベスト 325

「be＋形容詞」で始まるもの

□1	be about to do	（まさに）〜しようとしている
□2	be based on A	A に基づいている
□3	(be) bound for A	（乗り物が）A 行き（である）
□4	be capable of A	A（すること）ができる
□5	be dependent on A	A に頼っている
□6	be due to do	〜する予定である（due to A → 285）
□7	be eager to do	〜したいと強く願っている
□8	be fluent in A	A（言語）に堪能である [A を流暢に話す]
□9	be free of A	A がない
□10	be independent of A	A から独立している
□11	be involved in/with A	A に関わっている [関係している]
□12	be likely to do	〜しそうである
□13	be opposed to A	A に反対している
□14	be pleased to do	〜してうれしい
□15	be present at A	A に出席している
□16	be responsible for A	A に対して責任がある
□17	be sick of A	A にうんざりしている
□18	be similar to A	A に似ている
□19	be suitable for A	A に適している
□20	be supposed to do	〜することになっている
□21	be true of A	A についても当てはまる
□22	be willing to do	快く〜する
□23	be worried about A	A のことを心配している

動詞で始まるもの

| □24 | account for A | A〈割合〉を占める，A〈事〉を説明する |

□25	allow A to do	A が～するのを許す
□26	amount to A	合計で A〈数・量〉になる
□27	apply for A	A に申し込む［応募する］
□28	approve of A	A を認める［に賛成する］
□29	break down	壊れる，故障する
□30	break into A	A に押し入る
□31	break out	(事件などが) 発生する
□32	break up	ばらばらになる，解散する，(恋人などが) 別れる
□33	bring about A [bring A about]	A をもたらす［引き起こす］
□34	bring down A [bring A down]	A を下げる［下ろす］
□35	bring in A [bring A in]	A を取り入れる，A〈利益など〉を得る
□36	bring up A [bring A up]	A〈話題など〉を持ち出す，A〈子供〉を育てる
□37	burst out doing	突然～し出す
□38	call off A [call A off]	A を中止する
□39	call out A [call A out]	A を大声で言う
□40	care about A	A を気にかける，A に関心がある
□41	care for A	A を好む
□42	carry on A/doing	A を続ける［～し続ける］
□43	carry out A [carry A out]	A を実行する
□44	catch up (with A)	(A に) 追いつく
□45	check in (at A)	(A〈ホテルなど〉に) チェックインする
□46	check out (of A)	(A〈ホテルなど〉を) チェックアウトする
□47	come about	(事が) 起きる
□48	come across A	A〈人〉に偶然会う，A〈物〉を偶然見つける
□49	come around	(季節などが) 巡ってくる，(場所を) 訪れる
□50	come down (to A)	(A〈数値〉まで) 下がる［低下する］
□51	come out	現れる，(真相などが) 明らかになる
□52	come to an end	終わる

53	come to *do*	～しに来る
54	come up with A	A〈考え〉を思いつく
55	compared to/with A	Aと比較して
56	consist of A	A〈要素など〉から成る，Aで構成される
57	cope with A	A〈問題など〉に（うまく）対処する
58	count on A	Aを当てにする
59	cut down on A	Aの量を減らす
60	deal with A	Aに対処する
61	depend on/upon A	Aに頼る，A次第である
62	die out	絶滅する，（風習などが）すたれる
63	distinguish A from B	AをBから区別する
64	do away with A	A〈規則など〉を廃止する
65	drop out (of A)	A〈学校・活動など〉を（中途で）やめる
66	enable A to *do*	Aが～できるようにする
67	end up *do*ing	結局～することになる
68	end up with A	結局A〈状態〉になる
69	figure out A [figure A out]	A〈問題〉を解決する，A〈答え〉がわかる
70	fill in/out A	A〈文書など〉に（必要事項を）書き込む
71	focus A on B	A〈注意・注目など〉をB〈事〉に集中する
72	focus on A	Aに焦点を合わせる，Aに集中する
73	fold up A [fold A up]	Aをたたむ［折りたたむ］
74	get along with A	Aと仲良くやる［うまく］やる
75	get in (A)	(A〈部屋など〉に）入る，(A〈車など〉に）乗り込む
76	get over A	A〈病気など〉から回復する，A〈困難など〉を乗り越える
77	get rid of A	Aを取り除く［捨てる］
78	get through	（人に）電話が通じる，（困難などを）乗り切る
79	give birth (to A)	(A〈子〉を）出産する，(A〈物事〉を）生み出す
80	give in (to A)	(A〈要求・誘惑など〉に）負ける［屈服する］

☐ 81	go over A	A を (詳しく) 調べる
☐ 82	go through A	A〈困難など〉を経験する, A を (詳しく) 調べる
☐ 83	go with A	A に似合う, A と調和する
☐ 84	hand in A [hand A in]	A を提出する
☐ 85	hand out A [hand A out]	A を配る [分配する]
☐ 86	hang up	電話を切る
☐ 87	happen to do	偶然〜する
☐ 88	head for A	A〈地点〉へ向かう
☐ 89	hold on	ちょっと待つ, (電話を切らずに) 待つ
☐ 90	hold on (to A)	(A に) つかまる, (A を) つかむ
☐ 91	insist on A	A を主張する
☐ 92	interfere with A	A を妨害する [さまたげる]
☐ 93	keep off (A)	A に立ち入らない
☐ 94	know better (than to do)	(〜するほど) 愚かではない
☐ 95	lay off A [lay A off]	A〈人〉を一時解雇する
☐ 96	leave out A [leave A out]	A を除外する
☐ 97	let down A [let A down]	A〈人〉を失望させる
☐ 98	live on A	A〈食べ物〉を常食にする
☐ 99	live up to A	A〈期待など〉に添う
☐ 100	long for A	A を切望する
☐ 101	look down on A	A〈人〉を見下す
☐ 102	look into A	A を調査する
☐ 103	look out for A	A に注意する
☐ 104	look over A [look A over]	A をざっと目を通す
☐ 105	look up A [look A up]	A を (本などで) 調べる
☐ 106	look up to A	A〈人〉を尊敬する
☐ 107	major in A	A〈学科〉を専攻する
☐ 108	make (good) use of A	A を (有効に) 利用する

☐ 109	make do (with *A*)	(*A* で) 間に合わせる
☐ 110	make fun of *A*	*A* をからかう
☐ 111	make sense	意味が通じる，意味をなす
☐ 112	make sure (that) *S V*	～ということを確かめる
☐ 113	make up *A* [make *A* up]	*A* 〈曲など〉を作る，*A* 〈話など〉をでっち上げる
☐ 114	make up for *A*	*A* 〈不足など〉を償う
☐ 115	manage to *do*	何とか～する
☐ 116	name *A* after *B*	*B* にちなんで *A* と名づける
☐ 117	participate in *A*	*A* に参加する
☐ 118	pass away	(人が) 亡くなる (※ die の婉曲表現)
☐ 119	pass by	通り過ぎる，(月日などが) 過ぎる
☐ 120	pay back *A* [pay *A* back]	*A* 〈金〉を返す，*A* 〈人〉に金を返す
☐ 121	pay/give attention to *A*	*A* に注意を払う
☐ 122	pick out *A* [pick *A* out]	*A* を選び出す
☐ 123	play a (～) role/part in *A*	*A* で (～な) 役割を演じる〔「～」は形容詞〕
☐ 124	point out *A* [point *A* out]	*A* を指摘する
☐ 125	prefer *A* to *B*	*B* より *A* のほうが好きである
☐ 126	prevent *A* from *doing*	*A* が～するのを防ぐ
☐ 127	put *A* through (to *B*)	*A* 〈人〉(の電話) を (*B* 〈人〉に) つなぐ
☐ 128	put away *A* [put *A* away]	*A* を片づける〔しまう〕
☐ 129	put off *A* [put *A* off]	*A* 〈事〉を延期する
☐ 130	put up with *A*	*A* をがまんする [耐える]
☐ 131	put/bring an end to *A*	*A* を終わらせる
☐ 132	refer to *A*	*A* に言及する，*A* を参照する
☐ 133	refrain from *A*/*doing*	*A* (～すること) を控える
☐ 134	rely on *A*	*A* に頼る，*A* を当てにする (= depend on)
☐ 135	remind *A* of *B*	*A* 〈人〉に *B* を思い出させる
☐ 136	result in *A*	(結果として) *A* になる

☑ 137	rob A of B	AからBを奪う
☑ 138	run across A	A〈人〉に偶然会う
☐ 139	run away (from A)	(Aから) 逃げる
☑ 140	run into A	A〈人〉に偶然会う，Aに衝突する
☐ 141	run out of A	Aを切らす [使い切る]
☐ 142	run over A	(車が) Aをひく
☐ 143	search for A	Aを捜す [探す]，Aを検索する
☐ 144	send out A [send A out]	A〈物〉を発送する，A〈人〉を派遣する
☑ 145	set up A [set A up]	Aを設立する
☐ 146	settle down	落ち着く，本腰を入れる
☑ 147	show A to/into B	A〈人〉をB〈場所〉へ案内する
☑ 148	show off A [show A off]	Aを見せびらかす
☑ 149	show up	現れる，はっきり見える
☐ 150	sign up (for A)	(署名して) A〈事〉に申し込む [参加する]
☐ 151	sit back	ゆったりと座る
☑ 152	sit up	まっすぐ座る，(寝ないで) 起きている
☐ 153	speak ill of A	A〈人〉を悪く言う [悪口を言う]
☐ 154	stand by	待機している
☑ 155	stand by A	A〈人〉を支える [支持する]
☑ 156	stand for A	Aを表す，Aの略である
☑ 157	stand out	目立つ
☐ 158	stick to A	Aにくっつく，Aをやり通す，A〈考えなど〉を貫く
☑ 159	suffer from A	A〈病気・困難など〉で苦しむ
☑ 160	take A for granted	Aを当然のことと思う (※ take it for granted that S V の形もとる)
☑ 161	take account of A [take A into account]	Aを考慮する [考慮に入れる]
☑ 162	take advantage of A	A〈機会など〉を活用する
☐ 163	take after A	A〈親など〉に似ている

☐ 164	take on A [take A on]	A〈責任など〉を引き受ける, A〈仕事など〉に取りかかる
☑ 165	take over A [take A over]	A を引き継ぐ
☐ 166	take place	(行事などが) 行われる [開催される]
☑ 167	take the place of A [take A's place]	A の代わりをする [取って代わる]
☐ 168	take up A	A〈場所・時間など〉をとる [占める]
☐ 169	take up A [take A up]	A〈趣味など〉を始める
☐ 170	tell A from B	A を B と見分ける [区別する]
☐ 171	tend to do	～しがちである, ～する傾向がある
☐ 172	turn away A [turn A away]	A〈人〉を拒む [拒絶する]
☐ 173	turn down A [turn A down]	A〈テレビ・暖房など〉の(音量・温度など)を下げる, A〈申し出など〉を断る [拒絶する]
☐ 174	turn in A [turn A in]	A〈レポートなど〉を提出する
☐ 175	turn off A [turn A off]	A〈電灯・テレビなど〉を消す, A〈水道・ガスなど〉を止める
☐ 176	turn on A [turn A on]	A〈電灯・テレビなど〉をつける, A〈水道・ガスなど〉を出す
☐ 177	turn out (to be A)	(A だと) わかる [判明する]
☐ 178	turn up A [turn A up]	A〈テレビ・暖房など〉の(音量・温度など)を上げる
☐ 179	use up A [use A up]	A を使い切る [使い果たす]
☑ 180	watch out (for A)	(A に) 気をつける [注意する]
☐ 181	wear out A [wear A out]	A〈物〉をすり減らす, A〈人〉を疲れさせる [消耗させる]
☐ 182	work on A	A (の開発・改善など) に取り組む
☐ 183	work out A [work A out]	A〈計画など〉を練り上げる, A〈問題など〉を解決する
☐ 184	worry about A/doing	A のこと [～すること] で心配する

前置詞＋名詞（＋前置詞）

☐ 185	above all	何よりも
☐ 186	along with A	A と一緒に
☐ 187	as a matter of fact	実を言うと
☐ 188	as a result (of A)	(A の) 結果
☐ 189	at a time	一度に

☐ 190	at any cost [all costs]	どんな犠牲を払ってでも，どんなことがあっても
☐ 191	(close/near) at hand	すぐ近くに［手の届く所に］
✓ 192	at large	〔名詞の後で〕～一般の，～全体として
☐ 193	at least	少なくとも
☐ 194	at present	現在は，今のところ（= at the moment）
✓ 195	at random	無作為に，手当たり次第に
☐ 196	at times	ときどき
☐ 197	be in danger (of A)	(Aの) 危険にさらされて (いる)
☐ 198	be in the mood (for A)	(～の) 気分になる
☐ 199	be in use	使用中である
☐ 200	before long	そのうち，間もなく
☐ 201	by accident	偶然に，誤って
✓ 202	by all means	(同意・承諾して) もちろん，ぜひどうぞ
☐ 203	by chance	偶然に
☐ 204	by far	はるかに
✓ 205	by means of A	(手段として) A を用いて
☐ 206	by nature	生まれつき
✓ 207	by no means	決して～でない〔※not ... by any means の形もとる〕
☐ 208	for a change	気分を変えて，気分転換に
☐ 209	for certain	確かに，確実に
☐ 210	for free	無料で，ただで
☐ 211	for good (and all)	永遠に，これを最後に［二度としない］
☐ 212	for instance/example	例えば
☐ 213	for long	長い間（※疑問文・否定文で使う）
☐ 214	for short	略して
☐ 215	for sure	確実に，はっきりと
☐ 216	for the time being	当分の間，しばらくは
✓ 217	from now on	今後は，これからは

☐ 218	from/at a distance	遠くから [少し離れて]
☐ 219	in (good) order	整理 [整頓] されて，正常な状態で
☐ 220	in a sense	ある意味では
☐ 221	in addition (to A)	(A に) 加えて，(A の) ほかに
☐ 222	in advance	前もって
☐ 223	(just) in case S V	～だといけないから，～の場合に備えて (V は現在形，過去形，または should。will は使わない)
☐ 224	in case of A	A〈非常時など〉の場合には
☐ 225	in common (with A)	(A と) 共通に
☐ 226	in contrast (to/with A)	(A とは) 対照的に
☐ 227	in detail	詳しく，詳細に
☐ 228	in exchange (for A)	(A と) 引き換えに
☐ 229	in favor of A	A を支持して [賛成して]
☐ 230	in general	通常は，全般的に
☐ 231	in honor of A	A〈人〉に敬意を表して，A〈事〉を祝して [記念して]
☐ 232	in other words	言い換えれば
☐ 233	in particular	特に，とりわけ
☐ 234	in person	本人が (直接)，自分で
☐ 235	in place of A	A の代わりに
☐ 236	in private	内密に
☐ 237	in reality	実は，実際は
☐ 238	in/with regard to A	～に関して (は)
☐ 239	in return (for A)	(A の) お返しに
☐ 240	in search of A	A を捜して [探して]
☐ 241	in short	要するに
☐ 242	in spite of A	A にもかかわらず
☐ 243	in terms of A	～の点で，～の観点から
☐ 244	in the distance	遠くに [で]

☐ 245	**in the face of** *A*	*A*〈困難など〉に直面して，*A*〈困難など〉にもかかわらず
☐ 246	**in the long run**	長い目で見れば，結局は
☐ 247	**in the meantime**	その間（に），一方で（= meanwhile）
☐ 248	**in time** (**for** *A*)	（*A* に）間に合って
☐ 249	**in turn**	順番に，今度は
☐ 250	**in vain**	（努力したが）むだに
☐ 251	**on account of** *A*	～の理由で，～のために
☐ 252	**on average**	平均して
☐ 253	**on board** (*A*)	（*A*〈船・飛行機など〉に）乗って
☐ 254	**on condition that** *S V*	～という条件で
☐ 255	**on** *one's* **own**	ひとりで，独力で
☐ 256	**on purpose**	わざと，故意に
☐ 257	**on the contrary**	それどころか，逆に
☐ 258	**on the move**	活動的で，発展して
☐ 259	**on the other hand**	他方で（は）
☐ 260	**on the spot**	その場で，直ちに
☐ 261	**on the whole**	全体として，概して
☐ 262	**on top of** *A*	*A* の上に，*A* に加えて
☐ 263	**on/off duty**	勤務時間中で［勤務時間外で］
☐ 264	**out of order**	故障して
☐ 265	**to** *one's* **regret**	残念なことに
☐ 266	**to some extent** [**to a certain extent**]	ある程度（は）
☐ 267	**to the point**	要領を得た，適切な
☐ 268	**with ease**	容易に，簡単に

その他

☐ 269	**according to** *A*	*A* によれば

☐ 270	all at once	突然
☐ 271	and so on	～など〔A, B, C and so on「A, B, C など」〕
☐ 272	as far as I know	私の知る限りでは
☐ 273	as for A	〔文頭で〕A について言えば
☐ 274	as if/though (+仮定法)	まるで～である［だった］かのように
☐ 275	as long as S V	～しさえすれば，～している間は
☐ 276	as well	～もまた〔B and A as well「B と A もまた～」〕
☐ 277	as well as	～だけでなく〔A as well as B「B だけでなく A も」〕
☐ 278	aside from A	A を除いて，A のほかに
☐ 279	back and forth	前後に，行ったり来たり
☐ 280	be (of) no use	役に立たない
☐ 281	(be) up to A	A〈人〉次第である
☐ 282	don't hesitate to do	遠慮なく～しなさい
☐ 283	due to A	A が原因で（be due to do → 7）
☐ 284	each time S V	～するたびに
☐ 285	even if S V	たとえ～としても〔仮定〕
☐ 286	even though S V	～であるのに，～にもかかわらず〔譲歩〕
☐ 287	ever since A [S V]	A〈事〉以来ずっと／～して以来ずっと
☐ 288	(every) now and then/again	ときどき
☐ 289	(every) once in a while	ときどき
☐ 290	every time S V	～するたびに
☐ 291	if A were to do	もし A が～するようなことがあれば〔仮定法過去〕
☐ 292	if I were you	もし私があなただったら〔仮定法過去〕
☐ 293	if it had not been for A	もし A がなかったら［いなかったら］〔仮定法過去完了〕
☐ 294	if it were not for A	もし A がなければ［いなければ］〔仮定法過去〕
☐ 295	it goes without saying (that) S V	～であることは言うまでもない
☐ 296	neither A nor B	A も B も～ない

☐ 297	neither of A	A の（うちの）どちらも〜ない〔A は複数名詞〕
☐ 298	no less than A	A〈数量〉もの多くの
☐ 299	no longer	もはや〜でない
☐ 300	no more than A	わずか A〈数量〉だけ，ただの A〈事〉にすぎない
☐ 301	not only A, but (also) B	A だけでなく B もまた
☐ 302	not to mention A	A は言うまでもなく
☐ 303	nothing but A	ただ A だけ，A にすぎない
☐ 304	nothing less than A	A 以外の何ものでもない，A にほかならない
☐ 305	now (that) S V	（今や）〜だから
☐ 306	one (A) after another	（A が）次々と［続々と］
☐ 307	one by one	1 人［1 つ］ずつ
☐ 308	only to do	（結局）〜する結果になった
☐ 309	owing to A	A のために〔原因・理由〕
☐ 310	provided (that) S V	〜という条件で，もし〜ならば
☐ 311	rather than A	A よりも（むしろ），A ではなく
☐ 312	see to it (that) S V	（間違いなく）〜するように取り計らう
☐ 313	side by side	（横に）並んで，協力して
☐ 314	so (that) A (may/can/will) do	A が〜するように
☐ 315	so as to do	〜するように，〜するために
☐ 316	so far	今までのところ
☐ 317	the moment S V	〜するとすぐに，〜するやいなや
☐ 318	there's no point (in) doing	〜してもむだである
☐ 319	to put it another way	別の言い方をすれば
☐ 320	to tell (you) the truth	本当のことを言うと
☐ 321	to the best of A's knowledge	A〈人〉の知る限りでは
☐ 322	what's more	そのうえ
☐ 323	when it comes to A	A のこと［話］になると
☐ 324	would rather do	〜するほうがいい，むしろ〜したい

大問 3A 「長文問題―Eメール」

出題のポイント

大問 3 は，長文を読み，その内容に一致する選択肢を選ぶ問題。3A，3B，3C の 3 問が出題される。3A は E メールの文章が出題される。E メールの形式や構成に慣れておこう。

出題パターン

Eメールの構成

E メールは 3 つのパラグラフで構成され，各パラグラフに 1 問ずつ問題が設定されていることが多い。

> Dear Mr. Bradley, (呼びかけ ※「拝啓 ___様」に相当する)
>
> ① 導入部 (あいさつ，最近起こった出来事などの紹介)
> ② 本　論 (件名に関することがら，その内容の説明)
> ③ 提案・依頼 (メールの本論に関して，提案や依頼など)
>
> Best regards,　　(結び ※「敬具」に相当する)
> Jacob Russell　　(送信者名)

トピック（話題）

話題は仕事に関するもの，あるいはそれに準ずるものが多い。友達同士の気楽な E メール問題は出題されない。

本文の内容

仕事の E メールは，情報を伝える，あるいは何かを依頼するといった，具体的な「用件」をもって書かれる。したがって，この「用件」を正確に読み取ることが重要である。「用件」は，次のような表現を使って表される。

① 疑問文
　Can you ～?/ **Could you** ～?「～してもらえますか／～していただけますか」
　Would it be possible for you to ～?「～していただくことは可能でしょうか」

② 命令文（ほとんどの場合，please を伴う）
Please let me/us know ～「私［私たち］に～をお知らせください」
③ 助動詞を含む文
I'd [We'd] like you to ～「私［私たち］はあなたに～してほしいと思っています」
If you could ～ **, I would be very grateful/thankful.**
「もし～していただけるなら、大変感謝いたします」

質問文の特徴

質問の文は，完全な疑問文の場合と不完全な肯定文の2種類がある。過去の例で見てみよう。
・**完全な文（疑問文）**　この疑問文に答える文を選ぶ。
What was the problem with Carmine Department Store's order?
「カーマインデパートの注文の問題は何でしたか」
・**不完全な文（肯定文）**　これにつづく部分を選ぶ。
Ms. Kaufmann told Jacob Russell that ～
「カウフマンさんはジェイコブ・ラッセルに～と言いました」

マル得！　出題はパラグラフ順

質問は各パラグラフから順に出題されるので，該当パラグラフを見ながら正解の選択肢を選ぶようにしよう。もし本文の途中から意味がわからなくなっても，理解できたパラグラフまでの設問には確実に答えるようにしよう。

解き方のポイント

この問題を解くためには，文章全体を読む前に準備が重要である。

Step 1 ▶ まず送信者と受信者を確認し，さらに用件を表す文を探す。
Step 2 ▶ Eメール全体をざっと読み，概要を把握する。
Step 3 ▶ 質問文に目を通して，聞かれているポイントを確認する。
Step 4 ▶ 各パラグラフの中から，聞かれているポイントに関連する部分を集中して読み，正解の選択肢を選ぶ。

練習問題 3A-1

From:　Lauren Friedman <lfriedman@snw.edu>
To:　William Landers <william.anders@solarpublishing.com>
Date:　May 8, 2017　11:35
Subject:　Possible Intern

Dear William,

I hope you are doing well. The other day, you mentioned that you would consider any student of mine to intern at your magazine over the summer. Well, I am writing to recommend Melanie Framel. Melanie is one of the best students in my creative writing class. She is a freshman, but her writing shows more maturity and range than my other students. She always makes insightful comments about other people's work, and would make an excellent writer's assistant.

I understand that generally, you do not pay student interns. I know that they are here to gain precious work experience. However, in this case, I hope you consider paying Melanie the minimum wage. Melanie already has a part-time job and works to make a living. It would be unfair if she paid her own transportation and meals as well.

I have checked with Melanie, and she is free on Mondays, Thursdays, and Fridays from 2:00 p.m.-4:00 p.m. Why not give her a tour of the building, and then ask her questions over tea at your famous company cafeteria? You will be able to have a much more interesting conversation with this informal interview than interviewing her in your office. Please let me know if there is any other information I can provide.

Best regards,
Lauren Friedman

What is one thing we learn about Melanie Framel?

1. She had lunch with William the other day.
2. She is good at giving feedback about other people's writing.
3. She has been working as a writer's assistant.
4. She has had some works published in a magazine.

What does Lauren suggest about Melanie's pay?

1. She should receive the minimum wage.
2. Melanie's pay should rise as she gains work experience.
3. Melanie has a part-time job already so she should not be paid.
4. She should be paid as much as the other student interns.

An informal interview

1. should always be less than two hours long.
2. will be more interesting for William than a formal interview.
3. means William will talk to Melanie in his office.
4. will allow Melanie to eat lunch while she talks.

《問題文訳》
送信者:ローレン・フリードマン <lfriedman@snw.edu>
受信者:ウィリアム・ランダーズ <william.landers@solarpublishing.com>
日付:2017年5月8日　11:35
件名:インターンの可能性

ウィリアム様
お元気のことと存じます。先日，私の学生なら誰でもあなたの雑誌で夏季のインターン生として検討するとお話くださいましたね。私はメラニー・フラメルを推薦したく，このメールを書いております。メラニーは私のクリエイティブ・ライティングの授業で最も優秀な学生の1人です。彼女は1年生ですが，彼女の文章は他の学生よりも思慮深く視野も広いです。彼女は常に他の人たちが書いたものに対して洞察力のあるコメントをするので，素晴らしいライター助手になれると思います。

ふつうは，学生インターンに報酬を払わないことは承知しています。彼らは貴重な職業経験を得るために来ているのはわかります。けれども，今回の場合，メラニーに最低賃金を払うことを検討していただければと思います。メラニーはすでにアルバイトをしていて，生活費を稼ぐために働いております。彼女が交通費や食費も払うのは不公平だと思います。

メラニーには確認済みで，彼女は月曜日・木曜日・金曜日の午後2時から4時の間なら時間があります。彼女に建物を案内してから，貴社の有名なカフェテリアでお茶をしながら質問をしたらどうでしょうか。こういった形式ばらない面接のほうが，事務所で面接するよりももっとずっと面白い会話ができるかと思います。その他私が提供できる情報がありましたら教えてください。
よろしくお願いします。
ローレン・フリードマン

1

《正解》　**2　She is good at giving feedback about other people's writing.**

《訳》　メラニー・フラメルについてわかることの一つは何ですか。
1　彼女は先日ウィリアムとランチをした。
2　他の人々の書いたものに対してフィードバックをするのが上手である。
3　ライター助手として仕事をしている。
4　雑誌にいくつかの作品が掲載された。

《解説》　第1段落に She always makes insightful comments about other people's work「彼女は常に他の人たちが書いたものに対して洞察力のあるコメントをする」とあるので，これを言い換えた 2 She is good at giving feedback about other people's writing.「他の人々の書いたものに対してフィードバックをするのが上手である」が正解。1は，ローレンがウィリアムに，お茶を飲みながらメラニーを面接してはどうかと提案しているだけで，食事やお茶を共にしたことがあるわけではないので不適切。3, 4の記述はない。

2

《正解》　**1　She should receive the minimum wage.**

《訳》　ローレンはメラニーの報酬に関して何と言っていますか。
1　彼女は最低賃金を受け取るべきである。
2　仕事の経験を積むにつれ，メラニーの報酬は上がるべきである。
3　すでにアルバイトをしているから，メラニーは報酬をもらうべきではない。
4　彼女は他の学生インターンと同じくらいの報酬をもらうべきである。

《解説》　第2段落の第3文で，... I hope you consider paying Melanie the minimum wage「メラニーに最低賃金を払うことを検討していただければと思います」とあるから，正解は 1 She should receive the minimum wage. だ。

3

《正解》　**2　will be more interesting for William than a formal interview.**

《訳》　形式ばらない面接は
1　常に2時間未満でなければいけない。
2　正式な面接よりウィリアムにとってもっと面白いだろう。
3　ウィリアムが自分のオフィスでメラニーと話すことを意味する。
4　話している間にメラニーはお昼を食べてもよい。

《解説》　第3段落第2文 Why not give her a tour of the building, and then ask her questions over tea at your famous company cafeteria?「彼女に建物を案内して，貴社の有名なカフェテリアでお茶をしながら質問をしたらどうでしょうか」の後に You will be able to have a much more interesting conversation with this informal interview than ....「こういった形式ばらない面接のほうが，…よりももっとずっと面白い会話ができるかと思います」とあるから，2 will be more interesting for William than a formal interview. が正解。

練習問題 3A-2

From: Frank Collins <fcollinshr@starbank.com>
To: All employees <all-employees@starbank.com>
Date: July 8, 2016 11:03
Subject: After office move

To all employees,

This is Frank from Human Resources. I hope everyone is settled into the new office. This afternoon, I will hand everyone their card key to this building. Each card key will have your name and photo on it. The security office will not be able to let you inside this building without it. You must also remember to take the card to use the bathroom, or you will not be able to enter.

Some of you have commented on how cold this building is. At the moment, the entire building is set at one temperature. Because the floor above us is occupied by a company that operates many machines, they require a strong air conditioner to keep them from getting too warm. I will talk to the manager of this building and ask him if our office temperature can be adjusted separately.

One final thing: moving out of our old offices, I was surprised by how dirty it had gotten, particularly the common areas. For example, the refrigerator was full of old food. The sofas in the waiting area had shoe marks all over them. Therefore, I ask everyone to see how the office looks right now. Let's make sure the office always keeps this clean and organized.

Thank you,
Frank

The card key

1. 1 must be submitted to Frank this afternoon.
   2 is necessary to access the bathroom.
   3 will be kept in the security office.
   4 should be placed in employees' wallets.

What is one thing Frank says about the air conditioner?

2. 1 It is kept cold to keep their company secure from Internet threats.
   2 The manager of the building told him that it is broken.
   3 People who are cold can turn on their heaters.
   4 He will talk to the building manager about this problem.

What does Frank ask everyone to do?

3. 1 Try to keep the office looking nice.
   2 Take out the food from the refrigerator.
   3 Take turns cleaning the office.
   4 Avoid using the common areas.

《問題文訳》
送信者：フランク・コリンズ <fcollinshr@starbank.com>
受信者：すべての従業員 <all-employees@starbank.com>
日付 2016 年 7 月 8 日　11:03
件名：オフィスの引っ越し後

全従業員のみなさんへ
人事部のフランクです。みなさん新しい事務所に落ち着いたことを願っています。今日の午後，みなさんにこの建物のカードキーをお渡しします。それぞれのカードキーにはあなたの名前と写真が載っています。警備室はそれがないと，あなたをこの建物に入れることはできません。また，トイレを使うときも必ずカードキーを持っていくことを忘れないように。さもないと入ることができません。
この建物がとても寒いと指摘した人たちがいました。現時点では建物全体が一定の温度に設定されています。私たちの上の階には多くの機械を動かしている会社が入っていて，機械が暖かくなりすぎないように強い冷房を必要とします。この建物の管理者と話して，私たちの事務所の温度を別に調整できるかどうか尋ねるつもりです。
最後に 1 つ。前の事務所を引き払ったとき，特に共用場所が汚くなっていたことに驚きました。例えば，冷蔵庫は古い食べ物でいっぱいでした。待合所のソファは靴の跡だらけでした。したがって，みなさんにお願いです。事務所が今どのような様子かをよく見てください。事務所が常にこれくらいきれいで整理されているようにしましょう。
よろしくお願いします。
フランク

1

《正解》 **2** is necessary to access the bathroom.

《訳》 カードキーは
1 今日の午後フランクに提出しなければいけない。
2 トイレを使うために必要である。
3 警備室に置かれる。
4 従業員の財布に入れておくべきである。

《解説》 カードキーについては第1段落で述べられている。第5文に，カードキーがなければ建物に入ることができないとあり，さらに続く6文で，カードキーを持っていかなければ，トイレに入ることができない，とあるので，2 is necessary to access the bathroom.「トイレに入るのに必要」が正解。

2

《正解》 **4** He will talk to the building manager about this problem.

《訳》 エアコンについてフランクが言っていることの一つは何ですか。
1 会社をインターネットの脅威から守るために冷たくしてある。
2 建物の管理者はそれが壊れていると言った。
3 寒い人たちはヒーターをつけていい。
4 この問題について建物の管理者と話す。

《解説》 フランクが言ったことは2つ。1つは，建物全体が1つの温度に設定されている。理由は，上の階の会社がたくさんの機械を動かしていて，それが熱くなるのを防ぐために，強い冷房が必要だからだ。もう1つは，自社の温度を別に調整できないかどうか管理者に掛け合ってみる，ということ。したがって 4 He will talk to the building manager about this problem.「この問題について建物の管理者と話す」が正解。他の選択肢1，2，3は記述がない。

3

《正解》 **1** Try to keep the office looking nice.

《訳》 フランクはみんなに何をするようお願いしていますか。
1 オフィスをきれいに保つようにすること。
2 冷蔵庫から食べ物を取り出すこと。
3 交代で事務所をきれいにすること。
4 共用場所を使わないようにすること。

《解説》 従業員への要望は第3段落で述べている。最後の2文に，..., I ask everyone to see how the office looks right now. Let's make sure the office always keeps this clean and organized.「今，事務所がどのような様子かをよく見るようお願いします。事務所が常にこれくらいきれいで整理されているようにしましょう」とある。これを言い換えた 1 Try to keep the office looking nice.「オフィスをきれいに保つようにすること」が正解。

大問 3 B・C 「長文問題 — 説明文」

出題のポイント

　大問 3B と 3C は，説明文を読んで，内容に一致する選択肢を選ぶ問題である。3B では 4 問，3C では 5 問出題され，3C の最後の質問は文章全体について問う問題となっている。

　この問題では，文章が長く，設問の数も多いので，素早く的確に読む必要がある。

出題パターン

トピック（話題）

　大問 2 と同じく，科学的な話題，社会的な話題の文が多い。

長文の特徴

　4 パラグラフからなる長文が出題される。問題を解くに際には，まず長文全体の概要を理解し，それから問題となっている詳細を確認するのがよい。

　長文の概要を速く理解する方法は大問 2 の解説でも説明した。第 1 パラグラフでは最初の文か最後の文，第 2 パラグラフ以降では最初の文をまず読んでみるのがポイントだ。

質問文の特徴

　質問文は，3A と同じく完全な疑問文と不完全な文の 2 種類がある。また，パラグラフごとに，問題が設定されている。3C では最後に，文章全体の内容に関する質問がある。

　3B・3C では，パラグラフごとに設定される質問文を見ることで，長文の内容をある程度予測することができる。以下は過去の出題の例である（《　》は推測内容）。

　　タイトル：Working for the Future
　　　　　　　《将来の労働？，働き方？》
　　第 1 問：What is true about many people in the Untied States?
　　　　　　　《アメリカの話らしい》
　　第 2 問：What is one thing happens when people have a four-day work week?

《週に4日働く働き方（週4日労働）が実施されたらしい》
第3問：In 2008, Governor Jon Huntsman. Jr.
　　　《2008年に，州知事が何かをした。週4日労働に関することだろう》
第4問：Why did Utah decided to end its experiment in 2011?
　　　《ユタ州が2011年に実験をやめた。実験とはたぶん週4日労働だろう》

⇒ 以上から「アメリカでは，新しい働き方として週4日労働が考えられている。ユタ州では週4日労働が実験されたが，2011年には廃止が決定された」という内容が推測できる。

マル得！ How 〜？や Why 〜？の設問文

質問文の中に How 〜？や Why 〜？が含まれている場合は，本文の内容を知る大きなヒントだ。「〜はどうやって…したか」「なぜ〜は…したか」という設問があるということは，本文に「〜が…した」と書かれているということだ。

解き方のポイント

この問題でも，文章全体を読む前の準備が重要である。

Step 1 ▶▶ タイトルと質問文から，長文にどんなことが書かれているかを推測する。

Step 2 ▶▶ 第1パラグラフの第1文と最終文，第2パラグラフ以降の最初の文を読んでどこに何が書いてあるかを予想する。

Step 3 ▶▶ 各パラグラフ中から，質問に該当すると思われる個所をマークする。

Step 4 ▶▶ マークした部分を集中して読み，正解の選択肢を選ぶ。

Finding a Solution to Overfishing

Industrial fishing began in the late 19th century, and quickly spread all over the world. As recently as 70 years ago, people thought there were enough fish in the sea to feed humans forever. However, in the 1960s, people began to see that some fish stocks (populations of different species of fish) were declining. The problem has only gotten worse since then. In the early 1990s, the Canadian government had to order companies to stop fishing a type of fish called the Canadian cod. It had been fished nearly to extinction. Research showed that industrial fishing was using up twice as much fish as before.

As the number of fish worldwide decreases much more quickly than once predicted, a small number of fishing companies are trying to catch fish without destroying fish stocks. These companies are combining research into the fishing with new technologies. Their aim is to raise healthy, delicious fish in the sea in a way that is environmentally sustainable.

One such company is Kampachi Farms, a Hawaiian company. While most companies grow fish in water that is close to land, Kampachi Farms believes that to produce enough fish to feed millions of people, they must start using the ocean, where the water is deep and clean. In 2013, they conducted an experiment. They attached a large cage called an Aquapod to a large ship. The cage was lowered to over 1,800 meters deep into the ocean, and the technology on the ship tracked how the fish were growing. They successfully grew baby kampachi fish into large, healthy fish. Now, the company is working on expanding their project in Mexico.

While Kampachi Farms is an encouraging example, it is merely one company. The reality is that the 13 largest fish companies control 40% of the world's largest and most valuable fish stocks. In addition, countries and regions such as Japan, China, Taiwan, and the European Union no longer have enough fish in their own territories, and are now overfishing the fish stocks of other countries. It is clear that to solve this issue, international cooperation is required.

1 Industrial fishing
   1 will allow humans to eat fish forever.
   2 has led a type of fish to become nearly extinct.
   3 is allowing us to consume twice the amount of fish we need.
   4 became a problem in the late 19th century.

2 What are some fishing companies today trying to achieve?
   1 Providing people with healthy fish without damaging the environment.
   2 Using the latest technologies to find out which companies are overfishing.
   3 Moving their offices to less populated areas such as Hawaii.
   4 Using science to develop bigger and more delicious fish.

3 What is one thing Kampachi Farms has managed to do?
   1 Produce enough fish to feed millions of people.
   2 Grow healthy fish in an Aquapod lowered into the ocean.
   3 Build a ship that also cleans the ocean water.
   4 Develop technology that catches fish deep in the ocean.

4 What is one difficult issue in protecting fish stocks?
   1 Countries are working together, without any results.
   2 Large fish companies have their own system of protecting the fish.
   3 Many countries are overfishing outside their own territories.
   4 Only one company has developed technology to protect fish stocks.

《問題文訳》

魚の乱獲の解決策を求めて

　漁業は19世紀末に始まり，すぐに世界中に広がった。つい70年くらい前までは，人々は永遠に食べていけるだけの量の魚が海に存在すると思っていた。しかし，1960年代に人々はいくつかの漁業資源(さまざまな種類の魚の生息数)が減っていることをわかり始めた。この問題はそれ以来悪化する一方である。1990年代初期，カナダ政府はキャナディアン・コッドという魚の漁獲を止めるように企業に命令しなければいけなかった。絶滅の寸前まで獲られてしまっていたのだ。調査によれば，漁業による漁獲量は，以前の2倍になっていることがわかった。

　予測されていたよりも急激に世界中の魚の量が減っている一方で，漁業資源を損なわずに魚を獲ろうとしている漁業会社が少数ある。これらの会社は漁業の研究と新しい技術を組み合わせている。彼らの目的は環境を損なわない持続可能な方法で，健康でおいしい魚を海で育てることである。

　そのような会社の1つがカンパチファームズというハワイの会社である。大体の会社は陸に近い海で魚を養殖しようとするが，カンパチファームズは何百万人もの人に供給できるくらいの量の魚を生産するには，水が深くきれいな海洋を活用しなければいけないと考えている。2013年に彼らはある実験を実施した。アクアポッドという大きな檻を大きな船につなげたのだ。檻は海中1,800メートル以上の深さまで下ろされ，船上の技術を使い，魚がどのように成長しているかを追跡した。彼らはカンパチの稚魚を大きく健康な魚に育てることに成功した。現在，会社はこのプロジェクトをメキシコに拡大することに努めている。

　カンパチファームズは希望を与えてくれる例だが，1つの会社にすぎない。現実は，最大の漁業企業13社が世界最大で最も貴重な漁業資源の40%を支配している。それに加えて，日本・中国・台湾・EUのような国と地域は，もはや自国の領海には十分な魚がいないため，今や他国の漁業資源も乱獲している。この問題を解決するには，国際協力が必要なのは明白である。

《正解》　**2**　has led a type of fish to become nearly extinct.

《訳》　漁業は
1　人々が永遠に魚を食べることを可能にする。
2　ある種の魚を絶滅寸前まで追い込んだ。
3　私たちが必要としている2倍の量の魚を消費することを可能としている。
4　19世紀後半に問題になった。

《解説》　第1段落の記述を追うと次のようになる。漁業は19世紀後半に始まり，急速に世界に広まったが，70年くらい前までは，魚の資源は豊富で永久的と思われていた。1960年代にある種の漁業資源が減少していることが明らかになった。問題は悪化の一途をたどり，1990年代初期には，カナダ政府が，絶滅の恐れがあるとの理由である種の魚の漁獲禁止命令を出すまでになった。この段落の要約が 選択肢 2 has led a type of fish to become nearly extinct.「ある種の魚を絶滅寸前まで追い込んだ」である。

2

《正解》 **1 Provide people with healthy fish without damaging the environment.**

《訳》 今日の漁業会社の一部は何を達成しようとしているのですか。
1 環境を破壊せずに健康的な魚を人々に提供すること。
2 どの企業が乱獲しているかを見つけ出すために最新の技術を使うこと。
3 ハワイのようなより人口が少ないエリアにオフィスを移すこと。
4 より大きく、おいしい魚を開発するために科学を活用すること。

《解説》 第2段落第1文後半の「漁業資源を損なうことなく魚を獲ろうとしている漁業会社が少数ある」と同段落最後の文 Their aim is to raise healthy, delicious fish in the sea in a way that is environmentally sustainable.「彼らの目的は環境を損なわない持続可能な方法で,健康でおいしい魚を海で育てることである」という記述から,1 Providing people with healthy fish without damaging the environment.「環境を損なわずに健康的な魚を人々に提供する」が正解。

3

《正解》 **2 Grow healthy fish in an Aquapod lowered into the ocean.**

《訳》 カンパチファームズが達成したことの一つは何ですか。
1 数百万人もの人々に与えられるくらいの量の魚を生産した。
2 海に下ろされたアクアポッドの中で健康的な魚を育てた。
3 海の水もきれいにする船を作った。
4 海の底深くで魚を獲るための技術を開発した。

《解説》 第3段落の第3文に,In 2013, they conducted an experiment. とあり,第6文にその結果が,They successfully grew baby kampachi fish into large, healthy fish.「彼らはカンパチの稚魚を大きく健康な魚に育てることに成功した」と記述されているので,正解は 2 Grow healthy fish in an Aquapod lowered into the ocean.「海に下ろされたアクアポッドの中で健康的な魚を育てた」である。

4

《正解》 **3 Many countries are overfishing outside their own territories.**

《訳》 漁業資源を守るうえで一つの難しい問題は何ですか。
1 世界の国々は協力しているが結果が出ていない。
2 大きな漁業会社は魚を守るための独自のシステムを持っている。
3 多くの国は自分たちの領域外で乱獲している。
4 漁業資源を守る技術を開発した会社は1社しかない。

《解説》 第4段落第3文の後半の,and are now overfishing the fish stocks of other countries「(これらの国々は)今や他国の漁業資源も乱獲している」という記述から,3 Many countries are overfishing outside their own territories. が正解。

A New Type of Travel Agency

The digital revolution, while making our lives easier, has also brought difficult changes. For one, certain professions are no longer considered important because they are no longer considered a specialized skill. Some say that the travel agent is one such job. Nowadays, people can make their own travel plans over the Internet, reserving airplane tickets and hotel rooms. They can research the best restaurants and attractions, and use online maps to figure out how they can get around. What's more, because you do not have to pay fees to a travel agency, all of this is much cheaper than before.

Of course, many people still use travel agencies. A travel agency can arrange everything you need, from hotel and plane reservation to having someone pick you up at the airport. They will also organize all of the information you need when travelling. For people travelling for business, for people who do not want to go through the trouble of planning a trip, or for people who want to take a package tour, travel agencies can be very helpful.

However, travel agencies are very aware that what a traditional travel agent can provide is something that customers can now do by themselves. Therefore, many travel agencies today try to offer services that regular travelers cannot access themselves. These travel agents use their connections with other businesses to obtain special hotel rooms and airplane seats, and make sure the customer will not have to pay any additional fees. In this way, they are setting themselves apart from traditional travel agencies.

Another way that travel agencies are trying to attract customers' attention is by using their personal experience as travelers to make their customers' travel experiences more unique. They recommend activities, restaurants, or sights that many travelers may not know. A Canadian travel company called Truffle Pig makes it a rule to recommend only places that their employees have personally experienced. They also publish a newsletter that describes the employees' recent travels. In this sense, they are more like a travel advisor than a travel agent. In this way, travel companies that offer new services are able to remain relevant.

1. Why are travel agencies no longer considered necessary?
   1. People can make their own travel arrangements.
   2. The number of travelers is decreasing.
   3. Few people can afford to use a travel agency.
   4. There are too many similar companies.

2. People going on business trips
   1. may rely on a travel agency to arrange their trips.
   2. find it's easier to book package tours.
   3. prefer not to have too much information.
   4. do not know how to make hotel reservations.

3. How do travel agencies manage to provide customers with special services?
   1. They charge customers an additional fee.
   2. They establish offices far away from other travel agencies.
   3. They rely on their relationships with other businesses.
   4. They ask customers to contact hotels and airlines themselves.

4. What is one way today's travel agencies are more like travel advisors?
   1. They don't greet their customers at the airport.
   2. They try to come up with one new service a month.
   3. They make recommendations based on personal experience.
   4. They take as many trips abroad as they can.

《問題文訳》

新しいタイプの旅行代理店

　デジタル革命は我々の生活を楽にした一方，難しい変化ももたらした。その1つとして，一部の職種が専門スキルとみなされなくなったため，今や重要だと思われないということがある。旅行代理店もこのうちの1つと言う人もいる。今日，人々はインターネットを使い自らの旅行計画を立て，飛行機やホテルの部屋を予約している。最高のレストランや観光について調べ，オンラインの地図を使ってどのように移動するか調べられる。さらには，旅行代理店に手数料を払わなくてよいため，このすべてが以前よりはるかに安い。

　もちろん，多くの人はいまだに旅行代理店を使う。旅行代理店はホテルや飛行機の予約から，空港に人を迎えに行かせることまで，必要なものをすべて手配してくれる。彼らは旅行中に必要な情報もすべてまとめてくれる。ビジネスで旅をする人，旅行の計画を立てる面倒を体験したくない人，パッケージツアーに行きたい人にとって，旅行代理店は非常に助けになる。

　しかし，旅行代理店は，従来の旅行代理店が提供できるものは今や顧客が自分たちでできることであると十分気づいている。したがって，今日の多くの旅行代理店は，一般の旅行者がアクセスできないサービスを提供しようとする。これらの旅行代理店は，特別なホテルの部屋や飛行機の席を入手し，顧客が追加料金を払わなくていいようにするために，他のビジネスとのつながりを活用している。このようにして，彼らは従来の旅行代理店と差をつけている。

　もう1つ，旅行代理店が顧客の注目を引きつけようと試みていることは，自らの旅行者としての経験を使い，顧客の旅行体験をよりユニークにすることである。彼らは多くの旅行者が知らないようなアクティビティやレストランや観光を勧める。「トラフルピッグ」というカナダの旅行会社は，自社の従業員が個人的に体験した場所のみを推薦することをルールとしている。また，従業員の最近の旅行を記したニュースレターも発行している。この意味では，彼らは旅行代理店というより，旅行アドバイザーのようである。このようにして，新しいサービスを提供する旅行会社が存在意義を保つことができる。

《正解》　**1　People can make their own travel arrangements.**

《訳》　なぜ旅行代理店は今や必要と思われていないのですか。
1　**人々は自分たちの旅行計画を立てられるから。**
2　旅行者の数が減っているから。
3　旅行代理店を使うお金がある人が少ないから。
4　似たような会社が多すぎるから。

《解説》　第1段落第4文 Nowadays, people can make their own travel plans over the Internet, … 「今日，人々はインターネットを使い自らの旅行計画を立て…」の記述から，正解は1 People can make their own travel arrangements. が適切。

2

《正解》 **1　may rely on a travel agency to arrange their trips.**

《訳》　ビジネス旅行（出張）に行く人は
1　旅の調整をしてもらうために旅行代理店に頼ることもある。
2　パッケージツアーを予約するほうが簡単だと思う。
3　あまり情報を持っていないことを好む。
4　ホテルの予約方法を知らない。

《解説》　第2段落第4文の For people travelling for business, …, travel agencies can be very helpful.「ビジネスで旅をする人にとって…旅行代理店は大いに助けになる」の記述から，1 may rely on a travel agency to arrange their trips. が正解。

3

《正解》 **3　They rely on their relationships with other businesses.**

《訳》　旅行代理店はどのように顧客に特別なサービスを提供していますか。
1　顧客に追加料金を請求する。
2　他の旅行代理店から遠く離れて事務所を設立する。
3　他のビジネスとの関係に頼る。
4　顧客にホテルや航空会社へ自ら連絡するように頼む。

《解説》　第3段落第3文に These travel agents use their connections with other businesses …「これらの旅行代理店は他社とのコネクションを活用し，…」とある。選択肢3 They rely on their relationships with other businesses. がこの記述に一致する。本文の connections が relationships と言い換えられている。

4

《正解》 **3　They make recommendations based on personal experience.**

《訳》　今日の旅行代理店が旅行アドバイザーに近い点の一つは何ですか。
1　空港で顧客の出迎えをしない。
2　月に1つ新しいサービスを考えようとする。
3　個人の経験に基づいて旅の推薦をする。
4　できるだけ多く海外旅行する。

《解説》　第4段落の終わりから2番目の文，In this sense, they are more like a travel advisor than a travel agent.「この意味では，彼らは旅行代理店というより，旅行アドバイザーのようである」の In this sense の内容が答えになる。第4段落第1文の … by using their personal experience as travelers「自らの旅行者としての個人的な経験を使って…」や第3文後半の recommend only places that their employees have personally experienced「個人的に体験した場所のみ推薦する」というカナダの旅行代理店の具体例から，今や旅行代理店は，個人体験に基づく旅を勧めるようになっている。したがって，正解は 3 They make recommendations based on personal experience. が適切。

Wheelchair Rugby

Wheelchair rugby is a sport that is a mixture of basketball, ice hockey and handball. It is played indoors, in a space the size of a basketball court. Two teams, each with four players, play against each other. Both men and women play on the same team. Every single player sits in a wheelchair and uses their upper body to move the wheels. Players can throw the ball to each other, but to score a goal you must carry the ball past the other team's goal line.

Wheelchair rugby is not a gentle sport. Players move extremely fast and often crash into each other on their wheelchairs, making a lot of noise. The wheels are much larger than a regular wheelchair, and have been made strong so nothing can get stuck in them. Sometimes, people are even knocked out of their wheelchairs. In fact, the original name for wheelchair rugby was "murderball." Murder as a verb means "to kill."

What is remarkable about wheelchair rugby is that it is a sport only for people that have a disability that prevents them from using their arms or legs fully. Each person is given a score that indicates how much the use of their arms or legs are restricted, from a scale of 0.5 (most restricted) to 3.5 (least restricted). Each team cannot have an overall score of over eight points. All players must have incredible body strength, bravery, and the ability to quickly think of strategies that will allow their team to score goals.

Wheelchair rugby was invented in Canada in the late 1970s, and it has become better known in the past decade. The documentary film "Murderball," which was released in 2005, followed the Canadian and American teams as they prepared for the 2004 Paralympic Games. The popularity of the film brought wider attention to the sport. It is now played in 25 different countries, and since 2000, it has been a part of the Paralympic Games. At the 2012 London Paralympics, wheelchair rugby was played in a small stadium with 12,000 seats, and it sold out tickets for every single match. Fans of the sport will only grow in the future.

1. What is one thing we learn about the rules of wheelchair rugby?
   1. Wheelchairs can be operated by machine.
   2. Players wheel themselves across grass fields.
   3. Men and women play against each other.
   4. Balls must be carried, not thrown over the goal line.

2. The name "murderball" refers to
   1. how rough and violent the sport can be.
   2. the size and strength of the players' wheelchairs.
   3. how quickly players must move their wheelchairs.
   4. the number of people that are hurt playing it.

3. What is one thing we can say about wheelchair rugby players?
   1. They are often small because they need to move fast.
   2. They are scored on the level of their disability.
   3. Eight points must be scored in each game.
   4. They are better at coming up with strategies than playing the game.

4. Wheelchair rugby is so popular,
   1. it has been played in the Paralympics since the late 1970s.
   2. it sold out every match at the London Paralympics.
   3. it led to the creation of the documentary film "Murderball."
   4. it has doubled the number of players worldwide in the past decade.

5. Which of the following statements is true?
   1. The sport was invented in Canada, but made famous by the American team.
   2. Most wheelchair rugby players are men.
   3. Players can crash and be knocked out of their wheelchairs.
   4. Teams are made up of both disabled and non-disabled players.

《問題文訳》

車いすラグビー

　車いすラグビーはバスケットボール、アイスホッケー、ハンドボールを混ぜたようなスポーツである。室内で、バスケットボールコートと同じ大きさの場所で行われる。各4選手の2つのチームが対決する。男女混合のチームで行う。すべての選手は車いすに座り、上半身を使って車輪を動かす。選手はボールをお互いに投げてパスすることはできるが、得点するためには、ボールを相手チームのゴールラインを越すまで持っていかなければならない。

　車いすラグビーは優しいスポーツではない。選手はとても速く動き、しばしば車いすに乗ったまま互いに衝突し、大きな音をたてる。車輪は一般の車いすよりかなり大きく、何も間に挟まらないように丈夫にできている。時々、選手は車いすからたたき落とされることさえある。実際、車いすラグビーの元の名前は「マーダーボール」であった。「マーダー」は動詞としては「殺す」という意味である。

　車いすラグビーで注目すべきことは、手足を十分に使えない障害を持っている人たちのためのスポーツであることだ。それぞれの人に、腕や足の動きがどれくらい制限されているかによって、0.5（最も限られている）から3.5（あまり制限されていない）のスコアが与えられる。それぞれのチームは8点以上の総合スコアを持てない。すべての選手はすさまじい体力、勇気、そしてチームが得点するための戦略を迅速に考える能力を持っていなければならない。

　車いすラグビーは1970年代の後半にカナダで考案され、過去10年間でより知られるようになった。2005年に公開されたドキュメンタリー映画『マーダーボール』は、カナダとアメリカのチームが2004年のパラリンピックに向けて準備する過程を追ったものだ。映画の人気で車いすラグビーはより幅広い注目を集めるようになった。現在25か国で実施され、2000年からパラリンピックの種目になっている。2012年のロンドンパラリンピックでは車いすラグビーは12,000席の小さな競技場で行われ、すべての試合でチケットが売り切れた。このスポーツのファンは将来、伸びる一方だろう。

1

《正解》　**4　Balls are carried, not thrown over the goal line.**

《訳》　車いすラグビーのルールについてわかることの一つは何ですか。
1　車いすは機械によって動かせる。
2　選手は芝生の上で車いすを動かす。
3　男性と女性が対決する。
4　ボールは投げられるのではなく運ばれてゴールラインを越えなければならない。

《解説》　第1段落最後の文の後半 but to score a goal you must carry the ball past the other team's goal line.「得点するためにはボールを相手チームのゴールラインを越すまで持っていかなければいけない」から、正解は 4 Balls must be carried, not thrown over the goal line.

2

《正解》　**1　how rough and violent the sport can be.**

《訳》　「マーダーボール」という名前が表しているのは
1　そのスポーツがいかに荒っぽくて、乱暴であるかということ。
2　選手の車いすの大きさと強さ。
3　選手がいかに速く車いすを動かさなければいけないかということ。
4　車いすラグビーをしているときにけがをする人の数。

	《解説》	第2段落の冒頭にWheelchair rugby is not a gentle sport.「車いすラグビーは優しいスポーツではない」とあり，第2文中の，crash into each other on their wheelchairs「車いすに乗ったまま互いに衝突する」などの表現から，激しいスポーツであることを表していることがわかる。したがって，1 how rough and violent the sport can be. が正解。
3	《正解》	**2 They are scored on the level of their disability.**
	《訳》	車いすラグビーの選手に関して言えることの一つは何ですか。 1 速く動かなければいけないから小さいことが多い。 **2 障害の度合いによってスコアがつけられる。** 3 1試合で8得点しなければいけない。 4 車いすラグビーをするより戦略を考えるほうが得意である。
	《解説》	第3段落第2文前半，Each person is given a score that indicates how much the use of their arms or legs are restricted, …「それぞれの人に，腕や足の動きがどれくらい制限されているかによって…スコアが与えられる」の記述から，2 They are scored on the level of their disability. が正解。
4	《正解》	**2 it sold out every match at the London Paralympics.**
	《訳》	車いすラグビーはあまりにも人気があるので， 1 1970年代後半からパラリンピックで行われている。 **2 ロンドンパラリンピックですべての試合が売り切れた。** 3 『マーダーボール』というドキュメンタリー映画の制作につながった。 4 過去10年で世界中の選手の数が倍増した。
	《解説》	第4段落最後から2文目に At the 2012 London Paralympics, … it sold out tickets for every single match. とあるので，2 it sold out every match at the London Paralympics が正解。他の選択肢は，1は第4段落の冒頭で，「車いすラグビーは1970年代後半にカナダで考案された」とあるから間違い。選択肢3は，「映画の人気で車いすラグビーはより幅広い注目を集めるようになった」という同段落3文目の記述とは逆。また，選択肢4については記述が見られない。
5	《正解》	**3 Players can crash and be knocked out of their wheelchairs.**
	《訳》	以下の文のうち，正しいのはどれですか。 1 車いすラグビーはカナダで発祥したが，アメリカのチームによって有名になった。 2 車いすラグビーの選手のほとんどは男性である。 **3 選手同士が衝突し車いすからたたき落とされることがある。** 4 チームは障害がある選手とない選手によって構成されている。
	《解説》	選択肢を1つずつ検討してみよう。1は，第4段落第1文から，前半部は正しいが，後半は記述がない。2はどうか。第1段落第4文，Both men and women play on the same team.「男女混合のチームで行う」とあり，これも間違い。3は，第2段落第4文 Sometimes, people are even knocked out of their wheelchairs. 「時々，人々は車いすからたたき落とされることさえある」の記述と一致。4は，第3段落第1文「車いすラグビーで注目すべきことは，手足を十分に使えない障害を持っている人たちに限定したスポーツである」という記述から間違い。

練習問題 3C-2

The Controversy over Foie Gras

　Foie gras is a French food and means "fatty liver." Foie gras has been eaten for centuries, and people love its rich flavor. Although France consumes the most foie gras in the world and makes 75% of it, other countries produce foie gras too. Foie gras is made from a part of the body of a duck or goose called the liver. It is made by making a goose or duck eat a large amount of grain. By doing this, the liver becomes about eight to ten times its normal size. This is eaten as foie gras.

　However, in recent years, people all over the world have been criticizing the production and consumption of foie gras. People who fight for animal rights are particularly opposed to the way foie gras is made. For the birds' liver to become so large, food is forced down their throat, two to three times a day for about two weeks. Animal rights groups, politicians, and many individuals say that this is cruel. They also criticize how these birds are made to live in small cages their whole lives.

　Meanwhile, others want the right to continue eating and producing foie gras. These people point out that many animals we eat also live in uncomfortable conditions, and are produced in ways considered cruel. Among the people supporting foie gras are famous chefs from around the world. They appreciate it as a food with a long history, and enjoy coming up with different ways to include foie gras in their meals.

　Many countries are starting to set laws against foie gras. For example, in many European countries such as Britain, Sweden, and Germany, it is now illegal to produce foie gras. However, it is not illegal to eat and sell it, so it can still be imported. Sao Paulo, Brazil's largest city, has made both eating and making foie gras illegal. In the United States, California became the first state to ban eating foie gras. This law went into effect in 2012, but in 2015 it was reversed, and it is once again legal. It seems that foie gras will continue to be a controversial food for some time.

1. Foie gras is made by
   1. people who are ignoring the law.
   2. cutting off the stomach of a duck or goose.
   3. making a bird's liver large by feeding it a lot.
   4. taking bird liver and keeping it dry for decades.

2. One reason that people are against the production and consumption of foie gras is
   1. it causes birds to fight with each other.
   2. they think people should only eat vegetables.
   3. it requires a lot of grain, and is wasteful.
   4. the treatment of birds when making it is bad.

3. People who support eating and making foie gras
   1. include chefs, who see it as a valuable part of food history.
   2. say that it is cruel not to let people cook with it.
   3. prefer eating duck and goose to beef or pork.
   4. think every country should produce its own foie gras.

4. Laws against consuming or producing foie gras
   1. are most common in the United States.
   2. began in 2012, and ended in 2015.
   3. are different for every country.
   4. ban farmers from raising ducks and goose.

5. Which of the following statements is true?
   1. Student groups informed people around the world about how foie gras is made.
   2. Not many people appreciate the taste of foie gras.
   3. Farmers are trying to make foie gras with other animals
   4. Foie gras is most popular in France, but enjoyed in other countries as well.

《問題文訳》

フォアグラをめぐる論争

　フォアグラはフランスの食べ物であり，「脂肪が多いレバー」という意味である。フォアグラは何百年間も食べられてきており，人々はその濃厚な味が大好きである。フランスは世界で最も多くフォアグラを消費し，75%を生産するが，他国もフォアグラを生産する。フォアグラはレバー（肝臓）と呼ばれるアヒルやガチョウの身体の一部から作られる。それはアヒルやガチョウに大量の穀物を食べさせることによって作られる。こうすることによって，レバーは普通の大きさの8から10倍の大きさになる。これがフォアグラとして食べられる。

　しかし，近年，世界中の人々がフォアグラの生産と消費を批判している。動物の権利のために闘う人たちは，特にフォアグラが作られる方法に反対している。鳥のレバーがそれほどまで大きくなるためには，一日2，3回，2週間くらいにわたって食べ物を無理にのどに押し込まれる。動物擁護団体，政治家，そして多くの個人はこれが残酷であると言う。また，彼らはこれらの鳥が一生，小さな檻に住まなければならないことも批判する。

　一方，フォアグラを食べ続け，生産し続ける権利を望む人たちもいる。これらの人々は，人間が食べる多くの動物が同様に居心地の悪い状態で生きていて，残酷と言える方法で生産されていることを指摘する。フォアグラを支持している人たちの中には，世界中の有名なシェフが含まれている。彼らはフォアグラを長い歴史を持つ食べ物として高く評価し，それを彼らの料理の中で活用するさまざまな方法を考え出すことを楽しんでいる。

　多くの国がフォアグラに反対する法律を作り始めている。例えば，イギリス，スウェーデン，ドイツなどのヨーロッパの多くの国では，今やフォアグラの生産は違法である。しかし，食べることや売ることは違法ではないため，輸入することは可能である。ブラジル最大の都市であるサンパウロは，フォアグラを食べることと生産することを違法にした。アメリカでは，カリフォルニアがフォアグラを食べることを禁止した初めての州となった。この法律は2012年に施行されたが，2015年に取り消され，今はまた合法である。フォアグラはしばらく議論を引き起こす食べ物になりそうである。

1

《正解》　**3　making a bird's liver large by feeding it a lot.**

《訳》　フォアグラは_____によって作られている。
1　法律を無視している人たち
2　アヒルやガチョウの腹を切り落とすこと
3　餌をたくさん食べさせて鳥のレバーを大きくすること
4　鳥のレバーを取り，何十年間も乾燥させること

《解説》　第1段落の最後の文 By doing this, the liver becomes about 8 to 10 times its normal size.「これ（穀物を大量に食べさせること）をすることによって，レバーは普通の大きさの8から10倍の大きさになる」から，3 making a bird's liver large by feeding it a lot が正解。

2

《正解》　**4　the treatment of birds when making it is bad.**

《訳》　人々がフォアグラの生産と消費に反対している一つの理由は
1　鳥がお互いけんかするような結果になるから。
2　人々は野菜だけを食べるべきだと考えるから。
3　たくさんの穀物が必要であり，不経済だから。
4　それを作るときの鳥の扱いが悪いから。

《解説》 第2段落第2文で、「特にフォアグラが作られる方法に反対している」と述べ、続いて「1日2、3回、2週間くらいにわたって食べ物を無理にのどに押し込まれる」と具体的にその残酷さを非難している。したがって 4 its treatment of birds when making it is bad「それを作るときの鳥の扱いが悪いから」が正解。他の選択肢 1、2、3 については記述がない。

3

《正解》 **1 include chefs, who see it as a valuable part of food history.**

《訳》 フォアグラの食と生産を支持する人々は
1 それを食の歴史の重要な要素として考えるシェフを含む。
2 人々にそれを使って料理することを許さないことは残酷だと言う。
3 牛や豚よりアヒルとガチョウを食べることを好む。
4 すべての国が自国でフォアグラを生産するべきであると考える。

《解説》 第3段落の第3〜4文に「フォアグラを支持している人たちには世界中の有名なシェフもいる。彼らはフォアグラを長い歴史を持つ食べ物として高く評価し、…」との記述があり、選択肢1は、この部分をまとめたものである。他の選択肢2、3、4は記述がない。

4

《正解》 **3 are different for every country.**

《訳》 フォアグラの消費や生産に反対する法律は
1 アメリカで最も多い。
2 2012年に開始し、2015年に終わった。
3 それぞれの国によって違う。
4 農家がアヒルやガチョウを育てることを禁止する。

《解説》 第4段落でフォアグラの消費や生産に対する法律についての記述を見ると、イギリス、スウェーデン、ドイツでは生産は違法だが食べたり販売したりすることは違法ではない。ブラジルのサンパウロでは生産も食べることも違法である。アメリカのカリフォルニアは食べることを禁止する法律を2012年に施行したが、2015年に廃止した。つまり、国によってさまざまである。したがって 3 are different for every country が正解となる。

5

《正解》 **4 Foie gras is most popular in France, but enjoyed in other countries as well.**

《訳》 以下の文のうち正しいのはどれですか。
1 学生団体が世界中の人々にフォアグラがどのように作られるかを知らせた。
2 フォアグラの味を評価する人はあまりいない。
3 農家は他の動物を使ってフォアグラを作ろうとしている。
4 フォアグラはフランスで最も人気があるが、他の国でも好まれている。

《解説》 選択肢を1つずつ検討してみよう。1 Student groups informed … は、この記事の中に Student groups という語句はどこにも見当たらないので不適。2は第3段落の「彼ら(世界中の有名なシェフ)はフォアグラを…高く評価し…」に反している。3はまったく記述がない。4は第1段落第3文の France consumes the most foie gras in the world「フランスは世界で最も多くフォアグラを消費する」と第4段落のフォアグラに対する違法や合法をめぐる議論から、フランスだけでなく世界中で好まれていることがわかるので正解である。

2級によく出る単語ベスト910　Part 2

(※ Part 3 → p. 136)

重要 名詞 123

※ 熟 は「2級によく出るイディオム ベスト325」(p.70) に収録されていることを示します。

□ 246	account	名 口座　(take account of A, on account of A → 熟) 動 〜を説明する (account for → 熟)	[əkáunt]
□ 247	achievement	名 達成，業績	[ətʃíːvmənt]
□ 248	addition	名 追加　(in addition (to A) → 熟)	[ədíʃən]
□ 249	advance	名 進歩，発展　(in advance → 熟) 動 進歩する，前進する	[ədvǽns]
□ 250	aim	名 目標，ねらい 動 (〜を) 目指す，(銃，批判など) を向ける	[éim]
□ 251	alternative	名 選択肢　形 代わりの，代替の	[ɔːltə́ːrnətɪv]
□ 252	analysis	名 〔複 analyses〕分析	[ənǽləsɪs]
□ 253	ancestor	名 先祖	[ǽnsèstər]
□ 254	application	名 申し込み(書)，アプリケーション (ソフト)	[æ̀plɪkéɪʃən]
□ 255	appointment	名 予約	[əpɔ́ɪntmənt]
□ 256	article	名 記事，品物	[ɑ́ːrtɪkəl]
□ 257	aspect	名 一面，側面	[ǽspekt]
□ 258	atmosphere	名 雰囲気，〔the 〜で〕大気	[ǽtməsfìər]
□ 259	attempt	名 試み　動 (困難なこと) を試みる	[ətémpt]
□ 260	attitude	名 態度	[ǽtətjùːd]
□ 261	award	名 賞　動 (賞など) を授与する	[əwɔ́ːrd]
□ 262	awareness	名 認識	[əwéərnɪs]
□ 263	background	名 背景，(家庭) 環境	[bǽkgraund]
□ 264	care	名 世話，注意 動 (〜を) 気にかける (care about A, care for A → 熟)	[kéər]
□ 265	charge	名 料金，責任 動 〜を請求する，〜を非難 [告発] する	[tʃɑ́ːrdʒ]

☐ 266	**comment**	名 コメント〔意見，論評〕 動 コメントする〔意見を述べる〕	[káːment]
☐ 267	**competition**	名 競争	[kàːmpətíʃən]
☐ 268	**complaint**	名 不平，苦情	[kəmpléint]
✓ 269	**conference**	名 （大規模で公式な）会議	[káːnfrəns]
☐ 270	**confidence**	名 信頼，自信，確信	[káːnfədəns]
☐ 271	**connection**	名 接続	[kənékʃən]
✓ 272	**construction**	名 建設，工事	[kənstrʌ́kʃən]
✓ 273	**consumption**	名 消費（量）	[kənsʌ́mpʃən]
☐ 274	**content**	名〔~s で〕中身，内容　形 満足している	名 [káːntent] 形 [kəntént]
✓ 275	**cooperation**	名 協力	[kouàːpəréiʃən]
☐ 276	**creature**	名 生物	[kríːtʃər]
☐ 277	**degree**	名 度〔温度，角度の単位〕，程度	[digríː]
☐ 278	**delay**	名 遅れ 動 ~を遅らせる，〔be delayed で〕遅れている	[diléi]
☐ 279	**delivery**	名 配達	[dilívəri]
☐ 280	**desire**	名 欲望，願望　動 ~を強く望む	[dizáiər]
☐ 281	**direction**	名 方向，〔~s で〕道順	[dərékʃən]
☐ 282	**disadvantage**	名 不利（な点）	[dìsədvǽntidʒ]
☐ 283	**discount**	名 割引，値引き　動 ~を割引する	[dískaunt]
☐ 284	**discovery**	名 発見	[diskʌ́vəri]
☐ 285	**display**	名 展示，陳列　動 ~を展示する	[displéi]
☐ 286	**distance**	名 距離（from/at a distance, in the distance → 熟）	[dístəns]
✓ 287	**donation**	名 寄付（金），（臓器・血液などの）提供	[dounéiʃən]
✓ 288	**emission**	名 排出（物）	[imíʃən]
☐ 289	**emotion**	名 感情	[imóuʃən]
☐ 290	**entertainment**	名 エンターテイメント〔娯楽〕	[èntərtéinmənt]
✓ 291	**evidence**	名 証拠，根拠	[évədəns]

□ 292	evolution	名 （生物の）進化	[èvəlúːʃən]
□ 293	exhibition	名 展覧会，展示会	[èksəbíʃən]
□ 294	explanation	名 説明	[èksplənéɪʃən]
□ 295	extinction	名 絶滅，消滅	[ɪkstíŋkʃən]
□ 296	facility	名 施設，〔~ties で〕設備	[fəsíləti]
□ 297	feature	名 特徴，（記事・番組などの）特集 動 ～を特集する	[fíːtʃər]
□ 298	flavor	名 味〔風味〕，味わい　動 ～に風味を加える	[fléɪvər]
□ 299	forecast	名 予想，予測　動 ～を予想する〔予測する〕	[fɔ́ːrkæst]
□ 300	frame	名 枠，額，骨組み　動 ～を額に入れる	[fréɪm]
□ 301	function	名 機能，働き　動 機能を果たす	[fʌ́ŋkʃən]
□ 302	gap	名 すき間，割れ目，ギャップ〔隔たり〕	[gǽp]
□ 303	generation	名 ジェネレーション〔同世代〕	[dʒènəréɪʃən]
□ 304	habit	名 習慣，癖	[hǽbɪt]
□ 305	household	名 家族，世帯　形 家庭（用）の	[háushould]
□ 306	impact	名 インパクト〔強い影響，衝撃〕 動 ～に影響を及ぼす	名 [ímpækt] 動 [ɪmpǽkt]
□ 307	income	名 収入，所得	[ínkʌm]
□ 308	ingredient	名 （料理などの）材料，要素	[ɪngríːdiənt]
□ 309	instrument	名 楽器，器具	[ínstrəmənt]
□ 310	invention	名 発明（品）	[ɪnvénʃən]
□ 311	investigation	名 調査，捜査	[ɪnvèstəgéɪʃən]
□ 312	lack	名 不足，欠乏　動 ～を欠いている	[lǽk]
□ 313	leisure	名 余暇，暇	[líːʒər]
□ 314	license	名 ライセンス〔免許（証）〕 動 ～にライセンス〔免許〕を与える	[láɪsəns]
□ 315	link	名 つながり，結びつき　動 ～を結びつける	[líŋk]
□ 316	location	名 位置，場所	[loukéɪʃən]
□ 317	manner	名 態度，〔~s で〕礼儀	[mǽnər]

☐ 318	media	名	メディア・マスコミ	[míːdiə]
☐ 319	miniature	名	ミニチュア　形 小型の	[míniətʃùr]
☐ 320	mystery	名	謎，ミステリー (= mystery story[novel])	[místəri]
☐ 321	neighborhood	名	近所，近所の人たち	[néɪbərhùd]
☐ 322	nutrient	名	栄養	[núːtriənt]
☐ 323	object	名	物体，（活動などの）目的　動 反対する	名 [ɑ́bdʒɪkt] 動 [əbdʒékt]
☐ 324	operation	名	手術，操作	[ɑ̀pəréɪʃən]
☐ 325	opportunity	名	機会，好機	[ɑ̀pərtjúːnəti]
☑ 326	overtime	名	残業時間［手当］	[óuvərtàɪm]
☐ 327	pain	名	痛み	[péɪn]
☐ 328	period	名	期間，（授業の）時間	[píəriəd]
☑ 329	permission	名	許可	[pərmíʃən]
☐ 330	poison	名	毒，毒物　動 ～を毒する，～を汚染する	[pɔ́ɪzən]
☐ 331	policy	名	政策，方針	[pɑ́ːləsi]
☐ 332	preparation	名	準備（すること）	[prèpəréɪʃən]
☑ 333	press	名	〔the ～で〕マスコミ	[prés]
☑ 334	profit	名	利益　動 （～から）利益を得る	[prɑ́ːfɪt]
☑ 335	progress	名	進歩，進展　動 進歩[進展]する	名 [prɑ́ːgrəs] 動 [prəgrés]
☐ 336	pump	名	ポンプ　動 ～をポンプでくむ	[pʌ́mp]
☑ 337	purchase	動	～を購入する　名 購入（品）	[pə́ːrtʃəs]
☐ 338	range	名	範囲，種類　動 （範囲に）及ぶ	[réɪndʒ]
☐ 339	reality	名	現実，事実 (in reality → 熟)	[riǽləti]
☑ 340	region	名	地域，地方	[ríːdʒən]
☐ 341	relative	名	親戚　形 相対的な	[rélətɪv]
☑ 342	requirement	名	必要なもの，必需品	[rɪkwáɪərmənt]
☐ 343	reservation	名	（ホテル，乗り物などの）予約	[rèzərvéɪʃən]
☐ 344	responsibility	名	責任	[rɪspɑ̀ːnsəbíləti]

☐ 345	**sail**	名 帆　動 (船など)を操縦する	[séɪl]
☑ 346	**security**	名 安全, 警備	[sɪkjúərəti]
☑ 347	**shortage**	名 不足	[ʃɔ́ːrtɪdʒ]
☐ 348	**sight**	名 視力, 眺め	[sáɪt]
☑ 349	**sort**	名 種類, タイプ 動 ～を分類する [並べ替える]	[sɔ́ːrt]
☐ 350	**spot**	名 場所, 地点　(on the spot → 熟)	[spɑ́ːt]
☐ 351	**standard**	名 基準, 水準　形 標準の	[stǽndərd]
☐ 352	**stress**	名 圧力, (精神的)ストレス, (～の)強調 動 ～を強調する	[strés]
☐ 353	**structure**	名 構造　動 ～を構成する	[strʌ́ktʃər]
☐ 354	**surface**	名 表面	[sə́ːrfɪs]
☐ 355	**task**	名 課題, 任務	[tǽsk]
☐ 356	**technique**	名 技術	[tekníːk]
☐ 357	**term**	名 期間, (専門)用語　(in terms of A → 熟)	[tə́ːrm]
☑ 358	**theory**	名 理論, (個別の)学説	[θíːəri]
☑ 359	**threat**	名 おどし, おそれ	[θrét]
☐ 360	**tradition**	名 伝統	[trədíʃən]
☐ 361	**translation**	名 翻訳 (本)	[trænzléɪʃən]
☑ 362	**transportation**	名 交通 [輸送] 機関	[trænspərtéɪʃən]
☑ 363	**trap**	名 わな　動 ～を閉じ込める	[trǽp]
☑ 364	**treaty**	名 条約, 協定 [国家間の]	[tríːti]
☐ 365	**trend**	名 傾向, 流行	[trénd]
☑ 366	**tribe**	名 部族, 種族	[tráɪb]
☐ 367	**trick**	名 策略, 秘けつ, トリック [手品] 動 (人)をだます	[trík]
☐ 368	**variety**	名 変化	[vəráɪəti]

重要 動詞 128

369	absorb	動 ～を吸収する，〔be absorbed で〕熱中している	[əbsɔ́ːrb]
370	achieve	動 ～を成し遂げる，～を獲得する	[ətʃíːv]
371	admit	動 ～を認める，～に許可する	[ədmít]
372	adopt	動 (方法・理論など)を採用する，～を養子にする	[ədɑ́ːpt]
373	afford	動 〔can't afford で〕～を買う[する]余裕がない	[əfɔ́ːrd]
374	annoy	動 (人)をいらいらさせる，〔be annoyed で〕いらいらする	[ənɔ́i]
375	apologize	動 謝罪する，わびる	[əpɑ́ːlədʒàiz]
376	apply	動 申し込む，(規則などが)適用される，～を応用する	[əplái]
377	appreciate	動 ～を認識する[理解する]，(物・事)に感謝する	[əpríːʃièit]
378	approve	動 (～に)賛成する，～を承認する[認可する]	[əprúːv]
379	arrange	動 ～を手配する，～を配置する	[əréindʒ]
380	associate	動 ～を関連づける 名 (仕事上の)知り合い	動 [əsóuʃièit] 名 [əsóuʃiit]
381	assume	動 (～と)みなす，(責任など)を引き受ける	[əsjúːm]
382	attract	動 ～を引きつける	[ətrǽkt]
383	ban	動 ～を禁止する 名 禁止(令)	[bǽn]
384	behave	動 ふるまう	[bihéiv]
385	blow	動 (風が)吹く，～を吹き動かす，息を吐く 名 打撃	[blóu]
386	breathe	動 呼吸する，～を吸う[吐く]	[bríːð]
387	broadcast	動 ～を放送する 名 放送	[brɔ́ːdkæst]
388	bury	動 ～を埋める，～を埋葬する	[béri]
389	calculate	動 ～を計算する[算出する]	[kǽlkjəlèit]
390	combine	動 ～を結合させる，結合する	[kəmbáin]
391	compete	動 競争する，(試合などに)参加する	[kəmpíːt]
392	concentrate	動 (物・意識など)を集中させる，(～に)集中する	[kɑ́ːnsəntrèit]
393	conclude	動 ～と結論を下す，～を終える	[kənklúːd]

□ 394	conduct	動 (実験・調査など)を行う　名 ふるまい	動 [kəndʌ́kt] 名 [kɑ́:ndʌkt]
□ 395	confuse	動 ～を混同する	[kənfjúːz]
□ 396	consume	動 ～を消費する, (飲食物)を摂取する	[kənsjúːm]
□ 397	contribute	動 貢献する, ～を寄付する, (～に)寄稿する	[kəntríbjuːt]
□ 398	convince	動 (人)に納得させる[確信させる]	[kənvíns]
□ 399	count	動 ～を数える　(count on → 熟)	[káunt]
□ 400	criticize	動 ～を批判[非難]する, ～を批評する	[krítəsàiz]
□ 401	cure	動 (病気など)を治す　名 治療(法・薬)	[kjúər]
□ 402	decline	動 減少[低下]する, ～を(ていねいに)断る 名 低下, 減少	[dɪkláɪn]
□ 403	decorate	動 ～を飾る	[dékərèit]
□ 404	decrease	動 減る	[dɪkríːs]
□ 405	define	動 ～を明確にする, ～を定義する	[dɪfáɪn]
□ 406	deliver	動 ～を配達する	[dɪlívər]
□ 407	demonstrate	動 (実例などで)～を(明確に)示す	[démənstrèit]
□ 408	deny	動 ～を否定する, (要求・権利など)を認めない	[dɪnáɪ]
□ 409	destroy	動 ～を破壊する	[dɪstrɔ́i]
□ 410	determine	動 ～を決定する, [be determined で] 決心[決意]している	[dɪtə́ːrmin]
□ 411	disagree	動 意見が合わない, 一致しない	[dìsəgríː]
□ 412	disappoint	動 ～を失望させる, [be disappointed で] がっかりした, 失望した	[dìsəpɔ́int]
□ 413	disturb	動 ～を妨げる, [be disturbed で] 動揺する, 不安になる	[dɪstə́ːrb]
□ 414	divide	動 ～を分ける[分割する]	[dəváɪd]
□ 415	doubt	動 (話など)を疑う　名 疑い	[dáut]
□ 416	earn	動 (金)をかせぐ	[ə́ːrn]
□ 417	employ	動 (人)を雇う, (方法, 技術など)を用いる	[implɔ́i]
□ 418	encounter	動 ～に遭遇する, ～に直面する 名 (偶然の)出会い	[inkáuntər]

☐ 419	escape	動 逃げる，(危険，罰など)をまぬがれる	[ɪskéɪp]
☐ 420	establish	動 ～を設立する，(関係など)を築く	[ɪstǽblɪʃ]
☐ 421	estimate	動 ～を見積もる，～と推定する 名 見積もり (書)	動 [éstəmeɪt] 名 [éstəmɪt]
☐ 422	examine	動 ～を調べる[調査・検査する]，～を検討する	[ɪgzǽmɪn]
☐ 423	exchange	動 ～を交換する　(in exchange (for A) → 熟)	[ɪkstʃéɪndʒ]
☐ 424	exhibit	動 ～を展示する　名 展覧会・展示会	[ɪgzíbɪt]
☐ 425	exist	動 存在する	[ɪgzíst]
☐ 426	expand	動 ～を拡大する，～を増やす，拡大する，増える	[ɪkspǽnd]
☐ 427	export	動 ～を輸出する　名 輸出(品)	名 [ékspɔːrt] 動 [ekspɔ́ːrt]
☐ 428	express	動 ～を表現する　形 急行の，速達の 名 急行，速達(便)	[ɪksprés]
☐ 429	extend	動 ～を広げる，～を伸ばす[延ばす]， (～まで)広がる	[ɪksténd]
☐ 430	feed	動 (食べ物などを)～に与える	[fíːd]
☐ 431	focus	動 集中する，焦点を合わせる　名 焦点 (focus on A → 熟)	[fóukəs]
☐ 432	forgive	動 ～を許す	[fərgív]
☐ 433	found	動 ～を設立する	[fáund]
☐ 434	freeze	動 ～を凍らせる，凍る	[fríːz]
☐ 435	guard	動 ～を守る　名 警備員[隊]	[gáːrd]
☐ 436	harm	動 ～を傷つける　名 害	[háːrm]
☐ 437	heal	動 (病人・傷など)を治す，治る	[híːl]
☐ 438	hide	動 ～を隠す，隠れる	[háɪd]
☐ 439	hire	動 ～を雇う	[háɪər]
☐ 440	identify	動 ～を確認する，～を特定する	[aɪdéntəfàɪ]
☐ 441	ignore	動 ～を無視する	[ɪgnɔ́ːr]
☐ 442	imitate	動 ～をまねる[模倣する]	[ímətèɪt]
☐ 443	import	動 ～を輸入する　名 輸入(品)	名 [ímpɔːrt] 動 [ɪmpɔ́ːrt]

☐ 444	**indicate**	動 ～を示す [表す]	[índəkèɪt]
☐ 445	**insist**	動 主張する （insist on → 熟）	[ɪnsíst]
☐ 446	**install**	動 （装置など）を取りつける	[ɪnstɔ́ːl]
☐ 447	**locate**	動 ～を（ある場所に）置く，〔be located で〕（～に）位置している	[lóʊkeɪt]
☐ 448	**lower**	動 ～を下げる [低くする] 形 〔low の比較級〕（～より）低い	[lóʊər]
☐ 449	**maintain**	動 ～を維持する，～と主張する	[meɪntéɪn]
☐ 450	**observe**	動 ～を観察 [観測] する，（規則など）を守る	[əbzə́ːrv]
☐ 451	**obtain**	動 ～を手に入れる，（情報・許可など）を得る	[əbtéɪn]
☐ 452	**occur**	動 （事故などが）発生する，〔occur to で〕（～の）心に浮かぶ	[əkə́ːr]
☐ 453	**operate**	動 ～を操作する，～を運営する，手術をする	[ɑ́ːpərèɪt]
☐ 454	**oppose**	動 ～に反対する （be opposed to → 熟）	[əpóʊz]
☐ 455	**pack**	動 ～に [～を] 詰める 名 箱，包み	[pǽk]
☐ 456	**participate**	動 参加する （participate in A → 熟）	[pɑːrtísəpèɪt]
☐ 457	**post**	動 ～を掲示する 名 柱，支柱	[póʊst]
☐ 458	**predict**	動 ～を予測 [予想] する	[prɪdíkt]
☐ 459	**prefer**	動 ～のほうを好む （prefer A to B → 熟）	[prɪfə́ːr]
☐ 460	**preserve**	動 ～を保存 [保護] する 名 （動植物の）保護区	[prɪzə́ːrv]
☐ 461	**pretend**	動 ～のふりをする	[prɪténd]
☐ 462	**promote**	動 ～を促進する，（人）を昇進させる	[prəmóʊt]
☐ 463	**propose**	動 ～を提案する	[prəpóʊz]
☐ 464	**quit**	動 （仕事・学校など）をやめる [辞める]	[kwít]
☐ 465	**recognize**	動 ～だとわかる，～に気づく	[rékəgnàɪz]
☐ 466	**recover**	動 （病気などから）回復する，～を取り戻す	[rɪkʌ́vər]
☐ 467	**reflect**	動 ～を映す [反映する]，じっくり考える [熟考する]	[rɪflékt]
☐ 468	**regard**	動 ～を（～と）見なす 名 〔～s で〕よろしく〔伝言，手紙などのあいさつ〕（in/with regard to A → 熟）	[rɪɡɑ́ːrd]

☐ 469	**reject**	動 （提案など）を拒絶する，（考えなど）を否定する	[rɪdʒékt]
☐ 470	**relate**	動 ～を関係づける，〔be related で〕関係がある	[rɪléɪt]
☐ 471	**relieve**	動 ～を和らげる，〔be relieved で〕ほっとした	[rɪlíːv]
☐ 472	**reply**	動 答える，返答する 名 返答	[rɪpláɪ]
☐ 473	**request**	動 ～を要請[依頼]する 名 要請，依頼	[rɪkwést]
☐ 474	**reserve**	動 ～を予約する	[rɪzə́ːrv]
☐ 475	**respond**	動 対応する，応答する	[rɪspɑ́nd]
☐ 476	**restore**	動 ～を取り戻す，回復する	[rɪstɔ́ːr]
☐ 477	**retire**	動 退職する	[rɪtáɪər]
☐ 478	**reveal**	動 ～を明らかにする	[rɪvíːl]
☐ 479	**seek**	動 ～を得ようとする[努める]	[síːk]
☐ 480	**separate**	動 ～を分ける[分離する] 形 別の	形 [séprɪt] 動 [sépərèɪt]
☐ 481	**sink**	動 沈む，～を沈める	[sɪ́ŋk]
☐ 482	**spill**	動 ～をこぼす，こぼれる	[spɪ́l]
☐ 483	**spread**	動 ～を広げる，広まる	[spréd]
☐ 484	**store**	動 ～を蓄える，貯蔵する 名 貯蔵，店	[stɔ́ːr]
☐ 485	**stretch**	動 ～を広げる[伸ばす]，広がる[伸びる] 名 ストレッチ	[strétʃ]
☐ 486	**struggle**	動 奮闘する，努力する 名 闘争	[strʌ́gəl]
☐ 487	**succeed**	動 成功する	[səksíːd]
☐ 488	**suffer**	動 （苦痛・損害など）を受ける［こうむる］，（病気を）患う （suffer from A → 熟）	[sʌ́fər]
☐ 489	**supply**	動 ～に[～を]供給[提供]する 名 供給（量），〔~ies で〕必需品	[səpláɪ]
☐ 490	**survive**	動 ～を生き延びる	[sərváɪv]
☐ 491	**suspect**	動 ～を疑う，～に嫌疑をかける 名 容疑者	動 [səspékt] 名 [sʌ́spekt]
☐ 492	**threaten**	動 ～をおどす，～をおびやかす	[θrétn]
☐ 493	**transfer**	動 ～を移す，移る〔転勤・乗り換えなど〕 名 移転，乗り換え	動 [trænsfə́ːr] 名 [trǽnsfər]

□494 **transport**	動 〜を輸送する 名 輸送	動 [trænspɔ́ːrt] 名 [trǽnspɔːrt]	
□495 **vote**	動 投票する 名 投票(数)，〔the 〜で〕投票権	[vóut]	
□496 **warn**	動 〜に警告する	[wɔ́ːrn]	

重要 形容詞・副詞 80

□497 **academic**	形 教育の，学問の	[æ̀kədémɪk]
□498 **accidentally**	副 偶然に，誤って	[æ̀ksədéntli]
□499 **actual**	形 実際の，現実の	[ǽktʃuəl]
□500 **ancient**	形 古代の	[éɪnʃənt]
□501 **appropriate**	形 適切な，妥当な	[əpróupriɪt]
□502 **artificial**	形 人工的な，模造の	[à:rtəfíʃəl]
□503 **attractive**	形 魅力的な	[ətrǽktɪv]
□504 **aware**	形 気づいている，認識している	[əwéər]
□505 **classical**	形 古典主義の〔芸術・科学など〕	[klǽsɪkəl]
□506 **complete**	形 完全な，まったくの 動 〜を完成[完了]する	[kəmplíːt]
□507 **complicated**	形 複雑な，込み入った	[kɑ́ːmpləkèɪtɪd]
□508 **convenient**	形 便利な，都合の良い	[kənvíːnjənt]
□509 **correct**	形 正しい 動 (誤りなど)を正す	[kərékt]
□510 **current**	形 現在の 名 流れ〔川・電流など〕	[kə́ːrənt]
□511 **direct**	形 直接の，まっすぐな 動 〜を指揮する	[dərékt]
□512 **dramatic**	形 劇的な，感動的な	[drəmǽtɪk]
□513 **dramatically**	副 劇的に	[drəmǽtɪkəli]
□514 **due**	形 (到着・発売などが)予定で (*be* due to *do*, due to *A* → 熟)	[djúː]
□515 **endangered**	形 (動植物が)絶滅の危機に瀕した	[ɪndéɪndʒərd]
□516 **environmental**	形 (自然)環境の	[ɪnvàɪərnméntl]
□517 **essential**	形 不可欠な，本質的な 名 〔〜s で〕不可欠なもの	[ɪsénʃəl]

☐ 518	**extinct**	形 絶滅した		[ɪkstíŋkt]
☐ 519	**extremely**	副 極めて，非常に		[ɪkstríːmli]
☐ 520	**female**	形 女性の，雌の　名 女性，(動物の) 雌		[fíːmeɪl]
☐ 521	**financial**	形 財政の，金融の		[fənǽnʃəl]
☐ 522	**frequently**	副 頻繁に		[fríːkwəntli]
☐ 523	**further**	副 もっと遠くに，さらに〔程度〕		[fə́ːrðər]
☐ 524	**furthermore**	副 そのうえ，さらに		[fə́ːrðərmɔ̀ːr]
☐ 525	**genetic**	形 遺伝子の		[dʒənétɪk]
☐ 526	**gradually**	副 徐々に，しだいに		[ɡrǽdʒuəli]
☐ 527	**hardly**	副 ほとんど〜ない		[hɑ́ːrdli]
☐ 528	**harmful**	形 有害な		[hɑ́ːrmfəl]
☐ 529	**ideal**	形 理想的な　名 理想		[aɪdíːəl]
☐ 530	**illegal**	形 違法の，非合法の		[ɪlíːɡəl]
☐ 531	**immediately**	副 直ちに		[ɪmíːdiːtli]
☐ 532	**industrial**	形 産業の，工業の		[ɪndʌ́striəl]
☐ 533	**lately**	副 最近，近ごろ		[léɪtli]
☐ 534	**male**	形 男性の・雄の　名 男性，(動物の) 雄		[méɪl]
☐ 535	**mental**	形 精神の，心の		[méntl]
☐ 536	**mostly**	副 ほとんど		[móʊstli]
☐ 537	**naturally**	副 当然，自然に		[nǽtʃərəli]
☐ 538	**negative**	形 消極的な，否定的な		[néɡətɪv]
☐ 539	**obvious**	形 明らかな		[ɑ́ːbviəs]
☐ 540	**opposite**	形 逆の，反対の〔方向・意味など〕 前 〜の向かいに		[ɑ́ːpəzɪt]
☐ 541	**organic**	形 有機 (栽培) の		[ɔːrɡǽnɪk]
☐ 542	**originally**	副 最初は，もともとは		[ərídʒənəli]
☐ 543	**otherwise**	副 〔前に述べたことを受けて〕さもないと，そうでなければ		[ʌ́ðərwàɪz]

☐ 544	overall	形 全体的な，全般的な 副 全体で，概して	[òuvərɔ́:l]
☐ 545	particularly	副 特に	[pərtíkjələrli]
☐ 546	physical	形 身体の，物質の	[fízɪkəl]
☐ 547	plain	形 明らかな，質素な	[pléɪn]
☐ 548	poisonous	形 有毒な，有害な	[pɔ́ɪzənəs]
☐ 549	polite	形 礼儀正しい，ていねいな	[pəláɪt]
☐ 550	positive	形 前向きな，肯定的な	[pɑ́:zətɪv]
☐ 551	potential	形 潜在的な 名 可能性	[pəténʃəl]
☐ 552	practical	形 実際的な，実践的な	[prǽktɪkəl]
☐ 553	previous	形 (時間・順序が) 前の	[prí:viəs]
☐ 554	properly	副 適切に	[prɑ́:pərli]
☐ 555	rare	形 まれな	[réər]
☐ 556	rarely	副 めったに〜ない	[réərli]
☐ 557	reasonable	形 理にかなった，妥当な	[rí:znəbəl]
☐ 558	regular	形 定期的な，普通の	[régjələr]
☐ 559	responsible	形 (事故・人などに) 責任がある (be responsible for A → 熟)	[rɪspɑ́:nsəbəl]
☐ 560	scary	形 怖い，恐ろしい	[skéəri]
☐ 561	secondhand	形 中古の，間接的な 副 中古で，間接的に	[sèkəndhǽnd]
☐ 562	severe	形 (状況が) 深刻な，(人・規則などが) 厳しい	[səvíər]
☐ 563	solar	形 太陽の	[sóulər]
☐ 564	specific	形 特定の，明確な 名 〔〜s で〕細目，詳細	[spɪsífɪk]
☐ 565	strict	形 厳しい，厳格な	[stríkt]
☐ 566	suitable	形 適した (be suitable for A → 熟)	[sú:təbəl]
☐ 567	surrounding	形 周囲の 名 〔〜s で〕周囲 (の状況)	[səráundɪŋ]
☐ 568	temporary	形 臨時の，一時的な	[témpərèri]
☐ 569	thus	副 したがって	[ðʌ́s]
☐ 570	tiny	形 とても小さい	[táɪni]

☐ 571	**traditionally**	副 伝統的に		[trədíʃənəli]
☐ 572	**typical**	形 典型的な		[típɪkəl]
☐ 573	**unique**	形 唯一の，特有の		[juːníːk]
☐ 574	**upset**	形 動揺した　動 (人)を動揺させる		[ʌpsét]
☐ 575	**valuable**	形 価値の高い，貴重な　名〔~s で〕貴重品		[væljəbəl]
☐ 576	**wealthy**	形 裕福な，金持ちの		[wélθi]

その他の品詞 4

☐ 577	**concerning**	前 …に関して，…について		[kənsə́ːrnɪŋ]
☐ 578	**despite**	前 …にもかかわらず　(= in spite of ∧ → 熟)		[dɪspáɪt]
☐ 579	**unless**	接 もし~でなければ，~でない限り		[ənlés]
☐ 580	**whereas**	接 ところが (一方)		[weəræz]

大問 4 「英作文問題」

例題
- 以下の TOPIC について、あなたの意見とその理由を 2 つ書きなさい。
- POINTS は理由を書く際の参考となる観点を示したものです。ただし、これら以外の観点から理由を書いてもかまいません。
- 語数の目安は 80 語～ 100 語です。

TOPIC
These days, some people buy things on the Internet. Do you think more people will do so in the future?

POINTS
・Price
・Safety
・Technology

(以上、日本英語検定協会発表のサンプル問題から)

出題のポイント

　この問題では、与えられた指示に従って 80 ～ 100 語程度の英文で自分の意見を書くことが求められる。筆記試験の中で、唯一のマークシート形式以外の問題だ。文法、語法、つづりを書くことを含めた語彙の知識が必要となる。

出題パターン

　TOPIC として示される質問文に答える形で、英文を書く。
　質問文は Do you think ～ ? の形である。したがって、答えの文は Yes か No のいずれかの立場で書こう (「解答の構成」p.126 参照)。

　POINTS の 3 つの語句は、与えられたポイント (テーマ) について考えるヒントになっている。指示文にもあるように、必ずしもこの語句を使わなくてもかまわないが、まずは、この語句からテーマを考えると意見に対する理由が書きやすくなる。

解き方のポイント

Step 1 ▶▶ TOPIC を読んで，問われている内容を把握する。

Step 2 ▶▶ POINTS を参考に書く内容を考え，メモを取る（p. 130 参照）。

Step 3 ▶▶ 「解答の構成」に従って，英文を書く。

Step 4 ▶▶ 文法や語法，つづり，語数などに間違いがないか見直す。

《例題解説》

　まずは TOPIC の Do you think ～ ? の文に対して，Yes または No のどちらの立場を取るかを決めよう。直観的に選んでもいいし，理由が書きやすそうなほうでもかまわない。

　続いて，POINTS を参考に自分の意見に対する理由（根拠）を考える。例えば，Price であれば，「インターネット上の買い物は実際の店舗よりも安くなることが多い，だから将来インターネット上の買い物は増えるだろう」といったように連想を広げるとよい。また，ほかの視点から理由を探してもよい。

　こうして考えたものを，「解答の構成」に従って並べよう。頭の中で構成がすぐに思い浮かぶようになるまでは，一度，解答の構成に従ったメモを書いてみて，そのメモを見ながら英文を書くようにするといいだろう。

解答例

I think that Internet shopping will become more popular in the future. First, Internet shopping is very convenient. Some people are very busy during the day, so they do not have time to go shopping at regular shops. Internet shops do not close at night like regular shops do, so people can shop for things whenever they like. Also, Internet shopping is often cheaper than buying things in stores. People always like buying things cheaply, so they will start shopping on the Internet more in the future.(87 語)

(以上，日本英語検定協会発表の解答例)

※ TOPIC と「解答例」の訳は p.130 に掲載

2級ライティングのツボ

① 解答の構成

「英作文」で「あなたの意見とその理由を書きなさい」と言われると，つい自由な形式で書きたくなるかもしれない。しかし，「英検2級」のライティングに関しては，そのような考え方は不要である。ここでは以下の形式に従って書くことを心がけよう。
　① 意見　② 理由（2つ）　③ まとめ（意見の再提示）

❶ 意見

TOPIC の質問に Yes の立場か，No の立場かを素直に答えよう。
　Yes の場合　　**I think（that）**〜「私は〜だと思います」
　No の場合　　**I don't think（that）**〜「私は〜だと思いません」
で文を始める。この「〜」の部分には，TOPIC の Do you think 〜？の「〜」の部分を入れる。あるいは，この部分を少し表現を変えて使ってもよい。(次ページの「基本表現」参照）。

❷ 理由 ― 2つ

Yes あるいは No と答えた理由を2つ述べる。POINTS の語句を参考にして書いてみよう。
　First, 〜．「第1に〜」
　Second, 〜．「第2に〜」
のように，2つ理由を述べるのが最も基本の形だ。

❸ まとめ

❶と❷をまとめる。**For these reasons,** 〜．「これらの理由から〜だ」という形で述べればよい。❶の文から少し表現を変えるほうが文章としては自然だ。

※ 一見，構成が単純すぎるように思えるかもしれないが，それで問題ない。「意見→理由→まとめ」というパターンは，英語の標準的なパラグラフ（段落）の書き方だからだ。実際に多くの英文がこのパターンを使って書かれている（大問2や大問3で，パラグラフの最初の文を読んでいくと文章全体の概要がわかるのはそのためである）。どんな問題が出ても，このパターンで対応してよい。

② 基本表現

○「意見」を表すための表現
- **I think (that)** ～ .「私は～だと思います」
- **I don't think (that)** ～ .「私は～だと思いません／私は～ではないと思います」
- **I suppose (that)** ～ .「私は～だと思います」
- **I believe (that)** ～ .「私は～だと信じています」

○「理由」を表すための表現
- **First,** ～ . **Second,** ～ .「第1に～。第2に～」
- **First of all,** ～ . **Also** ～ .「まず第1に～。また～」
- **One reason is (that)** ～ . **Another reason is (that)** ～ .
 「1つの理由として～。別の理由として～」
 ※これらの文の前に，**I have two reasons** .... の1文を入れると，2つの理由を述べることがよりはっきりする。

○「まとめ」を表すための表現
- **Therefore,**「したがって」
- **For these reasons,**「これらの理由から」
- **In conclusion,**「結論として」

※「まとめ」の文では，最初に意見を述べた文を少し言い換えよう。「動詞」や「名詞」を同じ意味の語に置き換えられないか，あるいは，文の主語を替えて同じことを言えないか，などを考えてみるとよいだろう。例題の解答例で見てみよう。

[トピック]　　Some people will **buy** things on the Internet.
　　↓
[意　見]　　Internet shopping will **become more popular**.
　　↓
[まとめ]　　They will **start shopping** on the Internet more.

この他に，
　More people will **enjoy** Internet shopping.
　The Internet will be used more **for online shopping**.
などの言い換えも考えられる。

練習問題 1

- 以下の TOPIC について、あなたの意見とその理由を 2 つ書きなさい。
- POINTS は理由を書く際の参考となる観点を示したものです。ただし、これら以外の観点から理由を書いてもかまいません。
- 語数の目安は 80 語～ 100 語です。

TOPIC

These days, many universities are offering online degrees. Do you think the number of people getting online degrees will increase in the future?

POINTS

・Cost
・Quality
・Timing

《問題文訳》
［トピック］
最近では，多くの大学がオンラインで取れる学位を提供しています。オンラインで学位を取る人の数は将来増えると思いますか。

［ポイント］
・費用
・質
・タイミング

《解答例1》
I think the number of people getting online degrees will increase in the future. First of all, an online university costs much less than a usual university. This makes it easier for anyone to get a university education and degree. Also, many people who are working are too busy to go to university during the day. An online university would allow them to take courses in their spare time. Therefore, an online university is a convenient way for people today and will have more users in the future. (88語)

《訳》
オンラインで学位を取る人の数は将来増えると思います。まず何よりも，オンラインの大学は通常の大学より費用が非常に少なくてすみます。このことは，誰もが大学教育を受け学位を取ることをより容易にします。また，仕事をしている多くの人は，日中に大学に行くには忙しすぎます。オンライン大学はそういう人たちが時間のあるときに授業を受けることを可能にします。したがって，オンライン大学は今日の人々にとって便利な方法で，将来より利用者が増えるでしょう。

《解説》
　設問は，大学のオンラインのコースについて the number of people getting online degrees「オンラインで学位を取る人の数」が，将来，増えるかどうかについて尋ねている。
　この解答例は，設問に対して Yes の立場である。
　第1文（意見）では，I think の後に TOPIC の文をそのまま用いている。2つの理由は，First of all, ～．Also ～と並べている。1つ目の理由は，「費用」に着目して，an online university costs less than a usual university「オンラインの大学は通常の大学より費用が安い」とし，2つ目の理由は「タイミング」に着目して，An online university would allow them to take courses in their spare time.「オンライン大学は彼ら（仕事をしている人たち）が時間のあるときに授業を受けることを可能にする」と言っている。

最後のまとめの文は，第1文で述べた意見を an online university を主語にして，will have more users「より多くの利用者を持つ（将来より利用者が増える）」と表現している。

この例のほかに，「質」について Yes の立場で考えてみると，例えば，「～と同じ品質の教育サービスを提供することもできる」... can provide the educational service of the same quality with ～といった意見を入れてもいいだろう。

マル得！ メモを取る

問題の形式に慣れるまではメモを取ろう。もちろん本番の試験でも，問題用紙の空いたスペースにメモを取ってもかまわないし，メモは日本語で書いても英語で書いてもかまわない。

ここでは 124 ページの例題を例として，日本語のメモの一例を示そう。

《メモ》
① 将来もインターネットの買い物は増える　〔TOPIC に答える形で〕
② 理由1：便利→いつでも買い物ができる
　　理由2：安いことがある　　　　　　　　〔POINTS を参考に〕
③ 人々は安い買い物が好き→だから増える　〔①・②のまとめ〕

《例題訳》（p. 124）
[トピック]
最近，インターネットで買い物をする人がいます。将来，もっと多くの人がそうすると思いますか。
[ポイント]
・価格　　・安全性　　・技術
[解答例]
将来，インターネットショッピングはもっと盛んになると思います。第一に，インターネットショッピングは大変便利です。日中はとても忙しく，普通の店に買い物に行く時間がない人がいます。インターネットの店は，普通の店のように夜間に閉店することがないので，いつでも好きなときに買い物をすることができます。また，インターネットショッピングは，店で買うよりも安い場合が多いのです。人々はいつでも安く買いたいと思うので，将来はインターネットでより多く買い物をするようになるでしょう。

《解答例 2》

I don't think the number of people getting online degrees will increase in the future. I have two reasons for my opinion. First, since there are so many online courses on the Internet, it is hard to judge their quality. Furthermore, everybody can get information easily by using the Internet without taking a course. Second, people want to meet and study with other people, not just study alone through a computer. They can have discussions with others face to face. For these reasons, I don't think so many people will be interested in getting online degrees in the future. (99語)

《訳》

オンラインで学位を取る人の数が将来増えるとは思いません。私の意見には2つの理由があります。第1にインターネット上にはたくさんのオンラインコースがあるので，その質を判断するのが難しいです。さらに，コースを取らなくても，インターネットを使って誰もが容易に情報を得ることができます。第2に，人々は，コンピューターで一人で勉強するのではなく，他の人と会って一緒に勉強することを望みます。彼らは向かい合ってディスカッションをすることができます。これらの理由で，将来オンラインで学位を取ることに興味を持つ人はそれほど多くはないと思います。

《解説》

　設問に対して No の例である。POINTS のうち，「費用」については，スクーリング (schooling) や別に買う教材 (learning materials) などが高くつくなどといった点が考えられる。

　「質」については，it is hard to judge online courses' quality「オンラインのコースの質を判断することは難しい」といった点がある。

　「タイミング」については，it is difficult to ask teachers when you have questions「質問があるときに先生に尋ねることが難しい」といった論点が考えられる。

　以上のような点を考えながら，「解答の構成」に従って書いてみよう。

　解答例では，第1文の自分の意見は，No の立場なので，I don't think の後に TOPIC の文をそのまま用いている。2つの理由は，First, 〜. Second, 〜. の形だ。まとめの文では，第1文の the number of people ... will increase を (I don't think) so many people will ... という形で表現している。

練習問題 2

- 以下の TOPIC について、あなたの意見とその理由を 2 つ書きなさい。
- POINTS は理由を書く際の参考となる観点を示したものです。ただし、これら以外の観点から理由を書いてもかまいません。
- 語数の目安は 80 語〜 100 語です。

TOPIC

It is possible to smoke cigarettes in many restaurants and bars in Japan. Do you think this will be banned in the future?

POINTS
- Health
- Individual freedom
- Enjoyment of atmosphere

《問題文訳》

[トピック]
日本では，多くのレストランやバーでタバコを吸うことが可能です。将来，これは禁止されると思いますか。

[ポイント]
・健康
・個人の自由
・雰囲気を楽しむこと

《解答例1》

I think in the future it will be illegal to smoke in restaurants and bars. I have two reasons for this. First, smoking is bad not only for the smokers' health, but also for everyone who breathes the smoke. In a closed space like a restaurant or bar, if one person smokes, everyone else will breathe that smoke too. Second, if you smell cigarette smoke when you are eating, it may prevent you from enjoying the atmosphere. For these reasons, I think smoking in restaurants and bars will be banned. (90語)

《訳》

私は将来，レストランやバーでタバコを吸うのは違法になると思います。2つの理由があります。第1に，タバコは喫煙者の健康に悪いだけではなく，その煙を吸う全員にとっても悪いからです。レストランやバーのような閉じられた空間では，1人がタバコを吸うと他の人々も皆その煙を吸うことになります。第2に，食べているときにタバコの臭いがすると，その場の雰囲気を楽しむことができなくなります。これらの理由から，レストランやバーでの喫煙は禁止されると思います。

《解説》

　　レストランやバーでの喫煙について，Do you think this will be banned in the future?「これは将来禁止されると思いますか」と意見を聞かれている。ここで ban は「(公的に　法律で) 禁止する」という意味だ。

　　解答例1は Yes の立場である。まず第1文で I think ~ の形を使って自分の意見を述べる。TOPICの this will be banned を It will be illegal to smoke「タバコを吸うのは違法になるだろう」と言い換えている。続いて I have two reasons for this.「これには2つ理由があります」として，First ~ . Second ~ . と2つの理由をあげている。

　　まず，POINTSの「健康」に着目して，Smoking is bad not only for the smokers' health, but also for everyone who ...「喫煙は喫煙者の健康だけではなく，…の全員に

とっても悪い」としている。次に、「雰囲気を楽しむこと」に着目して it may prevent you from enjoying the atmosphere「それ（食事のときにタバコの臭いがすること）は、その場の雰囲気を楽しむことを妨げる」と言っている。最後に、For these reasons, としてまとめの文を書いている。第1文で TOPIC を書き換えているので、「まとめ」では TOPIC の will be banned をそのまま使っている。

　この他、POINTS には「個人の自由」とあるが、これは No の根拠になりそうだ。POINTS は、あくまで理由をまとめるヒントを提供するものなので、使いやすいものを選ぶようにするのがコツだ。

マル得！　語数の制限について

　80〜100語という語数の目安は気になるところだ。しかし、語数を気にしながら書くことは難しい。むしろ「解答の形式」を守り、本番と同じ解答用紙で練習することによって、行数と語数の感覚をつかんでおくことが重要である。慣れれば、同じ行数を書くことで、ほぼ80〜100語の英文になる。本番の試験と同じ形式の解答用紙がこの本の巻末にあるので、コピーして繰り返し練習するようにしよう。

《解答例2》

I don't think smoking will be banned in restaurants and bars in the future. I have two reasons for my opinion. First, Japan still has many smokers. For many Japanese, a bar is a place to drink alcohol and smoke. Second, since there are so many smokers in Japan, restaurants and bars will lose money if there are no smoking areas. Smokers won't go to restaurants anymore if there is no place to smoke and relax. For these reasons, I don't think it will be illegal to smoke in restaurants and bars in the future. (95語)

《訳》

私は将来,レストランやバーでタバコを吸うことが禁止されるとは思いません。私の意見には2つ理由があります。第1は,日本にはまだ多くの喫煙者がいるということです。多くの日本人にとってバーは飲酒や喫煙の場所です。第2に,日本には喫煙者が多いので,喫煙場所がないとレストランやバーは損をするでしょう。喫煙者は,もしタバコを吸ったり,くつろいだりする場所がなければ,もうレストランに行かないでしょう。これらの理由から,将来,レストランやバーでタバコを吸うことが違法になることはないと思います。

《解説》

　　No の立場でテーマを考えてみる(自分の意見と違っても別の立場から考えてみることは,ライティングばかりでなく,ディベートなどにも重要な練習だ)。

　　POINTS の「健康」の観点からは,no-smoking area/section「禁煙席」などを理由にあげられる。例えば,People who care about their health can go to restaurants with no-smoking sections「健康を気にかける人は,禁煙席があるレストランに行くことができる」などと書けるだろう。

　　「個人の自由」は,No の有力な理由になりそうだ。Smoking is a matter of individual freedom.「喫煙は個人の自由の問題である」などと書ける。

　　解答例は,おもに「雰囲気を楽しむこと」にポイントを置いて書かれている。バーがアルコールとともにタバコを楽しむ場所であるとして,もしこれを禁止すると,客が減って利益があがらなくなってしまうという理由である。

　　まず,第1文で I don't think の形と TOPIC の文を利用して,自分の意見を述べている。続いて,I have two reasons for my opinion. とこれから理由を述べることを伝えて,First 〜. Second 〜. と,2つの理由をあげている。そして最後に,For these reasons, として「まとめ」の文を書いている。第1文で TOPIC の表現を使っているので,ここは illegal を用いて書き換えている。

2級によく出る単語ベスト910　Part 3

重要 名詞 114

※ 熟 は「2級によく出るイディオム ベスト325」(p. 70) に収録されていることを示します。

□581	abuse	名 虐待，(薬物・権力などの) 乱用 動 ～を虐待する，乱用する	名 [əbjúːs] 動 [əbjúːz]
□582	accommodation	名 〔～s で〕宿泊 (設備)	[əkɑ̀ːmədéɪʃən]
□583	accuracy	名 正確さ，精度	[ǽkjərəsi]
□584	agriculture	名 農業	[ǽgrɪkʌ̀ltʃər]
□585	altitude	名 高度，標高	[ǽltətùːd]
□586	appetite	名 食欲，欲求	[ǽpətàɪt]
□587	applause	名 拍手	[əplɔ́ːz]
□588	authority	名 権限，権威者，〔～ies で〕(行政) 当局	[əθɔ́ːrəti]
□589	border	名 境界 (線)	[bɔ́ːrdər]
□590	brand	名 ブランド〔銘柄〕	[brǽnd]
□591	burden	名 重荷，負担　動 ～に重荷 [負担] を負わせる	[bə́ːrdn]
□592	capacity	名 容量，収容力，(潜在的な) 能力	[kəpǽsəti]
□593	checkup	名 健康診断，検査	[tʃékʌp]
□594	childhood	名 子供時代	[tʃáɪldhud]
□595	chore	名 (日常の) 雑事	[tʃɔ́ːr]
□596	circumstance	名 〔～s で〕(周囲の) 状況	[sə́ːrkəmstæ̀ns]
□597	classification	名 分類，区分	[klæ̀səfəkéɪʃən]
□598	clue	名 手がかり，かぎ	[klúː]
□599	coincidence	名 偶然の一致	[kouínsədəns]
□600	compromise	名 妥協 (案)　動 妥協する	[kɑ́ːmprəmàɪz]
□601	conflict	名 争い，対立　動 対立する	名 [kɑ́ːnflìkt] 動 [kənflíkt]
□602	conservation	名 (動植物・環境などの) 保護，節約	[kɑ̀ːnsərvéɪʃən]
□603	council	名 (市町村の) 議会，審議会	[káunsəl]

☐ 604	**courage**	名 勇気		[kə́ːrɪdʒ]
☐ 605	**credit**	名 クレジット，称賛 動 (金額)を(口座に)振り込む		[krédɪt]
☐ 606	**crime**	名 犯罪(行為)		[kráɪm]
☐ 607	**debt**	名 借金，負債		[dét]
☐ 608	**definition**	名 (語句の)定義		[dèfəníʃən]
☐ 609	**departure**	名 出発，発車		[dɪpɑ́ːrtʃər]
☐ 610	**deposit**	名 (銀行)預金，保証金 動 堆積させる，預金する		[dɪpɑ́ːzɪt]
☐ 611	**depth**	名 深さ		[dépθ]
☐ 612	**destination**	名 目的地，行き先		[dèstənéɪʃən]
☐ 613	**disaster**	名 災害，大失敗		[dɪzǽstər]
☐ 614	**discrimination**	名 差別		[dɪskrìmənéɪʃən]
☐ 615	**duty**	名 義務，関税　(on/off duty → 熟)		[djúːti]
☐ 616	**ecosystem**	名 生態系		[íːkousìstəm]
☐ 617	**emergency**	名 非常事態		[ɪmə́ːrdʒənsi]
☐ 618	**entry**	名 加入，入学[入会]，参加		[éntri]
☐ 619	**exception**	名 例外		[ɪksépʃən]
☐ 620	**expense**	名 費用，出費		[ɪkspéns]
☐ 621	**eyesight**	名 視力，視界		[áɪsaɪt]
☐ 622	**famine**	名 飢饉(ききん)		[fǽmɪn]
☐ 623	**fault**	名 (過失などの)責任，欠陥		[fɔ́ːlt]
☐ 624	**flesh**	名 (人・動物の)肉　(※食用の肉は meet)		[fléʃ]
☐ 625	**formation**	名 設立，生成		[fɔːrméɪʃən]
☐ 626	**foundation**	名 設立[創立]，土台		[faʊndéɪʃən]
☐ 627	**frontier**	名 (学問などの)最先端，国境		[frʌntíːr]
☐ 628	**funeral**	名 葬式，葬儀		[fjúːnərəl]
☐ 629	**gravity**	名 重力，(事の)重大さ		[grǽvəti]

☐ 630	guideline	名 ガイドライン〔指針〕	[gáɪdlaɪn]
☐ 631	habitat	名 (動植物の) 生息地	[hǽbətæt]
☐ 632	hardship	名 苦難, 苦労	[háːrdʃɪp]
☐ 633	instinct	名 本能, 直感	[ínstɪŋkt]
☐ 634	intention	名 意図	[ɪnténʃən]
☐ 635	interaction	名 交流, 相互作用	[ɪ̀ntərǽkʃən]
☐ 636	investment	名 投資	[ɪnvéstmənt]
☐ 637	immigrant	名 (外国からの) 移民	[ímɪgrənt]
☐ 638	justice	名 正義, 裁判 (制度)	[dʒʌ́stɪs]
☐ 639	latitude	名 緯度　(※経度は longitude)	[lǽtətùːd]
☐ 640	leadership	名 リーダーシップ〔指導力〕	[líːdərʃɪp]
☐ 641	majority	名 大多数, 過半数	[mədʒɔ́ːrəti]
☐ 642	merit	名 〔~s で〕長所・利点	[mérɪt]
☐ 643	minority	名 少数, 少数派	[mənɔ́ːrəti]
☐ 644	mission	名 任務, 使命	[míʃən]
☐ 645	misunderstanding	名 誤解	[mìsʌndərstǽndɪŋ]
☐ 646	mixture	名 混合 (物)	[míkstʃər]
☐ 647	mode	名 方法〔方式〕, モード〔人・機械などの特定の状態〕	[móud]
☐ 648	monument	名 記念碑, 記念物	[máːnjəmənt]
☐ 649	motion	名 運動, 動作　動 ~に身ぶりで合図する	[móuʃən]
☐ 650	necessity	名 必要 (性)	[nəsésəti]
☐ 651	negotiation	名 交渉	[nɪgòuʃiéɪʃən]
☐ 652	occasion	名 (特定の・記念の) 時	[əkéɪʒən]
☐ 653	option	名 選択 (肢)	[áːpʃən]
☐ 654	origin	名 起源, 生まれ	[ɔ́ːrədʒɪn]
☐ 655	panic	名 パニック (状態)　動 パニックになる	[pǽnɪk]
☐ 656	path	名 (小) 道, (人・台風などの) 進路	[pǽθ]

☐ 657	pause	名 (一時的な) 休止，沈黙 動 一時中断 [中止] する	[pɔ́:z]
☐ 658	peak	名 ピーク [頂点・頂上]	[pí:k]
☐ 659	phenomenon	名 〔複 phenomena, phenomenons〕 現象，事象	[fɪnɑ́:mənən]
☐ 660	pile	名 (積み重ねた物の) 山 動 ～を積み上げる [重ねる]	[páɪl]
☐ 661	poverty	名 貧困	[pɑ́:vərti]
☐ 662	production	名 (大量の) 生産	[prədʌ́kʃən]
☐ 663	property	名 不動産，土地	[prɑ́:pərti]
☐ 664	publicity	名 (世間の) 評判，宣伝	[pəblísəti]
☐ 665	puzzle	動 〔be puzzled で〕戸惑っている 名 パズル，なぞ	[pʌ́zəl]
☐ 666	quantity	名 量，分量	[kwɑ́:ntəti]
☐ 667	recommendation	名 推薦，勧告	[rèkəmendéɪʃən]
☐ 668	regulation	名 規則，調節	[règjəléɪʃən]
☐ 669	rehearsal	名 (コンサートなどの) リハーサル	[rɪhɔ́:rsəl]
☐ 670	religion	名 宗教	[rɪlídʒən]
☐ 671	representative	名 代表者　形 代表的な	[rèprɪzéntətɪv]
☐ 672	reputation	名 評判	[rèpjətéɪʃən]
☐ 673	resident	名 住民，居住者　形 居住 [在住] している	[rézədənt]
☐ 674	response	名 反応，応答	[rɪspɑ́:ns]
☐ 675	review	名 批評，再検討 [調査] 動 (本など) を批評する，～を再検討する	[rɪvjú:]
☐ 676	revolution	名 革命	[rèvəlú:ʃən]
☐ 677	reward	名 報酬，ほうび　動 ～に報いる	[rɪwɔ́:rd]
☐ 678	routine	名 ルーチン〔決まった手順で行う日常の作業〕 形 日常的な，定期的な	[ru:tí:n]
☐ 679	scholarship	名 奨学金	[skɑ́:lərʃɪp]
☐ 680	sensation	名 感覚，センセーション〔大評判〕	[senséɪʃən]
☐ 681	session	名 会〔活動を行う集まり〕， (会議，議会などの) 開会 (していること)	[séʃən]

☐ 682	sorrow	名 悲しみ、〔~s で〕悲しい出来事〔状況〕	[sá:rou]
☐ 683	stain	名 しみ、汚れ　動 ~にしみをつける	[stéɪn]
☐ 684	stock	名 在庫、貯蔵（品）、株式 動 ~を蓄える〔蓄えている〕	[stá:k]
☐ 685	storage	名 貯蔵、保管	[stɔ́:rɪdʒ]
☐ 686	substance	名 物質、実質	[sʌ́bstəns]
☐ 687	summary	名 要約、概要	[sʌ́məri]
☐ 688	symptom	名 症状、兆候	[símptəm]
☐ 689	target	名 目標　動 ~を目標〔対象〕にする	[tá:rgɪt]
☐ 690	tension	名 緊張（状態）、張り〔ぴんと張った状態〕	[ténʃən]
☐ 691	territory	名 領土、（研究などの）領域	[térətɔ̀:ri]
☐ 692	thread	名 糸、（話などの）筋	[θréd]
☐ 693	version	名 （製品・本などの）~版	[vɜ́:rʒən]
☐ 694	volume	名 量、1巻〔全集などの〕	[vá:ljəm]

重要 動詞 118

☐ 695	abandon	動 ~を捨てる、~を放棄する	[əbǽndən]
☐ 696	accompany	動 ~に同行する〔付き添う〕、~に付随する	[əkʌ́mpəni]
☐ 697	adjust	動 ~を調節する、（環境などに）順応する	[ədʒʌ́st]
☐ 698	admire	動 ~を称賛する〔感嘆する〕	[ədmáɪər]
☐ 699	adore	動 ~が大好きである	[ədɔ́:r]
☐ 700	amaze	動 〔be amazed で〕びっくりする、驚く	[əméɪz]
☐ 701	analyze	動 ~を分析する	[ǽnlàɪz]
☐ 702	appeal	動 強く求める〔訴える〕　名 訴え	[əpí:l]
☐ 703	assist	動 ~を援助する	[əsíst]
☐ 704	assure	動 ~に保証する	[əʃúər]
☐ 705	attach	動 ~をくっつける、~を添付する、 〔be attached で〕愛着〔愛情〕を持つ	[ətǽtʃ]
☐ 706	bet	動 ~を賭ける　名 賭け（金）	[bét]

☐ 707	**blame**	動 ~を責める, ~を(~の)せいにする	[bléɪm]
☐ 708	**bleed**	動 出血する	[blíːd]
☐ 709	**bother**	動 ~に面倒をかける, わざわざ~する〔疑問・否定文で〕	[bɑ́ːðər]
☐ 710	**bump**	動 ぶつかる, ~をぶつける　名 こぶ	[bʌ́mp]
☐ 711	**burst**	動 破裂する, ~を破裂させる　名 突発 (burst out *doing* → 熟)	[bə́ːrst]
☐ 712	**cease**	動 ~をやめる [しなくなる]	[síːs]
☐ 713	**collapse**	動 壊れる, 崩壊する　名 崩壊	[kəlǽps]
☐ 714	**commit**	動 (犯罪など)を犯す, [be committed で] コミットする [取り組んでいる]	[kəmít]
☐ 715	**communicate**	動 (情報)を伝達する	[kəmjúːnəkèɪt]
☐ 716	**compose**	動 ~を構成する, ~を創作する	[kəmpóʊz]
☐ 717	**confess**	動 (~を)白状[告白]する	[kənfés]
☐ 718	**confirm**	動 ~を実証する[立証する], (予約など)を確認する	[kənfə́ːrm]
☐ 719	**congratulate**	動 (人)を祝う, お祝いを言う	[kəngrǽtʃəlèɪt]
☐ 720	**construct**	動 ~を建設する	[kənstrʌ́kt]
☐ 721	**convert**	動 ~を変換[転換]する	[kənvə́ːrt]
☐ 722	**cooperate**	動 協力する	[koʊɑ́ːpəreɪt]
☐ 723	**declare**	動 ~を宣言する	[dɪkléər]
☐ 724	**dedicate**	動 ~を捧げる	[dédəkèɪt]
☐ 725	**defeat**	動 ~を打ち破る　名 敗北	[dɪfíːt]
☐ 726	**defend**	動 ~を守る[防衛する]	[dɪfénd]
☐ 727	**delete**	動 (文字・データなど)を削除する	[dɪlíːt]
☐ 728	**deserve**	動 (賞・注目など)に値する	[dɪzə́ːrv]
☐ 729	**detect**	動 ~を見つける[検出する]	[dɪtékt]
☐ 730	**edit**	動 ~を編集する	[édɪt]
☐ 731	**eliminate**	動 ~を取り除く	[ɪlímənèɪt]
☐ 732	**emphasize**	動 ~を強調する	[émfəsàɪz]

☐ 733	endure	動 (苦痛など) に耐える, (物・事が) 持ちこたえる	[ɪndjúər]
☐ 734	entertain	動 (人) を楽しませる	[èntərtéɪn]
☐ 735	exaggerate	動 〜を誇張する	[ɪgzǽdʒərèɪt]
☐ 736	expose	動 (光・危険などに) 〜をさらす, 〜を暴露する	[ɪkspóuz]
☐ 737	fade	動 (次第に) 消えていく [衰えていく]	[féɪd]
☐ 738	fascinate	動 〜を魅了する	[fǽsənèɪt]
☐ 739	fasten	動 〜を締める, 〜を固定する	[fǽsən]
☐ 740	fold	動 〜を折る [折りたたむ], (腕・手など) を組む 名 折り目	[fóuld]
☐ 741	formulate	動 (計画など) を組み立てる, 〜を公式化する	[fɔ́ːrmjəlèɪt]
☐ 742	generate	動 〜を生み出す [発生させる]	[dʒénərèɪt]
☐ 743	guarantee	動 〜を保証する 名 保証 (書)	[gæ̀rəntíː]
☐ 744	hug	動 〜を抱き締める [抱きかかえる] 名 抱擁	[hʌ́g]
☐ 745	implement	動 〜を実行する [実施する] 名 道具	動 [ímpləmènt] 名 [ímpləmənt]
☐ 746	imply	動 〜を示唆する [ほのめかす]	[ɪmpláɪ]
☐ 747	impress	動 (人) に感銘を与える, (〜を) 印象づける	[ɪmprés]
☐ 748	inform	動 〜に知らせる	[ɪnfɔ́ːrm]
☐ 749	inspire	動 (人) を鼓舞する	[ɪnspáɪər]
☐ 750	instruct	動 〜を指示する, 〜を指導する	[ɪnstrʌ́kt]
☐ 751	interfere	動 干渉する, 妨害する	[ìntərfíər]
☐ 752	interpret	動 通訳する, 〜を解釈する	[ɪntə́ːrprɪt]
☐ 753	interrupt	動 〜を中断させる [さえぎる]	[ìntərʌ́pt]
☐ 754	investigate	動 〜を調査 [捜査] する	[ɪnvéstəgèɪt]
☐ 755	justify	動 〜を正当化する	[dʒʌ́stəfàɪ]
☐ 756	launch	動 (事業・新製品の発売など) を始める [開始する], (ロケット) を打ち上げる, (船) を進水させる	[lɔ́ːntʃ]
☐ 757	lift	動 〜を上げる 名 車に乗せること, エレベーター	[líft]
☐ 758	load	動 〜を [〜に] 積む [積み込む] 名 積み荷, 重荷	[lóud]

☐ 759	**monitor**	動 ～を監視する　名 (コンピューターなどの) モニター	[mɑ́:nətər]
☐ 760	**obey**	動 ～に従う [服従する]	[əbéɪ]
☐ 761	**occupy**	動 ～を占める [占有する]	[ɑ́:kjəpàɪ]
☐ 762	**overcome**	動 ～を克服する, (人) を打ちのめす	[òuvərkʌ́m]
☐ 763	**owe**	動 ～の借りがある, ～は (～の) おかげである	[óu]
☐ 764	**persuade**	動 (人) を説得する, (人) を納得させる	[pərswéɪd]
☐ 765	**polish**	動 ～を磨く [磨きをかける]	[pɑ́:lɪʃ]
☐ 766	**pollute**	動 (空気・水など) を汚染する	[pəlú:t]
☐ 767	**postpone**	動 ～を延期する	[poustpóun]
☐ 768	**praise**	動 ～を称賛する　名 称賛	[préɪz]
☐ 769	**protest**	動 抗議する　名 抗議	動 [prətést] 名 [próutest]
☐ 770	**punish**	動 ～を罰する	[pʌ́nɪʃ]
☐ 771	**qualify**	動 (～の) 資格を得る, ～に資格を与える, [*be* qualified で] 資格 [能力] がある	[kwɑ́:ləfàɪ]
☐ 772	**react**	動 反応する	[riǽkt]
☐ 773	**rebuild**	動 ～を再建する	[ri:bíld]
☐ 774	**recall**	動 ～を思い出す　名 記憶 (力)	動 [rɪkɔ́:l] 名 [rí:kɔ:l]
☐ 775	**register**	動 ～を登録する　名 登録 (簿)	[rédʒəstər]
☐ 776	**regret**	動 ～を後悔する, ～を残念 [遺憾] に思う 名 後悔　(to *one's* regret → 熟)	[rɪgrét]
☐ 777	**repay**	動 (借金を) 返済する	[rɪpéɪ]
☐ 778	**reproduce**	動 ～を再生する	[rì:prədjú:s]
☐ 779	**rescue**	動 ～を救う [救出する]　名 救出, 救助	[réskju:]
☐ 780	**resemble**	動 ～に似ている	[rɪzémbəl]
☐ 781	**resign**	動 辞職 [辞任] する	[rɪzáɪn]
☐ 782	**resist**	動 ～に抵抗する [反対する], [can't resist で] ～がまんできない	[rɪzíst]
☐ 783	**resolve**	動 ～を解決する, ～を決心する	[rɪzɑ́:lv]

☐ 784	**restrict**	動 ～を制限する [限定する]	[rɪstríkt]
☐ 785	**reverse**	動 ～をひっくり返す，逆にする 名 〔the ～で〕逆，裏	[rɪvə́ːrs]
☐ 786	**revise**	動 ～を修正する，～を改訂する	[rɪváɪz]
☐ 787	**roast**	動 ～をローストする〔焼く・あぶる〕 名 焼き肉	[róust]
☐ 788	**rob**	動 ～を奪う (rob A of B → 熟)	[rάːb]
☐ 789	**rotate**	動 回転する，～を回転させる	[róuteɪt]
☐ 790	**ruin**	動 ～を台なしにする，～を破滅させる 名 破滅	[rúːɪn]
☐ 791	**sacrifice**	動 ～を犠牲にする 名 犠牲	[sǽkrəfàɪs]
☐ 792	**scratch**	動 ～をひっかく 名 （引っかき）傷	[skrǽtʃ]
☐ 793	**soak**	動 ～を浸す，～をずぶぬれにする	[sóuk]
☐ 794	**split**	動 ～を分ける [分割する]，分かれる [分裂する] 名 分裂	[splít]
☐ 795	**spoil**	動 ～を台なしにする，（子供など）を甘やかす	[spɔ́ɪl]
☐ 796	**starve**	動 飢える	[stάːrv]
☐ 797	**stir**	動 ～をかき回す [かき混ぜる]， （感情・論争など）を引き起こす	[stə́ːr]
☐ 798	**strengthen**	動 ～を強くする [強化する]	[stréŋkθən]
☐ 799	**strike**	動 ～にぶつかる，～を殴る， （考えなどが）～の心に浮かぶ	[stráɪk]
☐ 800	**substitute**	動 ～を代わりに使う，代理をする 名 代わりのもの [人]	[sʌ́bstətjùːt]
☐ 801	**surrender**	動 降伏する，～を引き [明け] 渡す 名 降伏	[səréndər]
☐ 802	**swallow**	動 ～を飲み込む，〔～ up で〕（組織など）を吸収する	[swάːlou]
☐ 803	**tempt**	動 ～の気をひく，～を誘惑する	[témpt]
☐ 804	**tighten**	動 ～をきつく締める，～をぴんと張る	[táɪtn]
☐ 805	**trace**	動 （人）を捜し出す，（起源など）をたどる 名 形跡，跡	[tréɪs]
☐ 806	**transform**	動 ～を変える，～を変貌させる	[trænsfɔ́ːrm]
☐ 807	**translate**	動 ～を翻訳する	[trǽnzleɪt]

□ 808	undertake	動	～を引き受ける，(仕事など) に着手する	[ʌ̀ndərtéik]
□ 809	vanish	動	(突然) 消える [見えなくなる]	[vǽnɪʃ]
□ 810	vary	動	異なる，変わる	[véəri]
□ 811	wander	動	歩き回る，さまよう	[wɑ́:ndər]
□ 812	widen	動	～を広げる，広くなる	[wáɪdn]

重要 形容詞・副詞 98

□ 813	accordingly	副	それに応じて	[əkɔ́:rdɪŋli]
□ 814	accurate	形	正確な，精密な	[ǽkjərɪt]
□ 815	annual	形	年1回の，1年間の　名 年報	[ǽnjuəl]
□ 816	apparent	形	明らかな〔一見してわかる〕	[əpǽrənt]
□ 817	automatically	副	自動的に，必然的に	[ɔ̀:təmǽtɪkəli]
□ 818	awful	形	ひどい，最悪の	[ɔ́:fəl]
□ 819	bilingual	形	バイリンガルの〔2言語使用の〕 名 バイリンガル〔2言語を使用する人〕	[baɪlíŋgwəl]
□ 820	capable	形	能力がある，有能な	[kéɪpəbəl]
□ 821	characteristic	形	特徴的な，固有の　名 〔通例～s で〕特質	[kæ̀rɪktərístɪk]
□ 822	closely	副	密接に，綿密に	[klóusli]
□ 823	conscious	形	意識している，気づいている，意識のある	[kɑ́:nʃəs]
□ 824	constantly	副	絶えず	[kɑ́:nstəntli]
□ 825	controversial	形	議論の余地のある，異論の多い	[kɑ̀:ntrəvə́:rʃəl]
□ 826	criminal	形	犯罪の　名 犯人	[krímənəl]
□ 827	critical	形	批判的な，重大な，危機的な	[krítɪkəl]
□ 828	cruel	形	残酷な，冷酷な	[krú:əl]
□ 829	curious	形	好奇心の強い，妙な	[kjúəriəs]
□ 830	definitely	副	確かに，絶対に	[défənɪtli]
□ 831	delicate	形	デリケートな〔敏感な・慎重を要する〕，繊細な	[délɪkɪt]
□ 832	disabled	形	(身体に) 障害のある	[dɪséɪbəld]

☐ 833 **domestic**	形 国内の，家庭の		[dəméstɪk]
☐ 834 **eagerly**	副 熱心に		[í:gərli]
☐ 835 **economical**	形 経済的な，むだのない		[èkənáːmɪkəl]
☐ 836 **efficient**	形 効率的［能率的］な，(人が) 有能な		[ɪfíʃənt]
☐ 837 **electrical**	形 電気の，電気に関連する		[ɪléktrɪkəl]
☐ 838 **enthusiastic**	形 熱狂的な		[ɪnθjùːziǽstɪk]
☐ 839 **equally**	副 等しく，平等に		[í:kwəli]
☐ 840 **extensive**	形 幅広い		[ɪksténsɪv]
☐ 841 **extreme**	形 極端な，極度の 名 極端		[ɪkstríːm]
☐ 842 **fairly**	副 かなり，公平に		[féərli]
☐ 843 **faithful**	形 忠実な・誠実な		[féɪθfəl]
☐ 844 **fake**	形 偽の，偽造の 名 偽物，模造品 動 ～を偽造する		[féɪk]
☐ 845 **flexible**	形 柔軟な		[fléksəbəl]
☐ 846 **fluent**	形 (話・演奏などが) 流暢な		[flúːənt]
☐ 847 **former**	形 前の，以前の 名 〔the ～で〕前者		[fɔ́ːrmər]
☐ 848 **fortunate**	形 運の良い，幸いな		[fɔ́ːrtʃənɪt]
☐ 849 **fragile**	形 壊れやすい，もろい		[frǽdʒəl]
☐ 850 **frankly**	副 率直に (言うと)		[frǽŋkli]
☐ 851 **generous**	形 気前の良い，寛容な		[dʒénərəs]
☐ 852 **genuine**	形 心からの，真の［本物の］		[dʒénjuɪn]
☐ 853 **humid**	形 湿気の多い，湿った		[hjúːmɪd]
☐ 854 **ignorant**	形 無知な		[ígnərənt]
☐ 855 **independent**	形 独立した，自立した		[ìndɪpéndənt]
☐ 856 **inferior**	形 劣った，下級［下位］の 名 下級者		[ɪnfíəriər]
☐ 857 **informal**	形 非公式の，形式ばらない		[ɪnfɔ́ːrməl]
☐ 858 **initially**	副 初めに，最初は		[ɪníʃəli]
☐ 859 **invisible**	形 見えない		[ɪnvízəbəl]

☐ 860	**jealous**	形 嫉妬した，嫉妬深い	[dʒéləs]
☐ 861	**latter**	形 後半の，後者の　名〔the ～で〕後者	[lǽtər]
☐ 862	**luxury**	形 高級な　名 ぜいたく（品）	[lʌ́kʃəri]
☐ 863	**manual**	形 手の，手動の［人力の］ 名 マニュアル〔(取り扱い)説明書〕	[mǽnjuəl]
☐ 864	**mature**	形 成熟した　動 成熟する	[mətʃúr]
☐ 865	**maximum**	形 最大の，最高の　名 最大限，最高点	[mǽksəməm]
☐ 866	**meanwhile**	副 それまで［その間に］，〔対照して〕一方（では）	[míːnwaɪl]
☐ 867	**mentally**	副 精神的に，心の中で	[méntəli]
☐ 868	**military**	形 軍隊の　名〔the ～で〕軍隊	[mílətèri]
☐ 869	**minimum**	形 最小の，最低の　名 最小限，最低限	[mínəməm]
☐ 870	**neat**	形 きちんとした	[níːt]
☐ 871	**neutral**	形 中立の，中間［中性］の	[njúːtrəl]
☐ 872	**occasionally**	副 ときどき，たまに	[əkéɪʒənəli]
☐ 873	**old-fashioned**	形 時代遅れの，旧式の	[òuldfǽʃənd]
☐ 874	**permanent**	形 永久の，永続する	[pə́ːrmənənt]
☐ 875	**pleasant**	形 楽しい，心地よい	[plézənt]
☐ 876	**politely**	副 礼儀正しく，ていねいに	[pəláɪtli]
☐ 877	**possibly**	副 たぶん	[pɑ́ːsəbli]
☐ 878	**precious**	形 貴重な	[préʃəs]
☐ 879	**precisely**	副 正確に	[prɪsáɪsli]
☐ 880	**pregnant**	形 妊娠している	[prégnənt]
☐ 881	**punctual**	形 時間［期限］を守る	[pʌ́ŋktʃuəl]
☐ 882	**rapidly**	副 速く，急速に	[rǽpɪdli]
☐ 883	**raw**	形 生の，未加工［未処理］の	[rɔ́ː]
☐ 884	**regional**	形 地域の，地方の	[ríːdʒənəl]
☐ 885	**religious**	形 宗教の，宗教的な	[rɪlídʒəs]
☐ 886	**repeatedly**	副 繰り返して	[rɪpíːtɪdli]

☐ 887	rough	形 粗い，荒い	[rʌ́f]
☐ 888	rude	形 失礼な，無礼な	[rúːd]
☐ 889	rural	形 田舎の，田園の	[rúərəl]
☐ 890	scarce	形 乏しい，不足している	[skéərs]
☐ 891	seasonal	形 季節の，季節的な	[síːzənəl]
☐ 892	seldom	副 めったに〜ない	[séldəm]
☐ 893	senior	形 上級［上位］の，高齢者の 名 [one's 〜で] 年長者	[síːnjər]
☐ 894	sensitive	形 敏感な，気配りのある	[sénsətɪv]
☐ 895	slightly	副 わずかに	[sláɪtli]
☐ 896	somehow	副 何らかの方法で，どういうわけか	[sʌ́mhaʊ]
☐ 897	stable	形 安定した	[stéɪbəl]
☐ 898	steady	形 一定の，安定した	[stédi]
☐ 899	stressful	形 ストレスの多い	[strésfəl]
☐ 900	strictly	副 厳しく，厳格に	[stríktli]
☐ 901	subtle	形 微妙な，かすかな	[sʌ́tl]
☐ 902	sudden	形 突然の	[sʌ́dn]
☐ 903	superior	形 優れた，上位の　名 上司，上役	[səpíəriər]
☐ 904	suspicious	形 疑わしい，疑い深い	[səspíʃəs]
☐ 905	talkative	形 話し好きな，おしゃべりな	[tɔ́ːkətɪv]
☐ 906	technically	副 技術的に，厳密に言うと	[téknɪkli]
☐ 907	tidy	形 きちんとした，整理［整頓］された	[táɪdi]
☐ 908	trustworthy	形 信頼できる，頼りになる	[trʌ́stwəːrði]
☐ 909	vacant	形 (部屋・座席などが) 空いている，うつろな	[véɪkənt]
☐ 910	vague	形 あいまいな，漠然とした	[véɪɡ]

一次試験 《 リスニング 》
Listening Test

解き方のポイントと練習問題

2級のリスニング問題は，1～2部からなっている。それぞれの問題に特徴があるので，まずは例題で出題のポイントをしっかり確認しておくことが大切だ。続いて，練習問題を解いてみよう。

リスニング 第1部 「対話の内容を聞き取る問題」

例題 1 対話を聞き，その質問に対して最も適切なものを 1，2，3，4 の中から一つ選びなさい。

1. Order her some flowers.
2. Find a warm skirt.
3. Get her a nice bag.
4. Buy her a new coat.

(放送文)

★ Why don't we get a nice bag for Mother for her birthday?
☆ She bought herself a new bag last year. Let's get her something she actually needs, like clothing.
★ I noticed that she's been wearing the same winter coat for about ten years.
☆ That's true. She has been saying that it isn't warm enough lately.
Question: What will the man and woman do for their mother?

(★は男性，☆は女性の音声を表す。)

出題のポイント

リスニング第1部は，対話とそれについての質問を聞き，最も適切な答えを 4 つの選択肢の中から 1 つ選ぶ問題である。対話は A-B-A-B の場合と A-B-A-B-A の場合がある。対話と質問は 1 度しか放送されない。解答時間は 10 秒で，15 問出題される。

出題パターン

対話は男性と女性によって行われ，質問文では the man や the woman と言われるか，対話の中に人名が出てくる場合には，その人名が使われる。

対話は，一方が質問・依頼・提案などをして，他方がそれに答える展開になる。まずはこの〈質問とその答え〉〈依頼・提案とその応答〉を強く意識することが大切だ。質問・依頼・提案を表す表現が聞こえた瞬間に，反射的に「どう答えるだろう」と推測する習慣を身につけよう。

解き方のポイント

Step 1 ▶▶ 問題用紙の選択肢に目を通し，何が質問されるかを予想する。

Step 2 ▶▶ 対話中の〈質問とその答え〉〈依頼・勧誘とその応答〉に注意して聞く。

Step 3 ▶▶ 質問文は文頭の疑問詞（What か Why かなど）に注意して聞く。
（次ページの「出題パターン参照」）。

Step 4 ▶▶ 適切な選択肢を選ぶ。

《例題解説》

最初の発話 Why don't we get a nice bag for Mother for her birthday?「お母さんの誕生日のお祝いにすてきなバッグを買うのはどうだろう？」から，子供たちが母親の誕生日のプレゼントを相談しているのがわかる。この提案は，次の女性の返事で否定される。ただ，プレゼントを買うことには反対していないので，この時点で「何を買うか」が問題になることを感じられると最もよい。

続いて，女性が Let's get ..., like clothing.「洋服のような…を買いましょうよ」という新たな提案をし，男性が she's been wearing the same winter coat「10年くらい同じ冬のコートを着ている」ことを指摘する。これは2番目の提案を受け入れた趣旨の返事である。

以上から，質問文「男性と女性は母親のために何をしますか」に対しては，4 Buy her a new coat.「新しいコートを買う」が適切と判断する。

正解　4　Buy her a new coat.

《訳》
- ★ お母さんの誕生日にすてきなバッグを買ってあげるのはどうだろう？
- ☆ 去年自分で新しいバッグを買っていたわ。洋服とか，お母さんが本当に必要なものを買ってあげましょうよ。
- ★ お母さんは10年くらい同じ冬のコートを着ていることに気づいたよ。
- ☆ そうね。最近，そのコートではあまり暖かくないと言っていたわ。

質問　男性と女性は母親のために何をしますか。
1　花を注文する。　　　　　　　2　暖かいスカートを探す。
3　すてきなバッグを買ってあげる。　4　新しいコートを買ってあげる。

例題 2
対話を聞き，その質問に対して最も適切なものを 1，2，3，4 の中から一つ選びなさい。

1 Both his parents speak Italian.
2 His mother grew up in Spain.
3 His father can speak Spanish.
4 Oscar is studying Italian at university.

（放送文）
☆ You speak Spanish so beautifully, Oscar.
★ Thank you. My grandmother was born in Spain, and although my father grew up in New Zealand, he spoke Spanish at home.
☆ How about your mother? Does she speak another language too?
★ Yes. She speaks Italian perfectly because she studied hard at university.
Question: What is one thing we learn about Oscar's family?

出題パターン

リスニング「第 1 部」の質問文には，明らかな傾向が見られる。過去 5 年分の質問文を調べてみると，What 〜？が 75 ％，Why 〜？が 20 ％，How 〜？が 5 ％である。When や Where などの疑問文は出題されていない。また，How many 〜？のような疑問文もない。

ここから考えると，質問文は，What，Why，How のいずれかで始まる。また，場所や時間，数量を聞く問題も出ないということだ。したがって，放送文は「何をして」，それが「なぜ」なのか，あるいは「どうやって」なのか，に集中して聞けばよい。

特に What については，繰り返し出題される質問文の形がある。「選択肢照合タイプ」の質問である。この質問には注意しよう（次ページの「マル得！」参照）。

《例題解説》

　選択肢を見ると，形の上での共通点はない。しかし意味としては「イタリア語を話す」や「スペイン語を学ぶ」といったこと，his parents, His mother, His father などが並んでいるため，「彼（おそらく「オスカー」）の家族がどの言語を話せるかという話題だろうと予想される。そこで，誰がどの言葉を話すかに注意して聞こう。

　最初の文は，オスカーに呼びかけている点がポイントになる。この文からオスカーがスペイン語を話せることがわかる。オスカーは，自分の祖母の話を始め，さらに父は家でスペイン語を話していたと述べている。続いて，女性がオスカーの母について質問をし，オスカーが母親はイタリア語を話すと答えている。

　以上から「オスカー＝スペイン語」「祖母・父＝スペイン語」「母＝イタリア語」という3点を押さえよう。正解は，3 His father can speak Spanish. である。

マル得！ 「選択肢照合タイプ」の問題

　リスニングの問題では，What is one thing we learn about 〜?「〜についてわかることの一つは何ですか」や What is one thing the man say about 〜?「〜について男性が言っていることの一つは何ですか」など，What is one thing で始まるものが頻出する。これは，選択肢と放送文の内容とを照合し，一致しているものを選ぶ問題である。放送文の内容を覚えていて，選択肢と逐一照合しなければならないので大変そうに思えるが，正解以外の選択肢は間違いが明らかなものがほとんどだ。正解を見つけるのは難しくない。

正解 3 His father can speak Spanish.

《訳》
- ☆ あなたのスペイン語はとても美しいわね，オスカー。
- ★ ありがとうございます。僕の祖母はスペイン生まれで，父はニュージーランド育ちですが，家ではスペイン語を話していました。
- ☆ あなたのお母さんはどうですか。彼女ももう1つの言語を話しますか。
- ★ はい。彼女は大学で一生懸命勉強したのでイタリア語を完ぺきに話します。

　質問　オスカーの家族についてわかることの　つは何ですか。
　1　両親ともイタリア語を話す。　　2　彼の母はスペインで育った。
　3　彼の父はスペイン語を話せる。
　4　オスカーは大学でイタリア語を勉強している。

① 家族・友人同士の会話

練習問題

No. 1
1. Move to a different building.
2. Go see the dogs in person.
3. Bring home all six puppies.
4. Help find families for the puppies.

No. 2
1. She needs to go to the bathroom.
2. Eric is not allowed to use the phone.
3. She had to leave an hour ago.
4. Eric has not walked the dog.

No. 3
1. Deliver a computer to his house.
2. Set a time to receive the computer.
3. Come home by evening.
4. Stay at home today.

No. 4
1. His telephone is broken.
2. The neighbors do not own a clock.
3. He doesn't know where the noise is coming from.
4. The neighbors are making too much noise.

No. 5
1. It is made from cow's milk.
2. It smells good.
3. She does not like the taste.
4. She has never tasted it.

No. 1

《正解》 2 Go see the dogs in person.

《放送文》
- ★ Guess what, Mom? Bill's dog had puppies yesterday!
- ☆ Let me guess. You want to bring one home.
- ★ Can I, Mom? There's no way Bill's family can raise all six of them, and they need to find families for every single one.
- ☆ Well, this apartment building doesn't allow dogs over a certain size, so we'll have to check what kind of dog it is.

Question: What will the boy's mother do next?

《訳》
- ★ あのねえ，お母さん？　ビルの犬が昨日子犬を産んだんだ！
- ☆ 当ててみようか。1匹家に持ってきたいのね。
- ★ そうしていい，お母さん？　ビルの家族が6匹すべて育てることは絶対できないから，すべての子犬に里親を探さなければいけないんだよ。
- ☆ そうねえ，このマンションはある大きさ以上の犬は（飼うのを）許さないから，どんな種類の犬か確認しなければいけないわね。
  質問　男の子のお母さんは次に何をするでしょう？
  1　違う建物に引っ越す。　　2　犬を直接見に行く。
  3　子犬を6匹すべて連れて帰る。　4　子犬の里親を探すのを手伝う。

《解説》男の子の Bill's dog had puppies「ビルの犬が子犬を産んだ」に対して，お母さんは，You want to bring one home.「1匹家に持ってきたいのね」と子供の気持ちを察している。男の子の最初の発話 Guess what? は，人に何かを言いたいときの呼びかけの表現。お母さんは最後の発話で，..., so we'll have to check what kind of dog it is.「…，それでどんな種類の犬か確認しなければいけないわね」と言っている。質問の「お母さんが次に何をするか」はこのことを指している。選択肢で「確認をする」ことを表すものは，2 Go see the dogs in person. だ。Go see は Go and see を省略した言い方。in person は「自分で，直接に」という意味。

No. 2

《正解》 4 Eric has not walked the dog.

《放送文》
- ☆ Eric, have you taken the dog out for a walk yet? I asked you to do it an hour ago.
- ★ No, Mom. I was on the phone with my friend.
- ☆ Puff has been wanting to be let out for the past 15 minutes. She looks like she needs to go to the bathroom.
- ★ Poor Puff! I'll take her outside right now.

Question: Why is Eric's mother upset?

《訳》
- ☆ エリック，まだ犬を散歩に連れて行ってないの？　1時間前にお願いしたでしょう。
- ★ ううん，お母さん。友達と電話で話していた。
- ☆ パフは15分くらいずっと外に出させてもらいたがっているわよ。お手洗いに行きたい様子だけど。
- ★ かわいそうなパフ！　今すぐ外に連れて行くよ。

質問　なぜエリックのお母さんは怒っているのですか。
1　彼女はお手洗いに行かなければいけない。
2　エリックは電話を使ってはいけないことになっている。
3　彼女は1時間前に出なければいけなかった。
4　エリックは犬の散歩をしていない。

《解説》母親が Eric, have you taken the dog out for a walk yet? I asked you to do it an hour ago.「エリック，まだ犬を散歩に連れて行ってないの？ 1時間前にお願いしたでしょう」と聞いているのに対して，エリックが No, Mom.「ううん，お母さん」と答えている。これでは母親が怒るのも当然だ。選択肢の4　Eric has not walked the dog. が正解。walk the dog は「犬を散歩させる」の意味で，放送文中の take the dog out for a walk を言い換えていることに注意しよう。

No. 3

《正解》**2** Set a time to receive the computer.

《放送文》
★ Are you working from home today, honey? My new computer is going to be delivered this afternoon, and it has to be received in person.
☆ I'm going out for lunch, but I'm home before and after.
★ I'll call the store and set up a time for delivery, then.
☆ In the evening would be best.

Question: What is the man going to do?

《訳》
★ 今日は家で仕事をするの？　新しいコンピューターが午後届くのだけど，自分で直接受け取らなくちゃいけないんだ。
☆ 昼食に出かけるけれど，その前後は家にいるわ。
★ じゃあ，店に電話して配送の時間を指定するよ。
☆ 夕方が一番いいわ。

質問　男性は何をするでしょう？
1　自分の家にコンピューターを送る。
2　コンピューターを受け取る時間を指定する。
3　夕方までには家に帰る。
4　今日は家にいる。

《解説》Are you working from home today, honey?「今日は家で仕事をするの？」という発話から夫婦が今日の予定を話していることがわかる。honey「ハニー」は夫婦や恋人同士の「呼びかけ」の表現。夫は My new computer is going to be delivered this afternoon「新しいコンピューターが午後届く予定」と言って，暗に妻に受け取ってもらえないかと頼んでいる。妻が「昼食で出かける以外は家にいる」というので，I'll call ... and set up a time for delivery「じゃあ，…電話して配送の時間を指定する」と言っている。したがって，質問の「男性は何をするでしょう？」に対しては，選択肢2　Set a time to receive the computer. が適切。

No. 4

《正解》 **4** The neighbors are making too much noise.

《放送文》
- ★ I can't believe how loud the neighbors are. It's one o'clock in the morning!
- ☆ Do you want to go next door and talk to them?
- ★ No, I don't want to start an argument in the middle of the night.
- ☆ OK, let's write them a letter and put it in their mailbox tomorrow.

Question: Why is the man frustrated?

《訳》
- ★ 隣の人たちがこんなにうるさいなんて信じられないよ。夜中の1時じゃないか！
- ☆ 隣に行って彼らと話したい？
- ★ ううん，真夜中に口論を始めたくないよ。
- ☆ わかったわ，じゃあ手紙を書いて明日郵便箱に入れましょうよ。

質問　なぜ男性はいら立っているのですか。
1　電話が壊れているから。　2　隣の人たちは時計を持っていないから。
3　騒音がどこからきているかわからないから。
4　隣の人たちが大きな騒音を出しているから。

《解説》最初の発話 I can't believe how loud the neighbors are.「隣の人たちがこんなにうるさいなんて信じられないよ」から，男性が騒音でいら立っていることがわかる。選択肢では 4 The neighbors are making too much noise. である。

No. 5

《正解》 **4** She has never tasted it.

《放送文》
- ☆ There's something wrong with this milk. It looks a bit yellow, and smells different.
- ★ That's because it's soy milk, not cow's milk! It's made of soybeans, like tofu. Have you never tried it before?
- ☆ No, this is the first time I've seen it. Is it any good?
- ★ Try some and see for yourself! I bought it just yesterday.

Question: What does the woman say about the soy milk?

《訳》
- ☆ この牛乳，何かおかしいわ。ちょっと黄色く見えるし，においが違う。
- ★ それは豆乳で，牛乳じゃないからだよ！　豆腐みたいに大豆からできているんだ。今まで飲んだことないの？
- ☆ ううん，初めて見たわ。おいしい？
- ★ 自分で試してみなよ！　昨日買ったばかりだよ。

質問　女性は豆乳について何を言っていますか。
1　牛のミルクからできている。　2　良い匂いがする。
3　味が好きではない。　　　　　**4　味わってみたことがない。**

《解説》女性が There's something wrong with this milk.「この牛乳，何かおかしい」と言うのに対して，男性が That's because it's soy milk, ... Have you never tried it before?「それは豆乳だからだよ，…今まで飲んだことないの？」と聞いている。女性は No, this is the first time I've seen it.「いいえ，見たのはこれが最初」と答えている。質問は「女性は豆乳について何を言っているか」なので，女性の最初と2番目の発言内容と一致するものを選択肢から選ぼう。1は男性が言っていること。2，3は内容と一致しない。選択肢の4が女性の2番目の発話の内容と一致する。

No. 6
1 He can't pick Jenny up from school.
2 He will wait while Jenny practices the piano.
3 He promised Jenny ice cream after school.
4 He didn't tell his office he's leaving early.

No. 7
1 Move to a small island.
2 Go on holiday to a beach.
3 Stay at home and read books.
4 Buy some warm blankets.

No. 8
1 She doesn't have any medicine.
2 She may have caught a cold.
3 She couldn't help the sick man.
4 She had a high temperature.

No. 9
1 They don't make enough food.
2 The owners are always in trouble.
3 It's not the man's taste.
4 She really recommends it.

No. 10
1 She lives far away from Jerry.
2 She can't decide where to meet him.
3 She doesn't know when she can leave work.
4 She always keeps Jerry waiting.

No. 6

《正解》 3 He promised Jenny ice cream after school.

《放送文》
☆ Honey, don't forget you have to pick Jenny up from school today.
★ I haven't forgotten! I've already told the office I'm leaving early.
☆ And remember, Jenny has piano practice at 3 p.m. today, not 5 p.m. as usual.
★ Oh no, I promised I'd take her out to eat ice cream after school ends at 2:30.

Question: What is one thing the man says?

《訳》
☆ あなた，今日はジェニーを学校へ迎えに行くのを忘れないでね。
★ 忘れていないよ！もう事務所には早く出ると伝えてあるよ。
☆ そして覚えていてね，ジェニーのピアノの練習はいつもの午後5時からではなくて，3時からだから。
★ 大変，学校が2時30分に終わった後，アイスクリームを食べに連れて行くと彼女に約束しちゃった。

質問　男の人が言っていることの一つは何ですか。
1　ジェニーを学校に迎えに行けない。
2　ジェニーがピアノの練習をする間待っている。
3　学校が終わった後，ジェニーにアイスクリームを食べさせると約束した。
4　事務所に早く出ると伝えなかった。

《解説》 最初の女性の発話から夫婦の会話とわかる。質問は男性（夫）の発話の内容を選択肢と照合するタイプだ（「マル得!」参照）。選択肢の1と4は夫の1番目の発話 I haven't forgotten! I've already told the office I'm leaving early. と逆なので不適。2番目の発話 I promised I'd take her out to eat ice cream ...「アイスクリームを食べに連れて行くと彼女に約束した」から，3 He promised Jenny ice cream after school. が一致する。2については述べられていない。

No. 7

《正解》 2 Go on holiday to a beach.

《放送文》
☆ The winter holidays start in a couple of weeks. Let's go somewhere warm to get away from this weather.
★ That's a great idea. I just want to relax and not do anything.
☆ Sitting by the ocean with a good book sounds ideal to me.
★ We'll find a tropical beach resort, then.

Question: What do the man and woman decide to do?

《訳》
☆ 冬休みがあと何週かで始まるわね。どこか暖かいところに行ってこの天気を逃れましょうよ。
★ それはいい考えだね。くつろぐだけにして何もしたくないよ。
☆ 海辺に座っていい本を読むのが私にとって理想的だわ。
★ じゃあ，熱帯のビーチリゾートを探そう。

質問　男性と女性は何をすることに決めますか。
1　小さな島に引っ越す。　　**2　ビーチに旅行する。**
3　家にいて本を読む。　　　4　暖かい毛布を買う。

《解説》冬休み (winter holidays) が近いのでどこかへ行こうと相談している会話である。(女性) Let's go somewhere warm … 「どこか暖かいところに行きましょうよ」→ (男性) That's a great idea. 「それはいい考えだね」→ (女性) Sitting by the ocean … sounds ideal to me. 「海辺に座って…が私にとって理想的だわ」→ (男性) We'll find a …, then. 「じゃあ、…を探そう」という会話の流れをとらえよう。最後の男性の発話にある a tropical beach resort「熱帯のビーチリゾート」が質問の答えになる。選択肢 2 Go on holiday to a beach. がこれに一致する。

No. 8

《正解》**2 She may have caught a cold.**

《放送文》
★ What's wrong, Janet? You look worried.
☆ The man next to me on the bus was coughing and sneezing, and I feel like I caught a cold from him.
★ That's horrible. I noticed a lot of people on the train seemed sick too. Did you take your temperature?
☆ No. But my body feels very hot and my head hurts.
Question: Why is Janet worried?

《訳》
★ ジャネット、どうしたの？ 心配しているように見えるよ。
☆ バスで隣の男の人が咳とくしゃみをしていて、彼の風邪がうつった気がするの。
★ それはひどい。電車の中でもたくさんの人が具合が悪いように見えたよ。体温を測ってみた？
☆ ううん。でも体がとても熱く、頭が痛いの。
質問 なぜジャネットは心配しているのですか。
1 彼女は薬を持っていないから。
2 彼女は風邪を引いたかもしれないから。
3 彼女は具合が悪い男性を助けられなかったから。
4 彼女は高熱があったから。

《解説》男性の最初の発話 What's wrong, Janet? You look worried. からジャネットが心配そうにしていることがわかる。こういう会話では次の発話がポイントになる。ジャネットは …, and I feel like I caught a cold from him. 「…、それで彼から風邪がうつったように思う」と言っている。質問は「なぜジャネットは心配しているか」だから、この内容を答えればよい。選択肢では 2 She may have caught a cold. が一致する。catch a cold from A で「A から風邪がうつる [風邪をうつされる]」の意味。

No. 9

《正解》**4 She really recommends it.**

《放送文》
★ Have you tried the new curry truck in front of our office building?
☆ Yes. It's excellent, but you have to get there before noon because it sells out quickly.
★ I don't know. I like to eat my lunch later.
☆ Just try it once. You won't be disappointed.
Question: What does the woman say about the curry truck?

《訳》 ★ 僕たちのオフィスビルの前に来る新しいカレートラック，試してみた？
☆ ええ。素晴らしいわ，でも，すぐ売り切れちゃうから昼前に行かなきゃいけないわよ。
★ それはどうかな。僕は遅い時間にお昼を食べるのが好きなんだけど。
☆ 一度だけ試してみたら。がっかりはしないから。
質問　女性はカレートラックについて何を言っていますか。
1　彼らは十分な量の食べ物を作らない。
2　オーナーはいつも何らかのトラブルにあっている。
3　それは男性の好みではない。
4　それを強く勧める。

《解説》男性の Have you tried …?「…を試してみた？」という問いかけで「カレートラック」についての会話が始まる。女性は，It's excellent, …「素晴らしいわ…」と言い，男性のあいまいな返事に対しては，Just try it once. You won't be disappointed.「一度だけ試してみたら。がっかりはしないから」と言っている。質問は「女性はカレートラックについて何を言っていますか」なので，これらの発言に一致するものを選ぶ。選択肢では，4 She really recommends it. が適切。

No. 10
《正解》 **3 She doesn't know when she will finish work.**

《放送文》
★ Can you go out for dinner tonight, Joan?
☆ I'd love to, but I'm not sure when I will be able to get off work. I don't want to keep you waiting, Jerry.
★ It's OK, I don't mind. I'll wait at a café near your office and you can call me when you're finished.
☆ Got it. I'll be looking forward to it.

Question: What is Joan's problem?

《訳》
★ 今夜，夕食に出られるかい，ジョーン？
☆ そうしたいわ。でもいつ退社できるかわからないの。あなたを待たせたくないわ，ジェリー。
★ 大丈夫だよ，僕はかまわないよ。事務所の近くのカフェで待っているから，終わったら電話をくれればいいよ。
☆ わかったわ。楽しみにしているわ。
質問　ジョーンの問題は何ですか。
1　ジェリーから離れたところに住んでいる。
2　どこで彼と会うか決められない。
3　いつ退社できるかわからない。
4　いつもジェリーを待たせる。

《解説》ジェリーの Can you go out for dinner …?「夕食に出られる？」という誘いに対して，ジョーンは I'm not sure when I will be able to get off work「（そうしたいのだが）いつ仕事が終わるかわからない」と答えている。質問の「ジョーンの問題 (problem)」はこのことを指している。get off work は「仕事を終える，退社する」の意味。選択肢では，3 She doesn't know when she can leave work. が一致する。leave work も同じ意味だ。

No. 11
1. She listened to Joe.
2. She asked a lot of questions.
3. She took a walk with him.
4. She broke Rebecca and Joe up.

No. 12
1. Join her on her business trip.
2. Move her dog to his house.
3. Look after her dog.
4. Take her to the hospital.

No. 13
1. He has a son who has a child.
2. He had children when he was young.
3. He has never posted photos of his family online.
4. He is too young to be a grandfather.

No. 14
1. By giving her his notes for Professor Jenkins' class.
2. By introducing her to his parents.
3. By buying her new books.
4. By giving her his old world history books.

No. 11

《正解》 1 **She listened to Joe.**

《放送文》
- ★ Thanks for being such a great listener last night, Katie. I can't believe Rebecca broke up with me!
- ☆ You're welcome. Do you feel better, Joe?
- ★ Yes, but I'm still upset. I have so many questions I want to ask her.
- ☆ Anytime you want to talk about it again, just call me. I'll always support you.

Question: What did Katie do for Joe?

《訳》
- ★ 昨夜はいろいろよく聞いてくれてありがとう，ケイティ。レベッカが僕と別れるなんて信じられない！
- ☆ どういたしまして。気分は良くなった，ジョー？
- ★ うん，でもまだ動揺している。彼女に聞きたいことがたくさんあって。
- ☆ また話したくなったらいつでも電話してくれていいわよ。私はいつでもあなたを支えるから。

質問　ケイティはジョーのために何をしましたか。
1　彼女はジョーの話を聞いた。
2　彼女は質問をたくさんした。
3　彼女はジョーと一緒に散歩した。
4　彼女はレベッカとジョーを別れさせた。

《解説》 最初の男性の発話 Thanks for being such a great listener .., Katie.「立派な聞き手になってくれてありがとう，ケイティ」から，ケイティが話をよく聞いてくれたことがわかる。be a great listener「良い聞き手である」は「聞き上手である」ということ。したがって，質問の「ケイティは何をしたか」に対しては 1 She listened to Joe. が正解。

No. 12

《正解》 3 **Look after her dog.**

《放送文》
- ☆ Hi, Trevor. I'm sorry to call so late, but it's an emergency.
- ★ Sure, Hailey. What do you need?
- ☆ I was suddenly asked to go on a business trip tomorrow, and I'll be gone for a week. Can I ask you to take care of my dog?
- ★ Sure. Just leave me your house key and I can go into your place to feed and walk your dog.

Question: What is Trevor going to do for Hailey?

《訳》
- ☆ こんばんは，トレバー。こんなに遅くに電話して申し訳ないけれど，緊急なの。
- ★ 大丈夫だよ，ヘイリー。どうしたの？
- ☆ 急に明日から出張を頼まれて，1週間いないの。私の犬の世話をお願いしてもいい？
- ★ もちろんだよ。僕に家の鍵を預けてくれたら，君の家に入って犬のえさやりと散歩ができるよ。

質問　トレバーはヘイリーのために何をしますか。
1　一緒に出張に行く。　　2　彼女の犬を自分の家に移す。
3　彼女の犬の世話をする。　4　彼女を病院に連れて行く。

《解説》女性の最初の発話と続く男性の発話から，女性が緊急の頼みごとをしていることがわかる。2番目の女性の発話 Can I ask you to take care of my dog?「私の犬の世話をお願いしてもいい？」と，続く男性の発話 Sure. …「もちろんだよ。…」の会話の流れをしっかりとらえよう。質問の「トレバーはヘイリーのために何をしますか」の答えもこの中にある。会話では take care of … と言っているのを，選択肢では 3 Look after her dog. と言い換えられていることに注意しよう。

No. 13

《正解》**2　He had children when he was young.**

《放送文》
☆ Hi, Ryan. Congratulations on your baby!
★ What? I didn't have a baby, my daughter did! You must have seen the photo I posted online.
☆ Oh, I'm so embarrassed. I had no idea that you even had a child.
★ Yes, I had two children in my early twenties, and now I'm a grandfather in my forties!

Question: What is one thing the man says?

《訳》
☆ ライアン，こんにちは。赤ちゃんの誕生おめでとう！
★ え？ 僕に赤ちゃんは生まれてないよ，娘だよ！ 僕がインターネットに載せた写真を見たのでしょう。
☆ あら，恥ずかしいわ。お子さんがいることすら知らなかったんだもの。
★ そう，20代初めに子供が2人生まれて，今40代でおじいさんなのさ！

質問　男性が言っていることの一つは何ですか。
1　子供のいる息子がいる。
2　若いときに子供ができた。
3　彼は家族の写真をインターネットに載せたことがない。
4　おじいさんになるには若すぎる。

《解説》Hi, Ryan. Congratulations on your baby!「ライアン，赤ちゃんが生まれておめでとう！」と言われ，ライアンがそれは勘違いと言って自分のことを説明している。この問題も質問が「選択肢照合タイプ」（「マル得」参照）なので，ライアンの発言内容を正確にとらえているかが問われる。選択肢 2 He had children when he was young. が，ライアンの2番目の発言 I had two children in my early twenties「20代初めに子供が2人生まれた」と合うので，これが正解。

No. 14

《正解》**4　By giving her his old world history books.**

《放送文》
☆ Henry, you took world history in your first year at university, right? Was it Professor Jenkins?
★ Yes, I took her class. She makes you read so much before every single class!
☆ Yes, I've heard. I was wondering if I could borrow some of your old books for her class. They're so expensive.
★ Sure! Some of them might be at my parents' so you'll have to wait until I go back home.

Question: How will Henry help the girl?

《訳》
☆ ヘンリー，あなたは大学1年生のときに世界史を取ったわよね？ ジェンキンズ先生だった？
★ うん，彼女の授業を取ったよ。授業の前に毎回必ずたくさん読まされるんだよ！
☆ そう，聞いたわ。それで，彼女の授業に使った本を貸してもらえないかしら。それらの本はとても高くて。
★ もちろん！ 何冊かは実家にあるかもしれないので，僕が帰省するまで待ってもらわなければならないけど。

質問　ヘンリーは女の子をどのように助けますか。
1　ジェンキンズ先生の授業のメモをあげる。
2　彼の両親に紹介してあげる。
3　新しい本を彼女に買ってあげる。
4　彼の古い世界史の本をあげる。

《解説》最初の女性の発話 Henry, you took world history in your first year at university, right?「ヘンリー，あなたは大学1年生のときに世界史を取ったわよね？」から，大学の友達同士の会話とわかる。2番目の発話 I was wondering if I could borrow some of your old books for her class. 「彼女の授業に使った本を貸してもらえないかしら」からは，ヘンリーに頼みごとをしていることがわかる。I was wondering if I could ... は非常にていねいな依頼の表現。ヘンリーは Sure! と言っているので，これが質問「ヘンリーは女の子をどのように助けますか」の答えとなる。選択肢では 4 By giving her his old world history books. が適切。

② 学校・職場・店頭などでの会話

練習問題

No. 1 (CD 17)
1. Prepare for a test.
2. Make a presentation.
3. Write a summary.
4. Get more homework done.

No. 2 (CD 18)
1. He is busy with basketball.
2. He dislikes the art teacher.
3. He is not good at drawing.
4. He already took classes last year.

No. 3 (CD 19)
1. Send a report to a client.
2. Listen to him more carefully.
3. Write down his instructions.
4. Get him a coffee.

No. 4 (CD 20)
1. The meeting has too many participants.
2. The client will give a presentation.
3. She will give the client a present.
4. They shouldn't serve coffee to the client.

No. 5 (CD 21)
1. Which university the woman graduated from.
2. Why he would like to attend her university.
3. How to save the environment.
4. What his hobbies are.

No. 1

《正解》 3 Write a summary.

《放送文》
★ This week, you learned about how the sun affects plant growth. For homework, please write a summary of what you have learned.
☆ How long does it have to be, Mr. Davis?
★ It should be three pages long, and be divided into five sections. And it's due tomorrow.
☆ We had to give a presentation just last week! You've been giving us so much work lately!

Question: What does Mr. Davis want his students to do?

《訳》
★ 今週，太陽がどのように植物の成長に影響するかについて学びました。宿題として，学んだ内容のサマリーを書いてください。
☆ どれくらいの長さにしなければならないですか，デイビス先生？
★ 3ページで，5つのセクションに分けるようにしてください。そして，明日が締め切りです。
☆ 先週は口頭発表をしなければなりませんでした！ 最近すごくたくさん課題を出していますね。

質問 デイビス先生は生徒に何をするよう求めていますか。
1 テストの準備をする。　　2 口頭発表をする。
3 サマリーを書く。　　　4 もっとたくさんの宿題をする。

《解説》 最初の発話 … For homework, please write … 「宿題として，…を書いてください」から，先生が生徒に宿題の説明をしていることがわかる。宿題の内容は write a summary of what you have learned「学んだことのサマリーを書く」こと。質問は「生徒に何を求めていますか」なので，これが答えになる。選択肢の 3 Write a summary. が一致する。2 番目の先生の発話にある it's due … は「(それは) …が締め切り[期限]である」の意味。

No. 2

《正解》 1 He is busy with basketball.

《放送文》
☆ Ted, I've noticed you like to draw. Have you ever thought of taking an art class?
★ I'd love to, but I'm already on the basketball team and that takes up most of my time after school.
☆ Well, I hope you at least draw in your private time.
★ Oh, of course! I've been doing that for years. It relaxes me.

Question: Why doesn't the boy take any art classes?

《訳》
☆ テッド，あなたは絵を描くのが好きなんだと気づいたわ。美術のクラスを取ろうと思ったことはある？
★ ぜひ取りたいのですが，もうすでにバスケットボール部に所属しているので，放課後の大半の時間が取られてしまうのです。
☆ 少なくても私生活では絵を描いているといいけれど。
★ はい，もちろん！ もう何年間もしています。癒やされるのです。

質問 男の子はなぜ美術の授業を受けていないのですか。
1 バスケットボールで忙しいから。　2 美術の先生が嫌いだから。
3 絵を描くのが下手だから。　　　　4 去年すでに授業を受けたから。

《解説》男の子の最初の発話 … I'm already on the basketball team and that takes up most of my time after school. 「もうすでにバスケットボール部に所属しているので，放課後の大半の時間が取られてしまうのです」の聞き取りがポイント。その内容から選択肢 1 He is busy with basketball. が適切とわかる。2, 3, 4 については話されていない。

No. 3 《正解》**2　Listen to him more carefully.**
《放送文》★ Darcy, is the report that I asked you to make two copies of ready?
☆ Yes, I sent them to the client this afternoon.
★ I asked you to show it to me before sending it to them! Please pay more attention next time.
☆ I'm sorry. I'll make sure to write down your instructions.
Question: What does the man say Darcy should do?
《訳》★ ダーシー，コピーを 2 部作ってもらうようにお願いしたレポートの準備はできた？
☆ はい，今日の午後にクライアントに送りました。
★ 送る前に私に見せるようにお願いしたじゃないですか！　次はもっと注意してください。
☆ 申し訳ありません。これからは指示を書き留めるようにします。
質問　男性はダーシーがどうするように言っていますか。
1　クライアントにレポートを送る。
2　彼の言うことをもっと注意して聞く。
3　彼の指示を書き留める。
4　彼のためにコーヒーを取ってくる。
《解説》Darcy, is … ready?「ダーシー，…は準備できた？」と尋ねたら，Yes, I sent them … this afternoon.「はい，今日の午後…を送りました」という返事。上司は部下に対して，I asked you to show …! Please pay more attention next time.「私は…見せるようにお願いしました。次はもっと注意してください」と言っている。選択肢では，2 Listen to him more carefully. が一致する。3 Write down his instructions. は部下が自主的に言ったことで，上司の指示ではないから不適。

No. 4 《正解》**4　They shouldn't serve coffee to the client.**
《放送文》☆ We're meeting with an important new client tomorrow, and I want you to make sure everything goes smoothly.
★ I've made sure the heads of all teams can attend the meeting. They will all give presentations.
☆ Thank you. The client's secretary said that he doesn't drink coffee, so make sure not to serve him any.
★ I understand. I will prepare tea instead.
Question: What is one thing the woman says?

《訳》 ☆ 明日は重要な新しいクライアントと会うので，すべてがうまくいくように確認してください。
★ すべてのチームの責任者がミーティングに参加できることを確認しました。全員プレゼンテーションをします。
☆ ありがとう。クライアントの秘書が彼はコーヒーを飲まないと言っていますから，出さないようにしてください。
★ わかりました。代わりに紅茶を用意します。
質問 女性が言っていることの一つは何ですか。
1 ミーティングは参加者が多すぎる。
2 クライアントはプレゼンテーションをするだろう。
3 彼女はクライアントにプレゼントをあげる。
4 クライアントにコーヒーを出してはいけない。

《解説》最初の女性の発話から職場での会話とわかる。上司である女性が男性の部下に I want you to make sure ....「…を確認してください」と指示している場面である。こういう会話では，指示された事柄を正しく聞き取っているかが問われることが多い。ここでも「女性が言っていることの一つは何ですか」が質問である。選択肢 4 They shouldn't serve coffee to the client. が，女性の 2 番目の発言 The client's secretary said that he doesn't drink coffee「クライアントの秘書が彼はコーヒーを飲まないと言っています」と一致する。

No. 5

《正解》**2 Why he would like to attend her university.**

《放送文》
☆ Tell me why you would like to attend this university, David.
★ It's been my dream since I was a child. This school has the best science program in the country.
☆ What area of science interests you the most?
★ I'd like to study marine biology. I want to be involved in protecting the ocean.
Question: What is David discussing with the woman?

《訳》
☆ なぜこの大学に通いたいのかを説明してください，デイビッド。
★ 子供の頃からの夢だったのです。国内で最も良い科学課程がこの学校にあります。
☆ 科学のどの分野に最も興味があるのですか。
★ 僕は海洋生物学を勉強したいです。海を守ることに関わりたいのです。
質問 デイビッドは女性と何を話し合っていますか。
1 女性がどの大学を卒業したか。　　**2 なぜ女性の大学に通いたいか。**
3 どのように環境を救えるか。　　　4 彼の趣味は何か。

《解説》最初の女性の発話 Tell me why you would like to attend this university, David.「なぜこの大学に通いたいのかを説明してください，デイビッド」から，大学の面接官と受験生（デイビッド）の会話とわかる。デイビッドは It's been my dream since I was a child.「子供の頃からの夢だったのです」と言い，さらにその理由を述べている。よって，質問の「デイビッドは女性と何を話し合っていますか」は，当然，2 Why he would like to attend her university.「なぜ女性の大学に通いたいか」である。

No. 6
1. He worked for a company that is now closed.
2. He was not happy working in sales.
3. He does not have any management experience.
4. He wants to work for a larger company.

No. 7
1. It is very small.
2. It is easy to park.
3. It is a strong car.
4. It only has one color.

No. 8
1. She wants to make a reservation.
2. She wants her money back.
3. She wants her hair to be longer.
4. She does not like her haircut.

No. 9
1. Offer the man a different-colored shirt.
2. Find pants and a shirt for the man.
3. Say they are out of size large pants.
4. Show the man the coats.

No. 10
1. The restaurant cannot take responsibility for her phone.
2. There are no outlets in the restaurant.
3. The electronics store next door has better chargers.
4. Customers are not allowed to go behind the counter.

No. 6 《正解》 4 He wants to work for a large company.

《放送文》
☆ Dennis, I see from your application that you have experience in managing people.
★ Yes, I led the sales department at my former company. I enjoyed it quite a bit.
☆ What made you leave that job, then?
★ It was a very small company, and I wanted the experience of working for a larger place.

Question: What is one thing Dennis says?

《訳》
☆ デニス，あなたの応募書類を見ると人を管理した経験があるようですね。
★ はい，前職では営業部を統括しました。とても好きな仕事でした。
☆ では，なぜその仕事を離れたのですか。
★ とても小さい会社であり，より大きいところで働く経験が欲しかったのです。

質問　デニスが言っていることの一つは何ですか。
1　今はなくなってしまった会社で働いていた。
2　営業の仕事に満足していなかった。
3　マネージメントの経験がまったくない。
4　より大きい会社で働きたい。

《解説》最初の女性の発話 Dennis, I see from your application that ....「デニス，あなたの応募書類を見ると…」から，面接官と求職者 (デニス) との会話であることわかる。このような会話では，求職者の「経歴」や「志望動機」などが話されるので，これらを正確に聞き取ることが求められる。質問も発言内容と選択肢を照合するタイプ (「マル得！」参照) である。選択肢を見ると 1，2，3 はいずれも発言内容と一致しない。選択肢 4 He wants to work for a larger company. がデニスの 2 番目の発言 ... and I wanted the experience for working for a larger place.「より大きいところで働く経験が欲しかったのです」と一致する。

No. 7 《正解》 1 It is very small.

《放送文》
★ This is the latest model in our popular line of cars for young people.
☆ I really like the range of colors, but it seems almost too small.
★ Don't worry, it's a very strong car. Because of the size it's also easy to park, and requires less gas.
☆ I see. Can I take it for a test drive?

Question: What does the woman say about the car?

《訳》
★ これは若い人向けの人気の車種の最新モデルです。
☆ 色の種類がすごく好きだけれど，少し小さすぎるようだわ。
★ ご心配なく，とても頑丈な車です。このサイズのため駐車しやすいですし，ガソリンも少ししか必要としません。
☆ わかりました。試しに運転してもいいですか。

質問　女性は車について何を言っていますか。
1　とても小さい。　　2　駐車しやすい。
3　頑丈な車である。　4　1色しかない。

《解説》 最初の This is the latest model in our popular line of cars ... 「これは…人気の車種の最新モデルです」から，車の販売員と客の会話とわかる。line of A は「A（商品）のシリーズ」という意味。女性の客は，... like the range of colors, but it seems almost too small「色の種類は好きだが，少し小さすぎるようだ」と感想を述べている。almost は「もう少しで，ほとんど」の意味で，almost too small は「少し小さすぎる」。質問は女性客が「その車について何と言っているか」なので，この感想と一致するもの選ぶ。選択肢では，1 It is very small. がその意味に近い。

No. 8
《正解》 **4 She does not like her haircut.**
《放送文》 ★ Fred's Beauty Salon. How may I help you?
☆ Hi, my name is Cheryl. I had a haircut yesterday at your place, but I'm not too happy with the result.
★ I'm sorry to hear that. How does it not meet your expectations?
☆ I wanted my hair to be all the same length, but some sections are clearly longer than others.
Question: What do we learn about Cheryl?

《訳》 ★ フレッズ・ビューティー・サロンです。ご用件をどうぞ。
☆ こんにちは，私の名前はシェリルです。昨日そちらでカットをしてもらったのですが，結果に不満があります。
★ それは申し訳ございません。どのようにご期待に沿わなかったのでしょう？
☆ 髪の毛を全部同じ長さにしたかったのですが，どう見ても他より長いところが何か所かあります。
質問 シェリルについて何がわかりますか。
1 彼女は予約を入れたい。 2 彼女はお金を返してもらいたい。
3 彼女は髪の毛をもっと長くしたい。 **4 彼女はカットが気に入らない。**

《解説》 最初の発話から，ビューティー・サロンにかかってきた電話の会話とわかる。電話をかけてきたシェリルは，..., but I'm not too happy with the result.「(昨日のカットの) 結果が不満です」と言っている。店員が，How does it not meet your expectations?「どのように期待に沿わなかったか」と尋ねたのに対して，シェリルは I wanted my hair to be all the same length, but ....「髪の毛を全部同じ長さにしたかったのですが，…」と答えている。質問は「シェリルについて何がわかりますか」だが，「同じ長さにしたかった」という選択肢はないので，4 She does not like her haircut. を選ぶ。meet one's expectations は「～の期待に沿う」の意味。

No. 9
《正解》 **2 Find pants and a shirt for the man.**
《放送文》 ★ Excuse me, I would like to buy two pairs of these pants, but I can only find one in size large.
☆ There are some more pants next to the coats, so I'll go look.
★ I'd also like this shirt, but in blue instead of white.
☆ The blue ones are in the back room, so please give me a minute to find everything.
Question: What is the woman going to do?

《訳》 ★ すみません，このズボンを2本買いたいのですが，Lサイズが1本しか見つかりません。
☆ コートの隣にもっとズボンがありますので，確認してきます。
★ このシャツも欲しいのですが，白ではなく青が欲しいのです。
☆ 青は奥の部屋にあります。全部見つけますので，少しお時間をください。
質問 女性は何をしますか。
1 違う色のシャツを男性に勧める。
2 男性のためにズボンとシャツを見つける。
3 Lサイズのズボンは売り切れであると言う。
4 男性にコートを見せる。

《解説》 最初の男性の発話 Excuse me, I would like to buy …, but … 「すみません，…を買いたいのですが…」から，店頭での会話とわかる。客がさらに I'd also like …, but … 「…も欲しいが…」と言うので，店員が …, so please give me a minute to find … 「…を見つけるために少し時間をください」と言っている。これが質問の「女性は何をしますか」の答えとなる。選択肢では，2 Find pants and a shirt for the man. が一致する。

No. 10

《正解》 **1 The restaurant cannot take responsibility for her phone.**

《放送文》
☆ Is there anywhere in this restaurant where I can charge my phone?
★ I'm sorry, there are no outlets at the tables.
☆ How about behind the counter? It's important.
★ I apologize, but the restaurant cannot be responsible if something happens to your phone. There is an electronics store next door, though.

Question: Why can't the woman charge her phone at the restaurant?

《訳》
☆ このレストランのどこかに電話を充電できるところはありますか。
★ 申し訳ありませんが，テーブルにコンセントはありません。
☆ カウンターの後ろはどうですか。とても重要なんです。
★ 申し訳ありませんが，お客様の電話に何か起きた場合，レストランは責任を負えません。ですが，隣に電器店があります。
質問 なぜ女性はレストランで電話を充電できないのですか。
1 レストランは彼女の電話の責任を負えないから。
2 レストランにはコンセントがないから。
3 隣の電器店のほうが良い充電器を持っているから。
4 お客はカウンターの後ろに行ってはいけないから。

《解説》 Is there anywhere in this restaurant where I can charge my phone? 「このレストランのどこかに電話を充電できるところはありますか」と頼まれて，店員は I'm sorry, …. 「申し訳ありません，…」と断る。It's important. 「重要なんです」と食い下がられても，店員は I apologize, but … 「申し訳ありませんが，…」と言い続ける。この but の後が，質問の「なぜ充電できないのか」の答えになる。1 The restaurant cannot take responsibility for her phone. が正解。

No. 11
1. The woman introduced her to him.
2. They went on a skiing trip together.
3. She was his ski teacher.
4. They went to the same school.

No. 12
1. From a jewelry store.
2. From her mother's family.
3. From a secondhand store.
4. From her own design.

No. 13
1. He is hurt and needs help.
2. She purposely bumped into him.
3. He asked her why the train is crowded.
4. She stepped on his foot.

No. 14
1. Take a 20-minute train ride.
2. Go around the corner.
3. Go to the nearest post office on foot.
4. Get off the bus at the bus stop.

No. 11

《正解》 2 They went on a skiing trip together.

《放送文》
☆ This is a picture that was taken last summer with my family. This is my sister Caroline.
★ I had no idea you two were related! I actually met Caroline when I went skiing last year!
☆ I remember her talking about that! She said there was only one guy in the group she traveled with, and he was a terrible skier.
★ That's me. It was the first time I'd tried it.

Question: How does the man know Caroline?

《訳》
☆ この写真は去年の夏に家族と撮った写真よ。これが妹のキャロラインよ。
★ 2人が姉妹なのを知らなかった！ 僕は去年スキーに行ったときキャロラインと会ったよ！
☆ 彼女がその話をしていた覚えがあるわ！ 一緒に旅行したグループに男の子が1人だけいて，スキーが下手だった，と。
★ それが僕だよ。初めてスキーをしてみたのさ。
質問　男性はどのようにキャロラインを知っていますか。
1　女性が彼女を彼に紹介した。　　**2　一緒にスキー旅行に行った。**
3　彼のスキーの先生だった。　　　4　同じ学校に通った。

《解説》 女性が写真を見せて This is my sister Caroline.「これが妹のキャロラインよ」と言うと，男性はびっくり。I actually met Caroline when I went skiing last year!「僕は去年スキーに行ったときキャロラインと会ったよ！」と言う。これが質問の答えになる。選択肢の 2 They went on a skiing trip together. と一致する。

No. 12

《正解》 2 From her mother's family.

《放送文》
★ Excuse me, but would you mind telling me where you got your ring? I'd like to give a similar ring to my girlfriend when I propose to her.
☆ This ring was given to me by my mother, and she got it from her mother.
★ No wonder I haven't seen anything like it in stores!
☆ Go to a jewelry store and describe the design of this ring. They may be able to help you.

Question: Where did the woman get her ring?

《訳》
★ すみません，あなたの指輪をどこで手に入れたか教えていただけますか。僕の彼女にプロポーズするとき，似たような指輪をあげたくて。
☆ この指輪は私の母からもらったもので，母もその母からもらったんです。
★ どうりでお店でそれらしいものをまったく見ないのですね！
☆ 宝石屋さんに行ってこの指輪のデザインを説明するといいですよ。助けてもらえるかもしれません。
質問　女性は指輪をどこで手に入れましたか。
1　宝石屋から。　　　　　　　　**2　お母さんの家族から。**
3　中古品店から。　　　　　　　4　自分のデザイン。

《解説》会話の最初で，男性が would you mind telling me where you got your ring?「あなたの指輪をどこで手に入れたか教えていただけますか」と尋ね，それに対して，女性は ... given to me by my mother, and she got it from her mother.「(その指輪は)母から与えられたもので，母はその母からもらった」と答えている。質問の「女性は指輪をどこで手に入れましたか」では，この部分をきちんと聞き取っているかが問われる。選択肢では 2 From her mother's family. が適切。her mother's mother を her mother's family と言い換えていることに注意しよう。

No. 13

《正解》 **4 She stepped on his foot.**

《放送文》
★ Excuse me, but you're stepping on my foot.
☆ I'm sorry, I didn't notice. It's so crowded on this train. Did I hurt you?
★ A little, but it's all right. I know it wasn't on purpose.
☆ I'm sure a lot of people will get off at the next stop.
Question: Why is the woman talking to the man?

《訳》
★ すみませんが，あなたは私の足を踏んでいます。
☆ ごめんなさい，気づきませんでした。この電車，とても混んでいて。痛かったですか。
★ 少し，でも大丈夫です。わざとではなかったのですから。
☆ きっと次の駅で降りる人が多いはずです。
質問　男性はなぜ女性と話しているのですか。
1　彼はけがをしていて，助けが必要だから。
2　彼女はわざと彼にぶつかってきたから。
3　彼はなぜ電車が混んでいるか彼女に聞いたから。
4　彼女は彼の足を踏んだから。

《解説》最初の男性の発話 Excuse me, but you're stepping on my foot.「すみませんが，あなたは私の足を踏んでいます」と，続く女性の発話 I'm sorry, I didn't notice. It's so crowded on this train.「ごめんなさい，気づきませんでした。この電車，とても混んでいて」から，電車の中での乗客同士の会話とわかる。質問の「男性はなぜ女性と話しているのですか」は，男性の最初の言葉から理解できる。選択肢の 4 She stepped on his foot. が正解。

No. 14

《正解》 **3 Go to the nearest post office on foot.**

《放送文》
☆ Excuse me, can you tell me where the post office closest to here is?
★ Well, the one around the corner closed last year, so the nearest one is about 20 minutes' walk away.
☆ Is there a bus line to go there?
★ No, the bus stops are far from it.
Question: What does the man suggest to the woman?

《訳》
☆ すみません，ここから一番近い郵便局はどこにあるか教えていただけますか。
★ えーと，ここの角にあった郵便局は去年閉じてしまったので，一番近いのは徒歩20分くらいのところにあります。
☆ そこに行くバス路線はありますか。
★ いいえ，バス停はそこからは遠く離れているんです。
質問　男性は女性に何を提案していますか。
1　電車に20分乗ること。
2　角を曲がったところまで行くこと。
3　一番近くの郵便局まで歩くこと。
4　バス停でバスを降りること。

《解説》最初の女性の発話 Excuse me, can you tell me where …? から「道案内」の会話であることがわかる。それに答える男性の発話が，質問の「男性は女性に何を提案しますか」の内容になる。 …, so the nearest one is about 20 minutes' walk away「それで一番近いのは徒歩20分くらいのところにある」と言っている。選択肢では 3 Go to the nearest post office on foot. が一致する。

リスニング第2部 「英文の内容を聞き取る問題」

例題 1 英文を聞き，その質問に対して最も適切なものを 1, 2, 3, 4 の中から一つ選びなさい。

1 She moved to a city.
2 She started taking a train to work.
3 She started climbing mountains.
4 She got a job at a gym.

（放送文）
Charlotte grew up near the mountains, and has been climbing from a young age. Six months ago, she had to move to a large city for her new job, and has been missing climbing ever since. After searching for a while, she finally found a gym that has a rock climbing wall. She is planning to train this way for now.
Question: What did Charlotte do six months ago?

出題のポイント

リスニング第 2 部は英文とその英文についての質問を聞き，最も適切な答えを 4 つの選択肢の中から選ぶ問題である。英文と質問は 1 度しか放送されない。解答時間は 10 秒で，15 問出題される。

出題パターン

英文のトピックは大きく 3 つに分けられる。①人についての説明（経験や出来事）が 10 問程度，②動植物や文化的慣習に関することが 3～4 問，③空港や駅などでのアナウンス，パーティーなどでのスピーチ，天気予報・ニュースなどから 1 問が出題される。第 1 部と同じように，放送中に人名がある場合は，その名前が質問文に使われる。

人や事物についての説明では，最初の話題を提示する文の内容が質問されることが多い。なんとなく聞き始めてわかったところから理解しようとするのではなく，音声の最初に最も集中して聞く心構えが必要だ。

解き方のポイント

Step 1 ▶▶ 問題用紙の選択肢に目を通し，何が質問されるかを予想する。

Step 2 ▶▶ 人についての説明では，特定の行動に注意して聞く。「時」を表す表現にも注意する。

Step 3 ▶▶ 質問文をしっかり聞く。特に文頭の疑問詞に注意する。

Step 4 ▶▶ 適切な選択肢を選ぶ。

《例題解説》

　選択肢を見ると，まず主語が全部 She である。また，動詞はすべて過去形だ。ここから，女性が「何をしたか」を問う問題と考えられる。

　まず最初の1文に集中しよう。Charlotte grew up near the mountains,「シャーロットは山の近くで育った」と言っている。あとは，シャーロットが何をしたかを順に追いかけていく。grew up …「…で育った」→ has been climbing from a young age「幼い頃から登山をしている」→ Six months ago, she had to move to …「6か月前…へ引っ越さなければならなかった」→ After searching …, she finally found …「探した後，彼女はついに…を見つけた」という流れを確認しよう。質問文は「6か月前に何をしましたか」なので，1 She moved to a city. が正解。

　このように人物の説明では，その人が何をしたかが問題になることが多い。そのとき，合わせて，時を表す表現（ここでは，Six months ago や After searching）に注意して聞き取るようにすると解答しやすくなる。

正解　**1　She moved to a city.**

《訳》シャーロットは山の近くに育ち，幼い頃から山に登っている。6か月前，彼女は新しい仕事のために大きな都市に引っ越さなければならなかった。それ以来，山登りを恋しく思っている。しばらく探した後，彼女はついにロッククライミング・ウォールがあるジムを見つけた。彼女は今のところ，この方法でトレーニングするつもりである。

質問　シャーロットは6か月前に何をしましたか。
1　都市に引っ越した。　　　2　電車通勤し始めた。
3　山登りを始めた。　　　　4　ジムで仕事を見つけた。

例題 2

英文を聞き，その質問に対して最も適切なものを 1，2，3，4 の中から一つ選びなさい。

1　The cherry blossoms have already bloomed.
2　The lake is currently closed.
3　Visitors should head to the east exit.
4　The park will close in one hour.

（放送文）

Good afternoon, visitors. We hope you enjoyed the flowers at our park today. It is now 4:30 p.m., the park will close in 30 minutes. We ask each visitor to start making their way to the east exit. It is in the direction of the lake. The cherry blossoms will begin blooming next week so please come again.
Question: What is one thing the woman says?

出題パターン

選択肢から見た本文の特徴

リスニング第 2 部は，人の説明，事物の説明，アナウンス問題があることは 178 ページで述べた。選択肢を見た段階で，これらの区別がつく場合もある。

- 主語が She /He　→ 問題文は人物の説明が多い。まれに，アナウンス問題で話し手のことについて聞く場合がある。
- 主語が It　　　　→ 問題文は事物の説明がほとんど。
- 主語が They　　→ 問題文は人物か事物のいずれか。

アナウンス問題も選択肢の内容から判別できることが多い。終了［閉館］時間や，天候，交通状況などに関係する語句がある場合には，アナウンス問題を想定して放送を聞こう。

質問文の特徴

質問文についても，第 1 部とほぼ同様の傾向が見られる。最近 5 年分の質問文を見ると What ～？が 72 ％，Why ～？が 19 ％，How ～？が 8 ％，When ～？が 1 ％である。ほとんどの問題が What，Why で始まることがわかる。場所や，数量を聞く比較的単純な問題は出題されない。第 2 部では，誰かが「何を」，「なぜ」，それを「どのように」やったのかが問われると考えよう。「選択肢照合タイプ」の問題も多い。

また，選択肢は「文」の形が圧倒的に多いが，動詞や前置詞で始まる「句」の場合は，質問文が推測できる。以下は過去の出題例である。

動詞の原形で始まる　　　　　→ 質問文は What ～?（行為を問う）
〈To ＋動詞の原形〉で始まる　→ 質問文は Why ～?（理由を問う）
〈By ＋ ing 形〉で始まる　　　→ 質問文は How ～?（方法を問う）

《例題解説》

選択肢の文の主語はさまざまである。The cherry blossoms, The lake, Visitors, The park などの語句が並ぶことから，花や湖のある公園の話題ではないかと予想される。また，3 や 4 の内容から公園のアナウンスである可能性も高い。

放送文を聞くと，Good afternoon, visitors.「来園者のみなさま，こんにちは」で始まる。やはり，公園などでのアナウンスだ。アナウンスでは何か具体的な「指示」があるので，それを聞き取るのがポイントになる。ここでは the park will close in 30 minutes「公園はあと 30 分で閉まります」と start making their way to the east exit「東出口に向かって歩き始める」が聞き取れると正解を導くことができる。選択肢では 3 Visitors should head to the east exit. である。1，4 は内容と異なる。2 は述べられていない。

正解　3　Visitors should head to the east exit.

《訳》　来園者のみなさま，こんにちは。本日は公園のお花を楽しんでいただけたでしょうか。現在午後 4 時 30 分でして，公園はあと 30 分で閉まります。すべての来園者に東出口に向かって歩き始めることをお願いします。湖の方面にあります。来週桜が咲き始めるのでまたぜひお越しください。

質問　女性が言っていることの一つは何ですか。
1　桜はすでに咲いてしまった。　　　2　湖は現在閉鎖されている。
3　来園者は東出口に向かうべきである。　4　公園はあと 1 時間で閉まる。

① 「人」に関する問題

練習問題

No. 1
1. Dried fruit and nuts.
2. Spicy food.
3. Chocolates and doughnuts.
4. Curry and spaghetti.

No. 2
1. She had specific requirements.
2. She needed it by the next day.
3. It was summer so jackets were out of season.
4. She couldn't find her favorite brand.

No. 3
1. She held a birthday party.
2. She made posters for her neighbor's missing dog.
3. She bought a new dog.
4. She drew a painting of her neighbor's dog.

No. 4
1. Arranging parties for famous people.
2. Teaching university students.
3. Working as a film director.
4. Talking about movies with the director.

No. 5
1. She likes playing with people of different ages.
2. She enjoys playing by herself.
3. Her grandparents live nearby.
4. Her school does not have a basketball team.

No. 1 《正解》 **3 Chocolates and doughnuts.**

《放送文》 Gregory loves sweet things. At school, in the afternoon, he would eat chocolates and doughnuts for a snack. Lately, though, he has become concerned about his health. Therefore, he switched to healthy snacks, such as dried fruit and nuts. Although he finds them unexciting to eat, he hopes he can get used to the taste.

Question: What did Gregory used to eat for snacks before he switched?

《訳》 グレゴリーは甘いものが大好きである。学校では，午後，おやつにチョコレートやドーナツをよく食べていた。しかし，最近，健康のことが心配になってきた。それで，ドライフルーツやナッツなど，健康的なおやつに切り替えた。食べていてつまらないと思うが，味に慣れることを期待している。
質問　グレゴリーはおやつを切り替える前はどんなものを食べていましたか。
1　ドライフルーツとナッツ。
2　辛い食べ物。
3　チョコレートとドーナツ。
4　カレーとスパゲティ。

《解説》 最初の文で，グレゴリーの「甘いもの好き」について語られることがわかる。この後，それがどう変わるかに注意して聞こう。… would eat …「…をよく食べていた」（このwouldは「よく…したものだ」の意味）→ Lately, though …「最近，しかし」→ Therefore, he switched to …「それゆえに…に切り替えた」などを聞き取れただろうか。質問は before he switched と切り替える前に食べていたものを聞いている。used to eat は would eat と同じ意味。したがって 3 Chocolates and doughnuts. が正解。

No. 2 《正解》 **1 She had specific requirements.**

《放送文》 During the winter holidays, Samantha is planning to go skiing. She went to the store to find the perfect ski jacket. She had very specific requirements. The jacket had to be very warm, but light. It had to be in a bright color so she would stand out when she skis. After trying five stores, she finally found what she was looking for.

Question: Why did Samantha have to go to five different stores?

《訳》 サマンサは冬休みの間スキーに行く予定である。彼女はちょうどよいスキージャケットを手に入れるために店に行った。彼女には非常に細かい条件があった。ジャケットはとても暖かく，かつ軽くなければならなかった。スキーをするときに目立つよう，明るい色でなければならなかった。5つの店に行ってみて，彼女はやっと探しているものを見つけた。
質問　なぜサマンサは5つの店に行かなければならなかったのですか。
1　特定の条件を満たさなければならなかったから。
2　次の日までにそれが必要だったから。
3　夏であり，ジャケットは季節外れであったから。
4　一番好きなブランドが見つからなかったから。

《解説》 最初の文 ... Samantha is planning to go skiing「サマンサはスキーに行く予定である」から，サマンサのスキーの計画・準備などが語られることがわかる。went to ...「…へ行った」→ specific requirements「特定の［細かい］条件」→ After trying five stores, she finally found ...「5つの店に行ってみて，彼女はやっと…を見つけた」が押さえたいキーフレーズである。質問の「なぜ5つの店に行かなければならなかったか」について，その理由を直接は述べていないが，1 She had specific requirements. であることは明らかだ。

No. 3

《正解》 **2** She made posters for her neighbor's missing dog.

《放送文》 When her neighbor's dog went missing, Laura decided to help. She asked her neighbors to meet on Saturday morning at her house. There, they made posters with the dog's name and photo, and her neighbor's phone number. Then, they put up the posters all over town. After a week, the dog was found and returned to the owner.

Question: What is one thing Laura did for her neighbor?

《訳》 隣人の犬が行方不明になったとき，ローラは手伝おうと決意した。彼女は近所の人に土曜の朝，彼女の家に集まるようにお願いした。そこで，彼らは犬の名前と写真を載せたポスターを作り，隣人の電話番号も載せた。そのポスターを街中に貼った。1週間たち，犬は見つかり，飼い主の元に戻ってきた。
質問 ローラが隣人のためにしてあげたことの一つは何ですか。
1　誕生日パーティーを開催した。
2　隣人の行方不明の犬のためにポスターを作った。
3　新しい犬を買った。
4　隣人の犬の絵を描いた。

《解説》 冒頭の When ..., Laura decided to help.「…のとき，ローラは手伝おうと決意した」から，後にはローラがしたことが続くと考える。She asked ... → There, they made posters ... → Then, they put up the posters ...（put up A「Aを貼る」）→ After a week, ... という展開を聞き取ろう。質問は「選択肢照合タイプ」なので1つひとつ照合する。正解は 2 She made posters for her neighbor's missing dog.

No. 4

《正解》 **4** Talking about movies with the director.

《放送文》 Matt is a university student. Three days a week, after his classes are over, he works part-time for a film director. He answers the phone for the director and arranges meetings with people the director wants to work with. His favorite part is talking about movies he has seen with the director. Matt hopes to become a director himself in the future.

Question: What does Matt enjoy doing the most at his part-time job?

《訳》 マットは大学生である。彼は，週3日，授業が終わった後に映画監督のところでアルバイトをしている。彼は監督の代わりに電話に出たり，監督が一緒に仕事したい人とのミーティングを調整する。(仕事で) 彼が一番好きなことは，自分が見た映画について監督と話をすることである。マットは将来，自分も監督になりたいと思っている。
質問　マットはアルバイトで何をするのが最も楽しいですか。
1　有名な人たちのためのパーティーを企画すること。
2　大学生を教えること。　　3　映画監督として仕事すること。
4　監督と映画の話をすること。

《解説》 マットのアルバイトの内容が話される。works part-time for ...「…でアルバイトをする」(work for A は「A (会社) に勤める，A (人) のところで働く」の意味) → answers the phone for ...「…の代わりに電話に出る」→ arranges meeting → His favorite part is talking ... が聞き取るポイント。質問の enjoy doing the most「最もすることが楽しい」は，His favorite part is talking を言い換えている。したがって，正解は 4 Talking about movies with the director. である。

No. 5

《正解》 **1 She likes playing with people of different ages.**

《放送文》 Elizabeth loves playing basketball. Her school has a basketball team, but she prefers to play on the basketball court near her house after school. This is because she enjoys playing with people of all ages. She plays with office workers, little kids, even people older than her grandparents. From them, she has learned a lot about the sport.

Question: Why does Elizabeth play on the basketball court near her house?

《訳》 エリザベスはバスケットボールをするのが大好きである。彼女の学校にはバスケットボールチームがあるが，彼女は放課後，自分の家の近くのバスケットボールコートでプレーするほうが好きである。それは，彼女はさまざまな年齢の人々とプレーするのが楽しいからである。彼女は会社で働く人，子供たち，自分の祖父母より年上の人たちとまで一緒にプレーする。彼らから，そのスポーツについてたくさんのことを学んだ。
質問　エリザベスはなぜ自分の家の近くのバスケットボールコートでプレーしますか。
1　さまざまな年齢の人たちとプレーするのが好きだから。
2　一人でプレーするのが好きだから。
3　祖父母が近くに住んでいるから。
4　彼女の学校にはバスケットボールのチームがないから。

《解説》 エリザベスはバスケットボールが好きだが …, but she prefers to play in ....「しかし，…でプレーするほうが好きである」→ This is because ...「それは，…だからである」という流れがポイント。質問の「なぜ自分の家の近くのバスケットボールコートでプレーしますか」の答えは，This is because に続く部分で言われている。選択肢 1 She likes playing with people of different ages. がその内容。

No. 6
1. Become a professional photographer.
2. Start a photography club at school.
3. Write for the school newspaper.
4. Take photos at sports competitions.

No. 7
1. They enjoy driving.
2. They are older than her.
3. They live next door.
4. They love to play golf.

No. 8
1. He got the money.
2. He moved and got a new address.
3. He got a thank-you note.
4. He found some cash in the street.

No. 9
1. Stop upsetting her brother every day.
2. Help take care of her little brother.
3. Go with her on a long trip.
4. Say nothing about the family's move.

No. 10
1. Guide tourists around his city.
2. Travel abroad by himself.
3. Send people birthday cards.
4. Teach history at a local school.

No. 6

《正解》 **4 Take photos at sports competitions.**

《放送文》 In high school, Mario took a photography class. He was surprised to find out that he liked it very much. He particularly enjoyed taking photos of people in action. Once his classmates realized how talented he was, they started asking him to take photos at sports competitions. Ten years later, Mario is a professional photographer who mostly takes photos of athletes.

Question: What did Mario's classmates ask him to do?

《訳》 高校でマリオは写真の授業を受けた。彼は自分が写真を撮るのがとても好きであることに気づいて驚いた。彼は，特に動いている人々を撮るのが楽しかった。クラスメートたちは彼がとても才能があることを知ると，スポーツ大会で写真を撮るのを頼むようになった。10年後，マリオはプロの写真家になり，主にスポーツ選手の写真を撮っている。

質問　マリオのクラスメートは彼に何をするよう頼みましたか。
1　プロの写真家になること。
2　学校で写真クラブを始めること。
3　学校の新聞のために書くこと。
4　スポーツ大会で写真を撮ること。

《解説》 マリオが took a photography class「写真の授業を受けた」ことから話が展開する。He was surprised to find out that ...「…ということがわかって［気づいて］驚いた」→ particularly enjoyed taking photos ...「特に…を撮るのが楽しかった」→ Once his classmates realized ..., they started asking him to ..「（ひとたび）クラスメートが…と知ると…することを頼むようになった」という流れである。質問の「クラスメートは彼に何をするよう頼みましたか」は，4 Take photos at sports competitions. が正解。

No. 7

《正解》 **4 They love to play golf.**

《放送文》 A year ago, a couple moved into the apartment next to Patricia's. One day, Patricia met them in the elevator. She found out that the husband and wife are the same age as her. What is more, she learned that they love to play golf as much as she does. Now, Patricia plays with them almost every weekend, driving to different golf courses.

Question: Why does Patricia like the couple?

《訳》 1年前，パトリシアの隣の部屋に夫婦が引っ越してきた。ある日，パトリシアはエレベーターで彼らに会った。彼女はその夫婦がともに彼女と同じ年であることを知った。その上，彼らは彼女と同じくらいゴルフが大好きであることもわかった。今やパトリシアは，ほぼ毎週末，あちこちのコースに車で行き一緒にプレーしている。

質問　なぜパトリシアはその夫婦が好きなのですか。
1　ドライブが好きだから。　　2　彼女より年上だから。
3　隣に住んでいるから。　　**4　ゴルフが大好きだから。**

《解説》最初の文からパトリシアと隣に引っ越してきた夫婦の話だとわかる (the apartment はアパート [マンション] の1区画を言う)。Patricia met them ... 「パトリシアは彼らに会った」→ She found out that ... 「…ということを知った」→ she learned that ... 「…ということがわかった」→ Now, Patricia plays with them almost every weekend 「今やパトリシアは, ほぼ毎週末一緒にプレーする」という流れを聞き取ろう。質問は「なぜその夫婦が好きですか」である。「夫婦が好きだ」という表現はどこにも出てこないが, they love to play golf as much as she does 「彼らは彼女と同じくらいゴルフが大好きである」と言っているので, 4 They love to play golf. が適切。

No. 8

《正解》**1** He got the money.

《放送文》One day, James found some banknotes in the street. He took the money to a police station. A policeman asked him details about where he had found them, and then asked for James' name and address. Six months later, James got a call from the policeman. He told James that no one had come to claim the money, so it was his.

Question: What happened six months after James found the money?

《訳》ある日, ジェームズは何枚かの紙幣を道で見つけた。彼はそのお金を警察署に持って行った。警察官がそれらをどこで見つけたかについて詳細を聞き, そしてジェームズの名前と住所を尋ねた。6か月後, ジェームズは警察官から電話をもらった。警察官はジェームズに, 誰もその金を自分のものだと言って来なかったので, その金は彼のものだと言った。

質問　ジェームズがお金を見つけてから6か月後, 何が起きましたか。
1　彼はお金を得た。　　　2　彼は引っ越して住所が変わった。
3　彼はお礼状をもらった。　4　彼は道で現金を見つけた。

《解説》「ある日ジェームズがお金を拾った」ことについて, 順を追って説明しているので, 展開をしっかりとらえよう。James found ... 「…を見つけた」→ took the money to a police station 「そのお金を警察署に持って行った」→ A policeman asked him ..., and then asked for ... 「警察官が…を聞き, そして…を尋ねた」→ Six months later, James got a call 「6か月後, ジェームズは電話を受けた」→ He told James that ... 「彼はジェームズに…と言った」。質問は「6か月後, 何が起きましたか」なので, ジェームズが受けた電話の内容が解答になる。選択肢の1 He got the money. が一致する。

No. 9

《正解》**4** Say nothing about the family's move.

《放送文》Yesterday, Susan had lunch with her mother in a restaurant. During the meal, her mother told her that the family was moving to another country in three months. She asked Susan not to tell her little brother, because she did not want him to get upset. Susan felt her brother should know, but she agreed to keep quiet.

Question: What did Susan's mother ask Susan to do?

《訳》 昨日，スーザンは母親とレストランで昼食を食べた。食事中，母親は彼女にあと3か月で家族は別の国に引っ越すと言った。母親はスーザンの弟には言わないようにとスーザンに頼んだ。彼を動揺させたくなかったのだ。スーザンは弟も知るべきだと思ったが，黙っていることに同意した。
質問　スーザンのお母さんはスーザンに何をお願いしましたか。
1　毎日弟を動揺させるのをやめるように。
2　弟の世話を手伝うように。
3　彼女と一緒に長い旅行に行くように。
4　**家族の引っ越しについて黙っているように。**

《解説》 スーザンが母親と昼食を食べたときのことが話されている。her mother told her that …「母親は彼女に…と言った」，the family was moving to another country「家族は別の国に引っ越す」，She asked Susan not to tell her little brother「弟には言わないようにとスーザンに頼んだ」，…, but she agreed …「スーザンは…，同意した」が聞き取るポイント。質問の「何を頼んだか」は not to tell「話さない」ということ。選択肢では 4 Say nothing about the family's move. が一致する。

No. 10

《正解》 **1 Guide tourists around his city.**

《放送文》 Seymour is 70 years old and retired. One day a week, he volunteers as a tour guide for his city. He takes groups of tourists to see historical buildings. He especially likes visitors from abroad, because Seymour traveled a lot when he was younger. At the end of the tour, he always hands out cards with his contact details, so he can keep in touch with them.

Question: What is one thing Seymour does?

《訳》 シーモアは70歳で退職している。週1日，彼は市のツアーガイドのボランティアをしている。彼は観光客のグループを歴史的建造物の見学に連れて行く。シーモアは若いときにたくさん旅行したので，特に海外からの観光客が好きである。ツアーの最後に，彼はいつも自分の連絡先が書いてあるカードを渡し，それで彼らと連絡を取り合っている。
質問　シーモアがしていることの一つは何ですか。
1　**観光客に彼の市を案内する。**
2　一人で海外旅行する。
3　人々に誕生日カードを送る。
4　地元の学校で歴史を教える。

《解説》 70歳のシーモアについて述べられている。volunteers as a tour guide「ツアーガイドのボランティアをする」，takes group of tourists to …「観光客のグループを…に連れて行く」，especially likes …「特に…が好きである」，always hands out cards「いつもカードを渡す」（with contact details は「連絡先（の詳細）が書いてある」という意味）などが聞き取るポイント。質問は「シーモアがしていることの一つ」なので，ポイントと選択肢を照合しよう。1 Guide tourists around his city. が内容と一致する。2，3，4 は述べられていないか，内容と異なる。

No. 11
1. She helped clean her friend's apartment.
2. She took her friends out to dinner.
3. She stayed in the hospital for a week.
4. She rented a wheelchair from the hospital.

No. 12
1. She interviewed the school's principal.
2. She read about people's thoughts on the topic.
3. She wore a school uniform to school.
4. She asked friends for their opinions.

No. 13
1. He got the boy some tissues.
2. He called the boy's parents on the phone.
3. He made an announcement in the supermarket.
4. He walked the boy to his home.

No. 14
1. The department store helped him.
2. He called the tea company's offices.
3. The department store called him.
4. He went to the tea company's website.

No. 11

《正解》 **3 She stayed in the hospital for a week.**

《放送文》 Sonia is a woman in her thirties. One day, she broke her leg, and had to stay in the hospital for a week. During that time, her friends cleaned her apartment. They also made meals for her that they put in the freezer. Sonia appreciated her friends' kindness, and is planning to take them out to dinner when she can walk again.

Question: What is one thing that Sonia did?

《訳》 ソニアは 30 代の女性である。ある日，彼女は足の骨を折り，1 週間病院に入院しなければならなかった。その間，友達たちが彼女のアパートの部屋を掃除してくれた。また，彼女のために料理をして冷凍庫に入れておいてくれた。ソニアは友達の優しさに感謝し，また歩けるようになったら友達を夕食に連れて行くつもりである。

質問　ソニアがしたことの一つは何ですか。
1　友達のアパートを掃除するのを手伝った。
2　友達を夕食に連れて行った。
3　1 週間入院した。
4　病院から車いすをレンタルした。

《解説》 ソニアがしたことと，友達がしてくれたことが述べられ，質問は「ソニアがしたこと」を選ぶ「選択肢照合タイプ」だ。「誰が」に注意して聞こう。broke her leg「足を骨折した」，stay in the hospital for a week「1 週間入院する」，cleaned her apartment「アパートの部屋を掃除した」，made meals「料理をした」，… is planning to take them out to dinner「友達を夕食に連れて行くつもりである」の主語に注意したい。選択肢を照合すると，1，2 は不適（1 掃除をしたのは友達，2 まだ連れて行ってはいない）。3 は一致する（正解）。4 は述べられていない。

No. 12

《正解》 **2 She read about people's thoughts on the topic.**

《放送文》 One day, Stephanie's teacher announced that they would be having a debate. The topic was whether all schools should have uniforms. Stephanie had to argue that schools should not have uniforms. So she read about the opinions of the people who were against school uniforms. Since she prepared so well, she was able to give a convincing argument.

Question: How did Stephanie prepare for her debate?

《訳》 ある日，ステファニーの先生はディベートを行うと言った。論題はすべての学校が制服を持つべきかだった。ステファニーは学校は制服を持つべきでないと主張しなければならなかった。それで，制服に反対している人たちの意見を読んだ。彼女はたいへんよく準備したので，説得力のある議論をすることができた。

質問　ステファニーはどのようにディベートの準備をしましたか。
1　学校の校長をインタビューした。
2　論題に関する人々の考えについて読んだ。
3　学校に制服を着て行った。
4　友達の意見を聞いた。

《解説》次の語句を押さえよう。... announced that they would be having a debate「ディベートを行うと発表した［言った］」, the topic was whether ...「論題は…かどうかだった」, had to argue that ...「…であると主張しなければならなかった」（ディベートでは立場を決めて議論する）, so she read ....「それで彼女は…を読んだ」, Since she prepared so well, ...「大変よく準備したので…」, give a convincing argument「説得力のある議論をする」。質問は「どのようにディベートの準備をしたか」なので，彼女がしたことを答えればよい。選択肢では 2 She read about people's thoughts on the topic. である。

No. 13

《正解》**3 He made an announcement in the supermarket.**

《放送文》Albert was working at the supermarket one night when he saw a little boy, crying. He asked him what was wrong, but the boy could not answer. Albert guessed that he was crying because he couldn't find his parents. He made an announcement to all the shoppers in the supermarket. A minute later, the boy's father came running.

Question: How did Albert help the boy?

《訳》アルバートはある晩スーパーマーケットで働いていたとき，小さな男の子が泣いているのを見た。彼にどうしたのかと聞いたが，男の子は返事できなかった。アルバートは彼が両親を見つけられなくて泣いていると推測した。彼はスーパーマーケットで買い物をしているすべての人に対してアナウンスをした。すぐに男の子のお父さんが駆けつけてきた。

質問　アルバートは男の子をどのように助けましたか。
1　ティッシュをあげた。
2　男の子の両親に電話した。
3　スーパーでアナウンスをした。
4　男の子を家まで歩いて連れて行った。

《解説》アルバートがスーパーで働いていたときの出来事が，順を追って述べられている。Albert was working at ... when he saw a little boy, crying.「アルバートは…で働いていた（その）とき小さな男の子を見た（その子は）泣いていた」→ he asked him ..., but the boy could not ...「彼は男の子に…と尋ねたが…できなかった」→ Albert guessed that ...「アルバートは…と推測した」→ He made an announcement to ...「…にアナウンスをした［知らせた］」→ A minute later, ...「すぐに…」。質問は「どのように助けましたか」で，アルバートがしたことは 3 He made an announcement in the supermarket. である。

No. 14

《正解》**1 The department store helped him.**

《放送文》Louis ran out of his favorite tea, so he went to a nearby department store to buy more. They did not sell the brand's products. In order to help him, the store employee called another branch to check if they had it. It turned out they had the tea in stock, so Louis arranged for them to send it to his house.

Question: How did Louis learn where his favorite tea was sold?

《訳》 ルイスは一番好きな紅茶を切らしてしまったため，近くのデパートに買いに行った。その店ではそのブランドの商品を売っていなかった。彼を助けるため，店員が別の支店に電話し，そこにあるか確認した。その店にはその紅茶の在庫があることがわかったので，ルイスは自分の家に送ってもらうよう手配した。

質問　ルイスは彼が一番好きな紅茶がどこで売られているかをどのようにして知りましたか。

1　デパートが彼を手伝ってくれた。
2　紅茶会社に電話した。
3　デパートが彼に電話した。
4　紅茶会社のホームページを見た。

《解説》 冒頭の Louis ran out of his favorite tea, so he went ... 「ルイスは一番好きな紅茶を切らした，それで…へ行った」から，ルイスが紅茶を入手するために出かけたことがわかる。he went to a ... department store「…のデパートへ行った」，しかし，They did not sell ...「…を売っていなかった」，それで the store employee called another branch ...「店員が別の支店に電話した」，すると It turned out they had ... in stock「…を在庫していることがわかった」。これが，質問「紅茶が売られているところをどのようにして知ったか」の答えになる。選択肢で当てはまるのは 1 The department store helped him. である。

No. 15
1 She did very badly in her economics classes.
2 She went to architecture school in America.
3 She fell in love with Russian architecture.
4 She visited an architecture firm.

No. 16
1 He is organizing a research trip to Korea.
2 He can speak Korean very well.
3 He learned a lot about Korea at university.
4 His family lives in Korea.

No. 17
1 They use ropes to keep safe.
2 They enjoy climbing tall trees.
3 They take photos of themselves on top of buildings.
4 They obtain permission from police before climbing.

No. 18
1 He scored many goals.
2 He was in charge of scoring goals.
3 He currently plays in Europe.
4 He is a famous basketball player.

No. 15

《正解》 3 She fell in love with Russian architecture.

《放送文》 Sally is in her third year of university in America. In her first year, she took mostly economics courses, but she did not enjoy them very much. Trying to figure out what she was interested in, she spent her second year of university in Russia. There, she fell in love with the country's architecture, and decided to switch her major to architecture courses instead of economics.

Question: How did Sally come to take architecture courses?

《訳》 サリーはアメリカの大学の3年生である。1年目に彼女は主に経済学の授業を取ったが、あまり好きではなかった。自分は何に興味があるか見つけるため、彼女は大学の2年目をロシアで過ごした。そこで、彼女はロシアの建築物に夢中になり、自分の専攻を経済学ではなく建築の授業に変えることにした。
質問　サリーはどうして建築の授業を受けるようになったのですか。
1　経済学の授業で成績が悪かった。　2　アメリカで建築学校に通った。
3　ロシアの建築物に夢中になった。　4　建築会社を訪問した。

《解説》 大学3年生のサリーについて、In her first year, she …「1年目彼女は…」、she spent her second year …「2年目を…で過ごした」、fell in love with …, and decided to switch her major to ～「…に夢中になり、専攻を～に変更することを決めた」などが順を追って述べられている。質問文のHow did A come to do? は「Aはどうして～するようになったのか」は「理由」を聞いている（「方法」ではないので注意しよう）。3 She fell in love with Russian architecture. が正解。3番目の文 Trying to figure out … は「…を見つけるため」（分詞構文）。

No. 16

《正解》 2 He can speak Korean very well.

《放送文》 One day, John received an email from his university. The Architecture Department was planning a research trip to Korea. They needed students who could speak Korean to help interview the companies they were visiting. As he was fluent in the language, John signed up immediately. He had never been to Korea before, and he thought it would be an interesting way to learn about the country.

Question: What is one thing we learn about John?

《訳》 ある日、ジョンは自分の大学からEメールを受け取った。建築学部が韓国への調査旅行を計画していた。彼らは訪問する企業のインタビューを手伝ってくれる、韓国語を話せる学生を必要としていた。韓国語が流暢なのでジョンはすぐに登録した。彼は韓国に行ったことがなかったので、その国について学ぶおもしろい方法だと思った。
質問　ジョンについてわかることの一つは何ですか。
1　彼は韓国への調査旅行を計画している。
2　彼は韓国語をとても上手に話せる。
3　彼は大学で韓国についてたくさん学んだ。
4　彼の家族は韓国に住んでいる。

《解説》次の語句を押さえよう。the Architecture Department「建築学部」, a research trip「調査旅行」, be fluent in the language「その言語[韓国語]が流暢である」, signed up immediately「すぐに登録した」。質問は「選択肢照合タイプ」で「ジョンについて」である。選択肢1は「調査旅行を計画している」のは大学(建築学部)なので不適。2 can speak ... very well「とても上手に話せる」は, be fluent in と同じ意味なのでこれが正解。3 は放送文では「その国(韓国)について学ぶおもしろい方法だと思った」と言っていて,「学んだ」と言っていないことから不適。4 については述べられていない。

No. 17

《正解》 **3 They take photos of themselves on top of buildings.**

《放送文》In recent years, a number of climbers have become famous through a dangerous hobby called roofing. Roofers illegally climb to the tops of the tallest buildings in the world. They do not use ropes, but climb the buildings with their bare hands. Occasionally, they are stopped by guards and police. At the top, they take photos of themselves and post them on photo-sharing sites.

Question: What is one thing we learn about roofers?

《訳》近年, ルーフィングという危険な趣味を通して有名になったクライマーが何人かいる。ルーファーは世界で最も高い建物の屋上に法を犯して登る。彼らはロープを使わず, 素手で建物に登る。たまに警備員や警察官に止められる。屋上で, 彼らは自分たちの写真を撮り, フォト・シェアリングのサイトに投稿する。

質問 ルーファーについてわかることの一つは何ですか。
1 安全のためにロープを使う。
2 高い木を登るのが好きである。
3 **建物の屋上で自分たちの写真を撮る。**
4 登る前に警察から許可を取っている。

《解説》roofer についての説明である。roofer は「屋根職人」という意味だが, ここでは illegally climb to the top of the tallest buildings「最も高い建物の屋上に法を犯して登る」人たちのことである。彼らは do not use ropes, but climb the buildings with their bare hands「ロープを使わず, 素手で建物に登る」, そして take photos of themselves and post them on photo-sharing sites「自分たちの写真を撮り, フォト・シェアリングのサイトに投稿する」。選択肢では 3 They take photos of themselves on top of buildings. が当てはまる。1, 2, 4 は内容と異なる。

No. 18

《正解》 1 He scored many goals.

《放送文》 José Luis Chilavert is a retired soccer player from the country of Paraguay. He was a goalkeeper and was in charge of protecting his team's goal. Despite this, he is famous for scoring a lot of goals. In his 20-year career, he scored 67 goals, and 8 were in international matches. He is the only goalkeeper in history to earn three goals in one game.

Question: What is one thing we learn about José Luis Chilavert?

《訳》 ホセ・ルイス・チラベルトはパラグアイ出身の元サッカー選手である。彼はゴールキーパーであり，チームのゴールを守る責任があった。それにもかかわらず，彼は多くの得点を決めることで有名である。20年間のキャリアで67ゴールを決め，そのうちの8つは国際試合においてだった。彼は1試合で3得点した史上ただ1人のゴールキーパーである。

質問　ホセ・ルイス・チラベルトについてわかることの一つは何ですか。

1　彼は多くのゴールを決めた。
2　彼はゴールを入れる責任があった。
3　彼は現在ヨーロッパでサッカーをしている。
4　彼は有名なバスケットボールの選手である。

《解説》 José Luis Chilavert is a ... 「ホセ・ルイス・チラベルトは…」で始まる人物紹介の文である。a retired soccer player「元サッカー選手」，... was a goalkeeper and was in charge of protecting his team's goal「ゴールキーパーであり，チームのゴールを守る責任があった」，... is famous for scoring a lot of goals「多くのゴールを入れることで有名である」，... scored 67 goals「67ゴールを決めた」などがチラベルトについて述べられている事実だ。文中で goal が2つの意味で使われていることに注意しよう（「ゴールという場所」と「得点」）。選択肢との照合では，1が内容と一致する。2，3，4は内容と異なる。

② 「動植物・事物」に関する問題

練習問題

No. 1
1. They like to work alone.
2. They do not like the smell of oil.
3. They are found all over the United States.
4. They can break electronic devices.

No. 2
1. It produces very large flowers.
2. It has existed for decades.
3. Two plants were joined together.
4. It cannot be eaten.

No. 3
1. It travels all around France.
2. It is made of glass.
3. It can usually be seen in a port.
4. It is flown through the air.

No. 4
1. Without centerlines, there are more car accidents.
2. They help people drive faster.
3. People drive more carefully without them.
4. Roads in the United Kingdom do not have centerlines.

No. 5　1　It is for people in the countryside.
　　　　2　They grow food on rooftops.
　　　　3　They deliver their food worldwide.
　　　　4　People like playing on the rooftop.

No. 6　1　It feels like 18th century Europe.
　　　　2　It has many universities.
　　　　3　It is a large town in California.
　　　　4　It does not have many visitors.

No. 1

《正解》 **4 They can break electronic devices.**

《放送文》A new type of ant is invading the southern area of the United States. They are a very strong species called crazy ants. They work together in large groups to carry away food, and can get into electronics and break them. People do not notice that their house is full of crazy ants until things around the house stop working.

Question: What is one thing we learn about crazy ants?

《訳》 新しい種類のアリがアメリカの南部に押し寄せている。それはクレイジーアントと呼ばれるとても強い種である。彼らは大きなグループで協力して働き，食べ物を運び，電子機器に入り込んで壊すこともできる。人々は家の周りの物が機能しなくなるまで，家がクレイジーアントだらけであることに気づかない。

質問 クレイジーアントについてわかることの一つは何ですか。
1 一匹で働くのが好きである。
2 油のにおいがきらいである。
3 アメリカ中で見られる。
4 電子機器を壊すことができる。

《解説》 a new type of ant「新しい種類のアリ」が話題である。動植物や事物を説明する文では，述べられる事実をしっかりとらえることがポイントになる。a very strong species「とても強い種」，work together in large groups「大きなグループで協力して働く」，get into electronics and break them「電子機器に入り込んで壊す」などを聞き取ろう。質問は「選択肢照合タイプ」である。4 They can break electronic devices. が一致する。選択肢1と3は内容と異なり，2は述べられていない。

No. 2

《正解》 **3 Two plants were joined together.**

《放送文》The TomTato is a new plant that was created in 2013 in the United Kingdom. It is a plant that produces both tomatoes and potatoes. The top of a tomato plant and the bottom of a potato plant were joined together so they could grow into one plant. For its creators, the main challenge was making sure both the tomatoes and potatoes tasted good.

Question: What is one thing we learn about the TomTato?

《訳》 トムテイトは2013年にイギリスで作られた新しい植物である。トマトとポテトの両方を生み出す植物である。トマトの木の上部とポテトの木の下部が，1つの木として成長するように接合された。発明者にとって，一番の難題はトマトとポテトの両方がおいしくなるようにすることであった。

質問 トムテイトについてわかることの一つは何ですか。
1 とても大きな花ができる。
2 何十年も前からある。
3 2つの植物が合体された。
4 食べることはできない。

《解説》 トムテイトという興味深い植物の紹介である。a new plant that was created in 2013「2013年に作られた新しい植物」, a plant that produces both tomatoes and potatoes「トマトとポテトの両方を生み出す植物」, the top of a tomato plant and bottom of a potato plant were joined together「トマトの木の上部とポテトの木の下部が接合された」, both the tomatoes and potatoes tasted good「トマトとポテトの両方がおいしい」などが述べられている事実。選択肢との照合では、1は触れられていない。2, 4は内容と逆。3が内容と一致する。

No. 3

《正解》 **3 It can usually be seen in a port.**

《放送文》 In 2007, a Dutch artist exhibited a sculpture called "Rubber Duck" in France. It was an enormous yellow duck floating in the water. The artist says that the rubber duck is viewed positively by people everywhere. After France, the duck has been seen in dozens of cities around the world. It is usually displayed in a port.

Question: What is one thing we learn about "Rubber Duck"?

《訳》 2007年にオランダの芸術家が「ラバーダック」という像をフランスで展示した。それは水に浮いている巨大な黄色いアヒルであった。その芸術家は、ラバーダックはどこでも人々に肯定的に見られていると言っている。フランスの後、ラバーダックは世界中の多くの都市で見られている。ふつう港で展示される。

質問 「ラバーダック」についてわかることの一つは何ですか。
1 フランス中を周る。
2 ガラスでできている。
3 **ふつう港で見られる。**
4 空中を飛ばされる。

《解説》 a sculpture called "Rubber Duck"「『ラバーダック』という［名づけられた］像」についての説明である。It was ... の順に詳細が続くので、述べられる事実を聞き取ることがポイントだ。an enormous yellow duck「巨大な黄色いアヒル」, floating in the water「水に浮かんでいる」, seen in dozens of cities around the world「世界中の多くの都市で見られている」, is usually displayed in a port「ふつう港で展示される」。選択肢では 3 It can usually be seen in a port. が内容と一致する。

No. 4

《正解》 **3 People drive more carefully without them.**

《放送文》 In the United Kingdom, some towns are removing centerlines on roads. Centerlines are the lines in the middle of the road that separate cars driving in different directions. In an experiment, centerlines on roads where people must drive slowly were removed. They found out that when there are no centerlines, drivers are more careful, and try harder to keep to the speed limit.

Question: What is one thing we learn about centerlines?

《訳》 イギリスのいくつかの街では，道路のセンターラインを取り除いている。センターラインとは道路の真ん中に引いてある線であり，異なる方向に行く車を分けるものである。ある実験で，ゆっくり走らなければいけない道路のセンターラインが取り除かれた。その結果，センターラインがないとき人々はより注意深く，制限速度を守ろうとすることがわかった。
質問 センターラインについてわかることの一つは何ですか。
1 センターラインがないほうが交通事故が増える。
2 センターラインは人々が速く運転するのに役立つ。
3 人々はセンターラインがないほうが気をつけて運転する。
4 イギリスの道にはセンターラインがない。

《解説》 冒頭の ... are removing centerlines on roads「…は道路のセンターラインを取り除いている」という意外な事実が興味を引きつける。この後にその理由や結果が述べられることが予想される。Centerlines are the lines ... that ...「センターラインとは…であるラインである」，They found out that ... drivers are more careful, and try harder to keep to the speed limit「（実験の結果）人々はより注意深く，制限速度を守ろうとすることがわかった」（keep to A は「A（規則）などを守る」）。質問は「選択肢照合タイプ」だ。選択肢1，2は内容と逆。3が一致するので正解。4は「イギリスの道すべて」の話ではないので不適。

No. 5

《正解》 **2 They grow food on rooftops.**

《放送文》 Lufa Farms was founded in Montreal, Canada in 2010. It is a company that builds greenhouses on the tops of roofs. By having a rooftop farm, they can provide healthy food to people in the city. Furthermore, because the food is not transported to far away, it is kind to the environment. The company currently has more than 3,000 customers.

Question: What is one thing we learn about Lufa Farms?

《訳》 ルーファ・ファームズは2010年にカナダのモントリオールで設立された。屋上に温室を作る会社である。屋上に温室があることで，街に住んでいる人々に健康的な食材を提供できる。さらに，食べ物が遠くに配送されないため，環境にも優しい。現在3,000人以上の顧客がいる。
質問 ルーファ・ファームズについてわかることの一つは何か。
1 田舎に住んでいる人たちのための会社である。
2 屋上で食べ物を育てている。
3 世界中に食べ物を配送する。
4 人々は屋上で遊ぶのが好きである。

《解説》 Lufa Farms という会社が紹介されている。... was founded in Montreal, Canada in 2010「2010年にカナダのモントリオールで設立された」，... builds greenhouses on the top of roofs「屋上に温室を作る」，provide healthy food to people in the city「街に住んでいる人々に健康的な食材を提供する」，has more than 3,000 customers「3000人以上の顧客がいる」などが述べられている。選択肢では 2 They grow food on rooftops. が内容と一致する。1，3は内容と異なり，4は述べられていない。

No. 6 《正解》 **1 It feels like 18th century Europe.**

《放送文》 Solvang is a small town in California that looks like an 18th-century European town. It was founded about 100 years ago by immigrants from Denmark who wanted to build a school. Many farmers started moving there, and established a community. Today, it is a popular tourist spot where people can eat Danish food and experience the culture.

Question: What is one thing we learn about Solvang?

《訳》 ソルバングはカリフォルニアにある小さな町で，18世紀のヨーロッパの街に似ている。約100年前に学校を建てたいと思ったデンマークの移民によって設立された。多くの農民がそこへ移住し始め，コミュニティーを築いた。今日ではデンマーク料理を食べたり，デンマークの文化を体験したりできる人気の観光スポットである。

質問　ソルバングについてわかることの一つは何ですか。

1　18世紀のヨーロッパのようである。
2　多くの大学がある。
3　カリフォルニアの大きな街である。
4　あまりたくさんの来訪者がいない。

《解説》 Solvangという町が紹介されている。a small town in California「カリフォルニアにある小さな町」，looks like an 18th-century European town「18世紀のヨーロッパの街に似ている」，founded about 100 years ago by immigrants from Denmark「約100年前にデンマークの移民によって設立された」，it is a popular tourist spot「人気の観光スポットである」などが述べられている事実だ。選択肢との照合では，1 It feels like 18th century Europe. が一致する（look like を feel like に言い換えている）。2は述べられていない。3，4は内容と異なる。

③ アナウンス

練習問題

No. 1
1. The author will be in the store for 30 minutes.
2. The author will share tips about camping.
3. It took the author three years to write her book.
4. People can ask the author questions.

No. 2
1. Only certain items will be 30% off.
2. The sale will end at 5:45 p.m.
3. Customers will have an hour to shop.
4. It is OK to run in the store during the sale.

No. 3
1. She has been playing soccer for 15 years.
2. She will retire at the end of the year.
3. She is no longer excited by soccer.
4. She wants to play for the national team.

No. 4
1. They recently moved to Hawaii.
2. They were lawyers when they got married.
3. They had seven children.
4. They have been married for 15 years.

No. 1

《正解》 **4** People can ask the author questions.

《放送文》 Good afternoon, everyone. We are pleased to have Susan Myers, the author of the popular book, *Camping in the Desert*, here at the bookstore today. First, she will read from her new book. Then, she will take questions from the audience. At the end, she will sign books for 30 minutes. If you do not have a copy yet, please buy one beforehand.

Question: What is one thing the man says?

《訳》 みなさん，こんにちは。本日は人気の本『キャンピング・イン・ザ・デザート』の著者スーザン・マイヤーズさんをこの書店にお迎えしております。まず初めに，彼女は新作を朗読します。そして，聴衆のみなさんから質問を受けます。最後に30分間，彼女は本にサインします。まだ本をお持ちでなければ，事前にご購入ください。

質問　男性が言っていることの一つは何ですか。
1　著者は30分間店にいる。
2　著者はキャンピングについてのこつを分かち合う。
3　本を書くのに著者は3年かかった。
4　**人々は著者に質問できる。**

《解説》 冒頭の文から書店のサイン会の案内とわかる（We are pleased to have … は講演者などを聴衆に紹介するときの決まり文句）。この後，著者の予定が First, …. Then, …. At the end, … と述べられている。この内容を選択肢と照合しよう。4 People can ask the author questions. が一致する。1の30分はサインする時間なので不適。2，3は述べられていない。

No. 2

《正解》 **2** The sale will end at 5:45 p.m.

《放送文》 Good evening, shoppers. It is now 5 p.m. We are happy to announce that for the next 45 minutes, we will be holding a time sale. Every single item in the store will be 30% off during this time. We do not want anyone to get hurt, so please do not run around the store. You have plenty of time to shop.

Question: What is one thing the woman says?

《訳》 お買い物をされている皆様，こんばんは。現在午後5時です。これからの45分間タイムセールを実施いたします。店内のすべての商品がこの間30％引きになります。どなた様もけがをさならないよう，お店の中を走らないでください。お買い物をするのに十分な時間があります。

質問　女性が言っていることの一つは何ですか。
1　一部の商品のみが30％引きになる。
2　**セールは午後5時45分に終わる。**
3　顧客は1時間買い物ができる。
4　セール中は店内を走ってもよい。

《解説》We are happy/pleased to announce that ... は「…をご案内[お知らせ]いたします」というときの決まり文句。「タイムセール」の案内である。for the next 45 minutes「これからの 45 分間」, Every single item ... will be 30% off「すべての商品が 30 ％引き」(every single は every を強調する言い方)が聞き取るポイント。選択肢との照合では 2 The sale will end at 5:45p.m. が一致(5 時に「これから 45 分間」と言っている)。1 は「一部」ではないので不適。3 は「買い物」ができる時間については述べていない。4 は逆。

No. 3

《正解》**2 She will retire at the end of the year.**

《放送文》Good morning, everyone. I am here today to announce my retirement from soccer. I have been playing since I was 15 years old. As much as I love the sport, my body can no longer keep up. It is time for me to say goodbye to soccer, and move on to the next adventure. My official retirement will be at the end of the year.

Question: What is one thing the woman says?

《訳》皆様，おはようございます。私は，本日ここにサッカーから引退することを発表いたします。私は 15 歳の時からプレーしてきました。私がサッカーを愛しているほどには，私の身体はもはやついていけません。サッカーにさようならを言い，次の冒険へ進む時がきました。正式な引退は年の終わりになります。

質問　女性が言っていることの一つは何ですか。
1　15 年間サッカーをしている。
2　年末に引退する。
3　もはやサッカーに刺激を受けなくなった。
4　国の代表チームでサッカーをしたい。

《解説》冒頭の I am here today to announce my retirement from soccer.「私は，本日ここにサッカーから引退することを発表いたします」から，引退表明のスピーチとわかる。スピーチでは，あいさつや感謝の言葉などは軽く聞き流して，具体的な事実を聞き取ることが必要だ。本問では，最初の引退表明の文に続く I have been .... As much as I love .... It is time for me to ... などは聞き流しても大丈夫。最後の My official retirement will be ... をきちんと聞き取れただろうか。選択肢の 2 She will retire at the end of the year. が正解。選択肢 1 の 15years にまどわされないようにしよう。

No. 4

《正解》**2 They were lawyers when they got married.**

《放送文》Thank you for gathering today at my parents' golden wedding anniversary. Fifty years ago, my parents got married. They were both struggling to build their careers as lawyers at the time. Today, they have four kids, three grandkids, and are still very happy together. They just came back from a month-long vacation in Hawaii. We are very lucky to celebrate with them today.

Question: What is one thing the man says about his parents?

《訳》 今日は両親の金婚式にお集まりいただき，ありがとうございます。50 年前，両親が結婚しました。当時は 2 人とも弁護士としてのキャリアを積むのに奮闘していました。今は，彼らは 4 人の子供，3 人の孫がおり，いまだにとても仲良しです。2 人はちょうどハワイでの 1 か月の休暇旅行から戻ってきたばかりです。彼らと一緒に今日お祝いできるのはとても幸せです。

質問　男性が自分の両親について言っていることの一つは何ですか。
1　最近ハワイに引っ越した。
2　結婚したときは弁護士であった。
3　子供が 7 人生まれた。
4　結婚して 15 年である。

《解説》 golden wedding anniversary「金婚式（結婚 50 周年）」のスピーチである。my parents' と言っているからスピーチをしているのは息子である。以下，両親についての紹介が聞き取るポイントだ。金婚式なのだから Fifty years ago … got married は聞かなくてもわかる。They were both struggling to build their careers as lawyers. は少しわかりにくい。struggle to do は「〜することに奮闘する」，build one's career as A は「A（職業）のキャリア（経験や実績）を積む」ということ。「2 人とも弁護士としてのキャリアを積むのに奮闘していた」ということだ。現在は they have four kids, three grandkids「4 人の子供，3 人の孫がいる」，They came back from a month-long vacation in Hawaii.「ハワイでの 1 か月の休暇旅行から戻った」などを聞き取ろう。選択肢では 2 They were lawyers when they got married. が内容と一致する。1，3，4 は内容と異なる。

二次試験 《 面接 》
Interview Test

会話のポイントと練習問題

面接は，事前に流れを確認しておくことが大切。どのような質問をされるのかを頭に入れて，落ち着いて面接にのぞめるよう準備をしておこう。

「二次試験(面接)の受け方」

二次試験面接は，すべて英語で行われる。面接試験中のメモ・写真撮影・録音などは禁止されている。

テスト開始までの流れ

入室してから実際のテストが始まるまでの面接官とのやりとりを見ていこう。

係員の指示に従って面接室に入る。面接カードを持ち，荷物も持ったまま，ドアを軽くノックして入室する。携帯電話の電源は OFF にしておこう。

☆印：面接官　★印：あなたが答える文

① 入室する

☆ Good afternoon. / Hello.
　★ **Good afternoon. / Hello.**

入室したら，面接官が話しかけてくるので，大きな声で英語で答えよう。

② 面接カードを渡す

☆ Can I have your card, please?
　★ **Yes. / Here you are.**

面接官が「カードを渡していただけますか」と言うので，着席する前に面接カードを面接官に渡す。無言で手渡すのではなく，「はい」や「どうぞ」と言って渡そう。

③ 着席する

☆ Thank you. Please have a seat.
　★ **Thank you.**

面接官が着席するよう，うながすので，着席する。一言「ありがとうございます」と言って座るようにしよう。

④ 氏名・級の確認

☆ My name is _____.
　May I have your name, please?
　★ **My name is _____.**

面接官があなたの氏名の確認をする。名前はフルネーム(名＋姓)で言おう。

☆ Ms./Mr. _____, this is the Grade 2 test, OK?
　★ **Yes.**

これから受験する級の確認をする。

⑤ あいさつ

☆ Ms./Mr. _____, how are you today?

★ I'm fine, thank you.

面接官と簡単なあいさつをかわす。
I'm fine の後に thank you をつけるのを忘れないようにしよう。

面接テストの開始

簡単なあいさつが終了するとテストが開始される。

⑥ 問題カードを受け取る

☆ OK, let's start the test. Here is your card.

★ OK. Thank you.

面接官が「それでは，面接テストを始めましょう。こちらがあなたのカードです」と言って問題カードを手渡すので，受け取る。ここでも「ありがとう」を忘れないようにしよう。カードにはパッセージ（文章）とイラスト（3つのコマに分かれている）が描かれている。

⑦ 黙読する

☆ First, please read the passage silently for 20 seconds.

★ （黙読する）

次に面接官から「まずパッセージを20秒間黙読してください」と指示があるので，問題カードの英文を20秒間黙読する。英文にはタイトルがついているのでテーマ（話題）を確認しながら，内容をしっかりと理解するようにしよう。

⑧ 音読する

☆ All right. Now, please read it aloud.

★ （音読する）

面接官が「結構です。それでは，声に出して読んでください」と指示するので，黙読をやめて音読を始める。このとき必ずタイトルから読み始めよう。

音読は聞き手にはっきりわかるように発音しよう。読み方のわからない単語はローマ字読みでもよいので，とにかく読み続けよう。

⑨ 4つの質問に答える

☆ Now I'll ask you four questions.
・No. 1 （英文についての質問）
・No. 2 （イラストについての質問）

問題カードを読み終えると，面接官が「今から4つの質問をします」と言って4つの質問をするので，それに英語で答える。

質問に答えるときに「問題カード」を見てもよい。

☆ Now Ms./Mr. _____, please turn over the card and put it down.

3つの質問が終わると面接官が「それでは…さん，カードを裏返して置いてください」と言うので，カードを裏返しに置こう。

・No. 3 （あなたの考えを問う質問）
・No. 4 （あなたの考えを問う質問）

No. 3 は What do you think about ～? の形，No. 4 は Do you think ～? の形の疑問文で問われる。

＊質問には，面接官の顔を見て，はっきりと大きな声で答えよう。小さな声でボソボソ言うのはよくない。もし，質問が聞き取れなかったときは，Pardon me? / I beg your pardon? / Could you say that again, please?「もう一度おっしゃっていただけますか」と言って，面接官に繰り返してもらおう。

テスト終了後

⑩ 問題カードを返す

☆ All right, Ms./Mr. _____, this is the end of the test. Could I have the card back, please?
★ **Here you are.**（**Thank you.**）

試験が終了すると「結構です。これで試験は終了です。カードを返していただけますか」と指示される。「どうぞ」と言って手渡そう。

⑪ 退室

☆ You may go now. Take care. Have a good day!
★ **Thank you. Goodbye.**

面接官は「退室していいです。ではまた。良い1日を！」といった別れのあいさつをするので，それに「ありがとうございます。さようなら」などと答えて退室する。

＊退室後は，すみやかに会場から退場しなければならない。控室に戻ったり，待機中の受験者と会話をすることは禁じられているので注意しよう。

例題

問題カードと質問，その解答例を見てみよう（実際の問題カードはカラーで印刷されている）。

A New Type of Train

Today, there is a new type of train that requires fewer employees. These trains use computers instead of human drivers to operate. More and more cities are introducing such trains, and in this way train companies can provide reliable service at a lesser cost. However, in situations such as heavy snow, human drivers take over to make sure no problems occur.

Your story should begin with this sentence: **One day, Mr. and Mrs. Yamada decided to go to the mountain.**

(コマ1) I hear there is a special train.
(コマ2) The next day, on the train
(コマ3) After climbing the mountain

【訳】

新しい種類の電車

今日，より少ない従業員しか必要としない新しい種類の電車がある。これらの電車は人間の運転手ではなくコンピューターを使って運転している。ますます多くの都市がこのような電車を導入していて，そうすることで鉄道会社はより少ない費用で信頼のおけるサービスを提供することが可能となる。しかし，大雪などの状況では人間の運転手が電車を運転し，確実に問題が起きないようにする。

話は次の文で始めなくてはなりません：**ある日，ヤマダ夫妻は山に行くことを決めました。**

【Questions】

● 英文についての質問

> **No. 1** ☆ According to the passage, how do some train companies provide reliable train service at a lesser cost?
>
> （解答例）
>
> ★ By introducing trains that use computers instead of human drivers to operate.

【訳】　☆パッセージによれば，いくつかの鉄道会社はどのようにして，より少ない費用で信頼のおける電車のサービスを提供していますか。
　　　★人間の運転手の代わりに，コンピューターを使って運転する電車を導入することによってです。

【解説】　質問文の内容はパッセージ中ごろの
　　　in this way train companies can provide reliable service at a lesser cost
にある。質問の how「どのように」の答えは，この **in this way**「このようにして」が指している内容だ。つまり，直前の
　　　... are introducing such trains「そのような電車を導入する」
である。such trains とは，その前の文の
　　　These trains use computers instead of human drivers to operate.
のことだ。したがって，答えは，この2つを合わせて「…な電車を導入することによって」と言えばよい。「〜することによって」は，By *doing* 〜の形にする。

How 〜？の質問は，上の例にある in this way のほか **as a result**「その結果」や **by doing so**「そうすることによって」などに導かれる部分（「結果」や「結論」を述べている）が問われることが多い。答えは，これらの語句の前か後ろの「具体例」や「理由」などを述べている部分を使って，**By *doing* 〜 .** の形で答えればよい。

質問文が **Why** 〜？の場合は，..., **so**「それで」に導かれる部分が問われる。答えは，前の「原因」や「理由」となる部分を使って，**Because** 〜の形で答える。（Why 〜？の質問は少ない）

[パッセージ]
　　... (原因・理由などを述べる部分) ..., **so** ... (結果を述べる部分) ....
[質問文]
　　According to the passage, **why** ... (結果) ...?
[答え]
　　Because ... (原因・理由など) ....

● イラストについての質問

No. 2 ☆ Now, please look at the picture and describe the situation. You have 20 seconds to prepare. Your story should begin with the sentence on the card.

<20 seconds>

Please begin.

(解答例)

★ One day, Mr. and Mrs. Yamada decided to go to the mountain. Mr. Yamada said to his wife, "I hear there is a special train." The next day, on the train, Mrs. Yamada sat at a long table and drank tea. Mr. Yamada was thinking of taking photos. After climbing the mountain, Mrs. Yamada was very tired. However, Mr. Yamada told her that she could sleep on the comfortable train.

【訳】 ☆ では，絵を見てその状況を説明してください。準備する時間は20秒あります。話はカードにある文で始めなければなりません。〈20秒後〉始めてください。

★ ある日，ヤマダ夫妻は山に行くことにしました。ヤマダさんは妻に「特別な電車があると聞いているんだ」と言いました。次の日，電車の中で，ヤマダ夫人は長いテーブルの席に座り，お茶を飲みました。ヤマダさんは写真を撮ろうと考えていました。山に登った後，ヤマダ夫人はとても疲れていました。けれども，ヤマダさんは彼女に心地よい電車で眠ることができると言いました。

【解説】 3コマのイラストの内容を順番に描写していく。指示文にあるように，カードにある One day, ... の文から始めよう。

次に，1コマ目にある英文のせりふを，Mr. Yamada said to his wife, "...." のように「直接話法」で説明する（「間接話法」にしてもよいが，その場合は代名詞や時制などに注意が必要だ）。

2コマ目の描写は，1コマ目との間にある矢印内の英文で始める。まず，イラストの状況を1文で表現し，次に吹き出しのイラストを Mr. Yamada was thinking of [about] ... の形で説明する。

3コマ目も，2コマ目の間にある矢印内の英文で始め，イラストの状況を1文で表現する。吹き出しのイラストは Mr. Yamada が Mrs. Yamada に向かって話しているから，Mr. Yamada told Mrs. Yamada[her] that .... の形で説明する。

● あなたの考えを問う質問

No. 3 ☆ Some people say that in the near future, cars will be self-driven, which means they will be driven by computer. What do you think about that?

(agree の例)

★ I agree. I think technology is advancing. Humans will no longer have to drive their own cars.

(disagree の例)

★ I disagree. Many people will not trust this technology. I think human-driven cars will remain popular.

【訳】 ☆近い将来，車は自動運転，つまりコンピューターによって運転されるという人もいます。あなたはそのことについてどう思いますか。

(agree の例)

★私もそう思います。技術は進歩していると思います。人々は自分自身の車をもう運転する必要がなくなります。

(disagree の例)

★私はそうは思いません。多くの人はこの技術を信用しません。私は，人が運転する車は人気があり続けると思います。

【解説】 No. 3 の質問は，What do you thing about 〜 ? の形の疑問文で，ある意見に賛成するか，賛成しないかを尋ねられる。I agree. あるいは I disagree. で始め，その理由を 2 文程度で説明しよう。

例題は，近い将来に車が「自動運転」になると思うかどうかである。

I agree. と言う場合は，「自動車技術の進歩」(advances in car technology) や人々の信頼 (people's trust in the technology) などが理由としてあげられるだろう。

I disagree. と言う場合は，「人々はこの技術を信用しない」(People do not trust this technology.) や，「人々は自分で運転するほうを好む」(People would prefer driving themselves.) などという理由が考えられる。

● あなたの考えを問う質問

> **No. 4** ☆ Today in Japan, many people are calling for more childcare centers. Do you think the government should increase such centers?
>
> (Yes の例)
>
> ★ Yes.
>
> ☆ Why?
>
> ★ Many families with children want to work. Having more childcare centers will make this possible.
>
> (No の例)
>
> ★ No.
>
> ☆ Why not?
>
> ★ I don't think we should rely on the government. Each community should think of their own system.

【訳】　☆ 今日，日本ではたくさんの人がより多くの保育所を求めています。政府はそのような施設を増やしたほうがいいと思いますか。

(Yes の例)

★ はい。

☆ どうしてですか。

★ 子供のいるたくさんの家族は働きたがっています。より多くの保育所があれば，これが可能になります。

(No の例)

★ いいえ。

☆ どうしてですか。

★ 私たちは政府に頼るべきではないと思います。それぞれのコミュニティが自らの制度を検討すべきだと思います。

【解説】　No. 4 の質問は，Do you think (that) ~? の形の疑問文で，Yes と思うか，No と思うかを問われる。Yes. あるいは No. と答えると，面接官が Why? / Why not? とさらに説明するようにうながすので，理由を 2 文程度で説明しよう。

例題は「政府が保育所を増やすべきと思うか」である。Yes の意見では，「多くの母親がフルタイム（正規）で働きたいと思っている」(Many mothers want to work full-time.) などとも言える。

Promoting Local Businesses

Today, many music festivals are held outdoors in the countryside. People come from all over the country to listen to music while surrounded by nature. Businesses from nearby areas set up shops to sell local food or locally made products. Music festivals provide an opportunity to promote such shops, and in this way they attract more tourists and help the local economy.

Your story should begin with this sentence: **One day, Takuya and Yuki went to a large outdoor music festival.**

Let's go to the biggest stage first.

At lunchtime

That night

Questions

No. 1 According to the passage, how do music festivals attract more tourists and help the local economy?

No. 2 Now, please look at the picture and describe the situation. You have 20 seconds to prepare. Your story should begin with the sentence on the card.
   <20 seconds>
Please begin.

Now, Ms. / Mr. _____, please turn over the card and put it down.

No. 3 Some people say that in the near future, people will stop buying CDs and only listen to music online. What do you think about that?

No. 4 These days, many companies are encouraging their employees to dress less formally during the hot summer months. Do you think this is a good idea?

【問題の訳】

地元のビジネスの促進

今日，多くの音楽フェスティバルは地方の野外で行われる。自然に囲まれながら音楽を聞くために，人々は全国から集まる。周辺エリアの会社はお店を設置し，地元の料理や地元で生産した商品を売る。音楽フェスティバルはこのようなお店を促進する機会を与え，そうすることで音楽フェスティバルは，より多くの観光客をひきつけ，地元の経済の役に立っている。

No. 1 パッセージによれば，音楽フェスティバルはどのようにしてより多くの観光客をひきつけ，地元の経済の役に立っていますか。

No. 2 では，絵を見てその状況を説明してください。20秒間，準備する時間があります。話はカードにある文で始めてください。
〈20秒後〉
始めてください。

では，_____さん，カードを裏返して置いてください。

No. 3 近い将来，人々はCDを買うのをやめ，音楽をオンラインでしか聞かなくなるという人がいます。あなたはこのことについてどう思いますか。

No. 4 近頃，多くの会社が夏の暑い期間は，従業員にあまりフォーマルではない服装を着るようにうながしています。あなたはこれをいいアイデアだと思いますか。

【解答例】

No. 1 By providing an opportunity to promote shops that sell local food or locally made products.
「地元の料理や地元で生産した商品を売るお店を促進する機会を与えることによってです」

No. 2 One day, Takuya and Yuki went to a large outdoor music festival. Takuya said, "Let's go to the biggest stage first." At lunchtime, Takuya was thinking about buying[eating] a hot dog. Yuki was waiting in line to get something to drink. That night, Yuki was listening to music. Takuya was thinking that he couldn't watch TV.
「ある日，タクヤとユキは大きな屋外音楽フェスティバルに行きました。タクヤは，『最初に一番大きなステージに行こう』と言いました。昼食の時間，タクヤはホットドッグを買おうと考えていました。ユキは飲み物を買うために並んでいました。その晩，ユキは音楽を聞いていました。タクヤはテレビが見られないと思っていました」

※2コマ目：ユキについての文の wait in line は「並んで待つ」という意味のイディオム。これを思いつかなくても，
Yuki was waiting at the stand to buy her drink.「ユキは売店で飲み物を買うためにスタンドで待っていました」とすればよいだろう。
※3コマ目：タクヤは
Takuya was thinking of watching TV but he couldn't.
「タクヤはテレビを見ようと思いましたが，できませんでした」でもよい。

No. 3 （agree の例）
I agree. I stopped buying CDs years ago. I listen to music through my smartphone now.
「私もそう思います。私は何年も前に CD を買うのをやめました。今はスマートフォンで音楽を聞いています」
（disagree の例）
I disagree. Fans of music will always want something they can touch and collect. I think they will continue to buy CDs.
「私はそう思いません。音楽ファンはいつも何か触ることができて，集められるものを欲しがります。彼らは CD を買い続けると思います」
※ Music fans like to see the design of CD jacket as well as the music.
「音楽ファンは音楽だけでなく CD ジャケットのデザインを見るのが好きです」のような理由もよいだろう。

No. 4 Yes.「はい」（→ Why?「どうしてですか」）
It is too hot to wear a suit in the summer. I think employees should be allowed to wear cool clothing.
「夏の間はスーツを着るには暑すぎます。従業員は涼しい服装を着ることを許可されるべきだと思います」
※ We must reduce the use of air conditioners and save energy.
「エアコンの使用を少なくしてエネルギーを節約すべきです」などの理由もよいだろう。
No.「いいえ」（→ Why not?「どうしてですか」）
It is important for employees to look professional. This means they must wear a suit even when it is hot.
「従業員はプロフェッショナルに見えることが重要です。これは，暑いときもスーツを着なければいけないことを意味します」
※ These days, most of the offices are air-conditioned.
「最近はほとんどのオフィスにエアコンがついています」なども理由にあげられるだろう。

Healthy Shopping Decisions

Nowadays, many people are trying to eat healthy. For example, some shops sell vegetables that have been grown locally and not transported from far away. Some people are careful to buy such vegetables, and by doing so, they can eat fresher vegetables. Furthermore, when buying meat, they check to see which farm or area it comes from. This allows them to make informed choices.

Your story should begin with this sentence: **One day, Hiroshi was watching his mother cutting a carrot to make a salad.**

- Don't throw the carrot top away.
- That night
- A week later

Questions

No. 1 According to the passage, how can some people eat fresher vegetables?

No. 2 Now, please look at the picture and describe the situation. You have 20 seconds to prepare. Your story should begin with the sentence on the card.
    <20 seconds>
Please begin.

Now, Ms. / Mr. _____, please turn over the card and put it down.

No. 3 Some people say that we should not eat meat, but only vegetables. What do you think about that?

No. 4 These days, babies are exposed to smartphones almost as soon as they are born. Do you think babies and small children should be near smartphones?

【問題の訳】

> **健康的な買い物の決断**
>
> 　最近，多くの人が健康的な食生活を送ろうとしている。例えば，一部の店は遠くから輸送された野菜ではなく，地元で栽培されたものを売っている。一部の人はこういった野菜を買うように気をつけ，そうすることで，彼らはより新鮮な野菜を食べることができる。さらにお肉を買うとき，彼らはどの農場や地域の産物かを確認している。これにより，彼らは十分な情報に基づいた選択ができる。

No. 1　パッセージによれば，どのようにして一部の人はより新鮮な野菜を食べられるようにしていますか。

No. 2　では，絵を見てその状況を説明してください。20秒間，準備する時間があります。話はカードにある文で始めてください。
〈20秒後〉
始めてください。

では，＿＿＿＿＿＿さん，カードを裏返して置いてください。

No. 3　私たちはお肉を食べずに野菜だけ食べるべきだという人もいます。あなたはそれに対してどう思いますか。

No. 4　今日，赤ちゃんは生まれてほぼすぐスマートフォンに触れます。あなたは赤ちゃんと幼児はスマートフォンのそばにいていいと思いますか。

【解答例】

No. 1　By being careful to buy vegetables that have been grown locally and not transported from far away.
「遠くから輸送された野菜ではなく，地元で栽培されたものを買うように気をつけることによってです」

No. 2　One day, Hiroshi was watching his mother cutting a carrot to make a salad. When she finished cutting it, he said to her, "Don't throw the carrot top away." That night, Hiroshi was thinking of growing the leaves. His mother put some water in a bowl for him. A week later, the leaves had grown very tall. His mother handed[gave] him some more carrot tops so he could grow them.
「ある日，ヒロシはお母さんがサラダを作るためにニンジンを切っているところを見ていました。お母さんがニンジンを刻み終わったとき，ヒロシはお母さんに，「ニンジンの頭の部分を捨てないで」と言いました。その晩，ヒロシはニンジンの葉を育てようと思いました。彼のお母さんはお椀にお水を入れてあげました。

1週間後，葉はとても伸びていました。お母さんは彼が育てられるように，さらにいくつかのニンジンの頭を渡しました」

※1コマ目：イラストでは，まだ刻んでいる最中のように見えるので，
When she was cutting it, he said to her, ...「お母さんがニンジンを刻んでいるときヒロシはお母さんに…と言いました」でもよい。

※2コマ目：
Hiroshi was thinking of growing a carrot top.
「ヒロシはニンジンの頭を育てようと思いました」や
Hiroshi was imagining that the carrot leaves were growing.
「ヒロシはニンジンの葉が成長しているところを想像しました」としてもよい。

No. 3 （agree の例）
I agree. Killing animals is cruel. It is also healthier for humans to eat just vegetables.
「私もそう思います。動物を殺すことは残酷です。また，野菜だけを食べるほうが人々にとってより健康的です」

（disagree の例）
I disagree. Meat is an important part of our diet. It helps to make our bodies strong.
「私はそう思いません。肉は私たちの食生活において重要な要素です。それは私たちの体を強くすることに役立ちます」

※上の第2文は Meat is an important food for our health.「肉は私たちの健康にとって大切な食べ物です」でもよい。

No. 4 Yes.「はい」（→ Why ?「どうしてですか」）
There are many smartphone programs for babies nowadays. They can help with their development.
「最近，赤ちゃん向けのプログラムがたくさんあります。それらは，彼らの発育に役立ちます」

※上の第2文は Babies can learn many things with them.「赤ちゃんはそれらで多くのことを学ぶことができます」としてもよい。

No.「いいえ」（→ Why not?「どうしてですか」）
They should not be looking at screens from such a young age. They should learn to connect with people instead.
「彼らはそれほど幼い頃から画面を見るべきではないと思います。彼らは代わりに人々とつながることを学ぶべきだと思います」

※ It is said that the light from the screen is not good for babies' eyes.
「スクリーンからの光が赤ちゃんの目に良くないと言われています」などの理由もあげられる。

挑戦！ 模擬テスト
Prep Test

2級の問題の解き方について学んだ後は，模擬問題にチャレンジしてみよう。巻末の解答用紙を用意して，マークシートにも慣れておこう。

筆　記

1　次の (1) から (20) までの (　) に入れるのに最も適切なものを 1, 2, 3, 4 の中から一つ選び，その番号を解答用紙の所定欄にマークしなさい。

(1) William Shakespeare's play "Romeo and Juliet," first published over 400 years ago, is considered a (　　).
1 hardship　　**2** souvenir　　**3** rumor　　**4** masterpiece

(2) Martin's family has lived in England for three generations. His grandparents were (　　) from Africa, and they came to England by ship.
1 satellites　　**2** pedestrians　　**3** immigrants　　**4** hormones

(3) Sarah's old friend from high school invited her out for a game of tennis. It had been years since Sarah had played, and her (　　) hurt for days afterward.
1 fingerprints　　**2** muscles　　**3** vehicles　　**4** patterns

(4) In science class, Gary learned that some brightly colored plants and flowers contain (　　), but birds and animals know to avoid them.
1 equipment　　**2** poisons　　**3** fossils　　**4** zones

(5) Carla had a high fever, pain in her throat, and her arms and legs ached. When she explained her (　　) to her doctor, she was told that she had a cold.
1 symptoms　　**2** objections　　**3** donations　　**4** outlines

(6) When Laura decided to paint the walls of her room white, she had no idea about how much effort was required to (　　) the white color. They became dirty quickly and had to be repainted.
1 involve　　**2** steal　　**3** maintain　　**4** document

(7) Though people were not allowed to speak in the library, Greg could hear some children talking. It was difficult for him to (　　) on his work.
1 explore　　**2** concentrate　　**3** perform　　**4** measure

(8) *A:* Do you want to order any dessert, Bill? I'd like to try the chocolate cake, but I'm a bit full.
B: Why don't we order just one and (　　) it then?
1 split　　**2** resign　　**3** invade　　**4** dump

(9) When Ellen tripped and fell on the stairs, she was very embarrassed. But her friends (　　) her that no one aside from them had noticed.
1 occupied　　**2** assured　　**3** dedicated　　**4** fastened

(10) James admired his political science professor in many ways, but was (　　) impressed by how he respected the students' opinions, even when they were quite different from his.
1 accordingly　　**2** particularly　　**3** accidentally　　**4** chemically

(11) Todd spotted a cheap table at a used furniture store. But since it would be expensive to have it sent to his house, he realized that it was not (　　) the trouble.
1 beneficial　　**2** ordinary　　**3** worth　　**4** suitable

(12) **A:** I am never going to understand these dance moves. They are too difficult!
B: (　　) you have patience, you will never learn. Don't try to understand it all at once. Learn it step by step.
1 Now　　　**2** Since　　　**3** Wherever　　　**4** Unless

(13) Cherry blossoms generally bloom in late March to early April, but because of the cold weather, the flowers are growing slower and are (　　) schedule.
1 toward　　　**2** against　　　**3** behind　　　**4** into

(14) **A:** John, can I ask you to make a phone call to Australia this afternoon?
B: I'd rather do that tomorrow morning, if that's all right (　　) you. It's almost nighttime there.
1 with　　　**2** to　　　**3** on　　　**4** at

(15) Mary tried calling an international phone number from her smartphone, but she couldn't get (　　).
1 in　　　**2** through　　　**3** by　　　**4** across

(16) What we enjoy doing as children often has a great (　　) our future careers, although we may not know it at the time.
1 increase in　　**2** age of　　**3** influence on　　**4** range of

(17) The reason that scientists often (　　) experiments with mice is that they are similar in biology and behavior to humans.
1 compare with　　**2** carry out　　**3** adapt to　　**4** exchange for

(18) At Kenji's junior high school, students had to take French class. Many of his classmates had started learning it in elementary school, so he felt that he was at a (   ).
    1 decision   **2** target   **3** disadvantage   **4** degree

(19) *A:* Sally, I heard you talking in your sleep last night. Are you all right?
B: I'm fine, Mother. I had a nightmare. In it I (   ) by a dog.
    1 would be chasing   **2** was being chased
    3 had chased   **4** was chasing

(20) Lauren's birthday party (   ) held outside in her backyard if it had not rained so hard the night before.
    1 would have been   **2** was
    3 had been   **4** will have been

The Invention of the Shopping Cart

Many countries use a shopping cart when shopping. In the United States, there are 25 million shopping carts in supermarkets, and it is said that after cars, the shopping cart is the most commonly used vehicle. The shopping cart was invented by Sylvan Goldman, who was born in 1898. When he was growing up in America, grocery stores usually had one employee that stood behind a counter with products on a shelf behind them. However, in 1920, when Goldman opened his first supermarket, it had (21) so customers could walk around and take what they needed by themselves.

Though his supermarkets became very popular, the Great Depression in the 1920s and 30s made business difficult. Trying to come up with a new business idea, Goldman realized that if people had something easier than a wire basket to place their groceries, (22). Goldman created a design that used two folding chairs on top of each other, with a wire basket on top of each seat. He added four wheels at the bottom. In 1936, Goldman started providing these shopping carts at his supermarkets. He created newspaper ads that talked about how they made shopping easier. He also hired actors that walked around the store, using the cart and pretending to shop. Slowly, people got used to using the shopping cart.

Eighty years later, the shopping cart has remained mostly the same. A kind of shopping cart that could be stacked horizontally was invented in 1946, and some stores now use plastic carts instead of metal ones. One major change is in size. Stores have discovered that larger carts lead consumers to shop 40% more than they would with a standard size cart. But perhaps the most significant indication of how (23) can be seen in online shopping. Even when shopping over the Internet, the concept and image of a shopping cart is used when keeping track of what you want to buy.

(21) **1** a section that sold vehicles
 2 a store without any employees
 3 a self-serve system
 4 many large refrigerators

(22) **1** supermarkets could be built larger
 2 they would use shopping carts more
 3 he could end the Great Depression
 4 they could purchase more things

(23) **1** the shopping cart has endured
 2 no one uses shopping carts anymore
 3 much shopping methods have changed
 4 much more people shop today

China's Economic Power

China is a country with a population of 1.3 billion people. Its economy is growing every year, and people are spending more money than they have in the past. The country's economic potential has interested businesses from all over the world who want to (24), and they are making products with the Chinese market in mind. One such example is the United States film industry. China has a large number of movie theaters, and their movie audience will grow even larger in the future. This has led Hollywood to make films for Chinese audiences. Big-budget Hollywood films, such as action movies, often refer to China in some way. Some scenes may take place in China, or the film may include Chinese actors or use Chinese products.

Another sign of China's economic power can be seen in the number of Chinese tourists traveling abroad. Close to 62 million people traveled outside China in the first half of 2015, and this number has been growing in the past several years. One popular destination is Japan. (25) it became clear that the large number of tourists from China was helping the Japanese economy, stores began focusing on offering a good shopping experience to Chinese customers. In Tokyo's Ginza district, which is a very popular tourist spot, many stores have Chinese-speaking employees. Stores also make sure to stock products that are popular among Chinese customers.

However, selling a product to the Chinese market is not always easy. Famous brands from around the world have tried opening up stores in China, only to fail. Since the country is so large, it is difficult to make predictions about (26). For example, attitudes about spending money are completely different depending on the age of the people. Spending habits among people in the city and the countryside can be completely different, too. Therefore, companies looking to enter the Chinese market must think carefully about what consumers want.

(24) **1** bring more people to China
 2 export their products to China
 3 make their country larger
 4 get their own country to spend more

(25) **1** Nevertheless
 2 Always
 3 Just
 4 Once

(26) **1** who likes to go shopping
 2 which city will grow larger
 3 when and where people want to travel
 4 how people will respond to a brand

3 A

次の英文 A，B，C の内容に関して，(27) から (38) までの質問に対して最も適切なもの，または文を完成させるのに最も適切なものを 1, 2, 3, 4 の中から一つ選び，その番号を解答用紙の所定欄にマークしなさい。

From:　Michael Bennett <mbennett@northfort.gov>
To:　　Kate Marsh <kate.marsh@gomail.com>
Date:　June 22, 2016　10:15
Subject:　Thank you for registering

Dear Kate Marsh,

Thank you for registering to use North Fort's public bicycle sharing system. We currently have one million regular users and over 5,000 bicycles at 460 stations. You can rent or return a bicycle at any station, any time you want. After a two-year trial period in which we tested the demand for this program and gathered feedback from users, we have concluded that the bike sharing program is essential to this city.

We have some more good news. After receiving comments from users about adding bike stations in other cities, beginning July 1, we are expanding our program to three neighboring cities. You will now be able to take out and return bikes in the areas of Scout, East Fort, and Hampton. The pricing system will continue to be $2.00 for the first three hours, and 50 cents per extra half hour.

We plan to put up notices of the expansion in all bike stations. In addition, to help spread the word, we are holding a campaign. Between July 1 and August 31, if you post a photo of your ride on one of our bicycles or write about it on social media, you will receive a free ride. We hope you enjoy using our system. Please give us any suggestions for improvement.

Sincerely,
Michael Bennett

(27) What is one thing we learn about the bicycle sharing system?
    1 It is not a very popular system.
    2 There are 460 stations throughout the country.
    3 They ask users for their feedback.
    4 The bicycles were built by citizens.

(28) How will the bike system change?
    1 It will cost more to rent a bicycle.
    2 The bicycles will be upgraded.
    3 The system is expanding to other cities.
    4 Students will pay $2.00 for three hours.

(29) Between July 1 and August 31,
    1 the city will conduct a promotional campaign.
    2 all bike stations will be closed for construction.
    3 the bicycles will be photographed.
    4 all users can ride the bicycles for free.

The Social Advantage of Being Bilingual

Being bilingual or multilingual, that is, being able to use more than one language fluently, has long been considered a useful skill. Being bilingual allows people to communicate with a larger number of people, and be a part of different cultures. It can also be a helpful skill when looking for a job. While such advantages have been long established through research, scientists today are more focused on less obvious advantages.

Several years ago, the University of Chicago's developmental psychology lab conducted an experiment that tested the social abilities of children. A group of children between the ages of four to six were selected, including both bilingual or multilingual and monolingual, that is, who spoke only one language. Researchers presented the children with a situation where they had to consider things from another person's point of view to fully understand.

The results showed that bilingual or multilingual children have better understanding ability than monolingual children. The researchers think this is because bilingual or multilingual children are used to considering their surroundings, and choose which language to use depending on the situation. They also consider what isn't being said with words, and think about things from the other speaker's point of view. But the researchers found another interesting fact: children who were monolingual, but were constantly surrounded by another language (for example, a child spoke English but his or her grandparents spoke Spanish) also scored just as high as bilingual children.

Therefore, the researchers were confident that regular exposure to a different language leads children to develop strong social skills. Being bilingual or multilingual is not just about speaking and writing. It also includes understanding the perspectives of different people and knowing how and when to use that skill. However, since becoming bilingual or multilingual is not possible for everyone, the researchers were encouraged by the results of monolingual children who are raised in bilingual environments. They show that there is a way for children to obtain stronger social skills and enjoy some of the benefits of being bilingual.

(30) What is one obvious advantage of being bilingual?
   1 It is easier for bilingual people to find things out for themselves.
   2 It keeps the brain active into old age, and helps delay brain disease.
   3 It can help you communicate with people from different parts of the world.
   4 Bilingual people do not have to spend much time studying for tests.

(31) The children who took part in the experiment
   1 were asked by the researchers to draw a picture of other children.
   2 included both monolingual and bilingual or multilingual children.
   3 had not learned to read, so were tested in speaking skills only.
   4 were able to speak more than one language fluently.

(32) What do researchers think is an advantage that bilingual or multilingual children have?
1 They can speak not only English, but Spanish as well.
2 They grow up to be unafraid of cultures outside their own.
3 They speak and write in one language at a very high level.
4 They can consider things from another person's point of view.

(33) What do the results of this study indicate about monolingual children?
1 They are very good at playing with other children.
2 All monolingual children have a lower level of social skills than bilingual children.
3 All monolingual children have a high level of social skills.
4 If exposed to another language, they can have the same social skills as bilingual children.

Fracking and its Possibilities

Fracking is a technique where high-pressure water is used to split a rock layer that lies deep below the ground. By applying a mixture of water, sand and some kinds of chemicals with extreme pressure to rock layers through the hole, oil and natural gas can be released. The holes are drilled down first vertically to over 3,000 meters below the ground, then horizontally to several hundred meters, making it easier to search new areas.

This method of fracking has existed for about 70 years, but has gained attention in the past decade because of its potential to find new sources of energy. In the United States and Canada, fracking has provided enough oil to last for about 100 years. The United States has become the world's top oil and natural gas producer in the world. Another advantage of fracking is that it creates thousands of jobs for people who work in the fracking industry.

However, despite some positive points, fracking is also highly controversial. The main concern is its effect on the environment. Since fracking forces huge amounts of water and chemicals into the ground, it could cause pollution of groundwater. In addition, some scientists suspect that small earthquakes sometimes occur because of the cracks produced by fracking. An increased number of earthquakes have been reported in areas that conduct fracking, even in areas not known to have had them before.

These effects have led to various reactions from countries. The United States and Canada are considered leaders in fracking. Countries such as Russia and China have much to gain by fracking. However, in Europe, interest in fracking seems to have decreased. France uses a lot of nuclear energy and has banned fracking. The Netherlands has also banned it until 2020, and one reason was concerns about the environment. Poland and Romania were initially interested, but they could not successfully obtain oil. In addition, the public was strongly against it. It remains to be seen whether fracking will be more widely adopted by the world.

(34) What happens when high-pressure water mixture is added to a rock layer?
  1 The broken rocks fill up the spaces in the holes.
  2 A hole is drilled first vertically, then horizontally.
  3 Millions of gallons of water flow out.
  4 A lot of sources of energy can be released.

(35) What is one benefit of fracking?
  1 It allows countries to claim that they are the top producer of new energy.
  2 It will lead to thousands of new jobs being created.
  3 It provides cleaner energy than solar energy to millions of people.
  4 It will be possible to reduce the effects of global warming.

(36) The occurrence of small earthquakes has
  1 made it easier to dig holes into the ground.
  2 made it difficult to transport large amounts of water.
  3 led to concern about environmental problems fracking causes.
  4 led fracking experts to think more about drilling techniques.

(37) What is one reason why Europe is less interested in fracking?
   1 Many countries already get enough energy from natural resources.
   2 Some countries have banned both nuclear power plants and fracking.
   3 Fracking has been proven to work only in Canada and the United States.
   4 In many countries people are strongly opposed to fracking.

(38) Which of the following statements is true?
   1 The negative effects of fracking are not known to many people.
   2 The technique of fracking came to be known in the last decade.
   3 Fracking may allow some countries to be less dependent on imports of oil.
   4 France has been very successful in fracking.

4

- 以下の TOPIC について，あなたの意見とその理由を 2 つ書きなさい。
- POINTS は理由を書く際の参考となる観点を示したものです。ただし，これら以外の観点から理由を書いてもかまいません。
- 語数の目安は 80 語〜 100 語です。

TOPIC
Japanese workers are known for working longer hours than other countries. Do you think this will change in the future?

POINTS
・Cost
・Efficiency
・Health

リスニング

① このリスニングテストには，第1部と第2部があります。

★ 英文はすべて一度しか読まれません。

第1部……対話を聞き，その質問に対して最も適切なものを1，2，3，4の中から一つ選びなさい。

第2部……英文を聞き，その質問に対して最も適切なものを1，2，3，4の中から一つ選びなさい。

② No. 30 のあと，10 秒すると試験終了の合図がありますので，筆記用具を置いてください。

第1部　CD 65～79

No. 1
1. A horror movie.
2. A documentary.
3. A drama.
4. A comedy.

No. 2
1. She will go shopping.
2. She went on a trip.
3. She will see a dentist.
4. She lives far away.

No. 3
1. Working in an office.
2. Visiting countries in Europe.
3. Taking a short vacation.
4. Saving up money for travel.

No. 4
1 Look after her sister's children.
2 Teach Greek.
3 Work at a café.
4 Teach at a school.

No. 5
1 That Holly didn't go to the gathering.
2 That Fred has many relatives.
3 How large Fred's house is.
4 How the children were well behaved.

No. 6
1 Signs and signals for blind pedestrians.
2 How to cross the street.
3 Road signs in different countries.
4 The laws of their city.

No. 7
1 He forgot to bring his wallet.
2 He does not know a lot about tea.
3 He is looking for a good present.
4 He does not like drinking tea.

No. 8
1 Going to see a soccer match.
2 Working at the office.
3 Playing soccer with his coworkers.
4 Playing basketball with another company.

No. 9
1 The restaurant has closed.
2 The woman has the movie tickets.
3 The restaurant is difficult to find.
4 The train station is very crowded.

No. 10
1 She drives an expensive car.
2 It is very clean and large.
3 She is late for her meeting.
4 It has a lot of parking spaces.

No. 11
1 Give her his seat.
2 Give her directions.
3 Help her sit down.
4 Help her off the train.

No. 12
1 How to use a computer.
2 Which stair to take.
3 Directions to an office building.
4 A trick to using the elevator.

No. 13
1 They ran out of food.
2 People did not like the food.
3 Matthew forgot to order the food.
4 Everyone was too busy to come.

No. 14
1 She didn't know how to grow tomatoes.
2 She wants to use environmentally friendly products.
3 The store is close to her house.
4 The man recognizes the type of the bug.

No. 15
1 She wants to change rooms.
2 The bathroom has no hot water.
3 She needs more towels.
4 The bed needs to be repaired.

第2部 CD 80〜94

No. 16
1 She couldn't guess what people liked.
2 Customers wouldn't enjoy her ice cream.
3 She might drop the ice cream.
4 She would get customers' orders wrong.

No. 17
1 The concert was very far away.
2 It was held late at night.
3 She does not like the trumpet.
4 Carl was very good at the trumpet.

No. 18
1 She gave it to her children.
2 She let people stay at her home.
3 She turned it into a restaurant.
4 She rented out a room.

No. 19
1 He was an editor of the British newspaper.
2 He had spent time in Britain before.
3 Readers asked him to express his opinions.
4 Readers were asked to share their views.

No. 20
1 It was too large.
2 She couldn't return it.
3 It had a small hole in it.
4 She wanted a different color.

No. 21
1 It was not crowded.
2 It was about British art.
3 It was held during regular visiting hours.
4 It was his own exhibit.

No. 22 1 By moving to a smaller apartment.
        2 By renting some rooms to students.
        3 By selling the house over the Internet.
        4 By giving the house to their kids.

No. 23 1 He talks to them a lot.
        2 He looks around their age.
        3 He is very fluent in Spanish.
        4 He is very strict with them.

No. 24 1 They eat other animals.
        2 They are active at night.
        3 They are the size of a mouse.
        4 They are found all around Asia.

No. 25 1 People stay indoors all year.
        2 It has a very small population.
        3 It is extremely cold even during summer.
        4 Many people live in traditional tents.

No. 26 1 Grapes are imported from outside France.
        2 Foreigners can be hired to pick grapes.
        3 It occurs in the winter.
        4 Grapes are picked entirely with machines.

No. 27 1 A train made an emergency stop.
        2 There are more trains than usual.
        3 The weather has been bad.
        4 The trains are extremely crowded.

No. 28　**1** Eat fresh fish from the ocean.
　　　　　2 Learn how to ride a boat.
　　　　　3 See the marine life of the island.
　　　　　4 Take a tour of islands in the area.

No. 29　**1** Go to Helen's house.
　　　　　2 Introduce themselves to the class.
　　　　　3 Remember when the class started.
　　　　　4 Make Helen feel welcome.

No. 30　**1** Get your partner to help you.
　　　　　2 Take a break if you feel tired.
　　　　　3 Practice yoga every day.
　　　　　4 Learn to do all the poses at home.

筆記　解答・解説

1

(1) 【正解】 **4** masterpiece

【訳】 ウィリアム・シェイクスピアの戯曲『ロミオとジュリエット』が最初に出版されたのは400年以上前であるが，傑作と見なされている。

【解説】 "Romeo and Juliet" ... is considered a (　　)「『ロミオとジュリエット』は(　　)と見なされている」(be considered (to be) A「Aと見なされている」)。400年たった今日でも映画化されたり上演されたりするということは，極めて優れているという証しである。そのような作品を人は何と呼ぶか。　1 hardship「苦難」　2 souvenir「記念品」　3 rumor「うわさ」　**4 masterpiece「(最高)傑作」**

---

(2) 【正解】 **3** immigrants

【訳】 マーティンの家族は3世代イギリスに住んでいる。彼の祖父母はアフリカからの移民であり，船でイギリスに来た。

【解説】 最初の文に，マーティンの家族はイギリスに住んで3世代になるとある。続く第2文に，第一世代の祖父母はアフリカから船でやって来たとある。ということは祖父母はアフリカからの移民である。したがって **3 immigrants「移民」**が正解。ちなみに，外国からの移民は immigrant，外国への移民は emigrant と言う。　1 satellites「衛星」　2 pedestrians「歩行者」　4 hormones「ホルモン」

---

(3) 【正解】 **2** muscles

【訳】 サラの高校からの旧友がテニスの試合に誘ってくれた。サラは何年もテニスをしていなかったので，その後何日も筋肉が痛かった。

【解説】 her (　　) hurt「彼女の(　　)が痛かった」。長い間運動をしていないで，いきなりテニスをして体を動かしたら，その後痛くなるのはどこか。問題文の It had been years since ... had *done*「…が〜してから何年もたっていた」→「何年も〜していなかった」はよく使う表現なので覚えておこう。　1 fingerprints「指紋」　**2 muscles「筋肉」**　3 vehicles「車」　4 patterns「型，模様」

---

(4) 【正解】 **2** poisons

【訳】 ゲーリーは科学の授業で，鮮やかな色彩の植物や花の中には毒を含むものがあること，そして鳥や動物はそれらを避けるべきだと知っているということを学んだ。

【解説】 ... plants and flowers contain (　　)「…の植物や花が(　　)を含む」から，空欄に入る語は植物に含まれるものである。後半の ... know to avoid them は「(鳥や動物) はそれらを避けるべきことを知っている」の意味。them「それら」は空欄に入る語を指している。したがって **2 poisons「毒」**が正解。1 equipment「設備」　3 fossils「化石」　4 zones「地帯」

251

(5) 【正解】 **1 symptoms**
【訳】 カーラは高熱があり，のどに痛みがあり，腕と足が痛かった。症状を医者に説明したところ，風邪を引いていると言われた。
【解説】 explained her (   ) to her doctor「医者に(   )を説明した」の意。医者に行って「体のどの部分が，いつから，どのように痛い」とか「よく眠れない」などと説明するのは 1 symptoms「症状」についてである。2 objections「反対」 3 donations「寄付金」 4 outlines「概略」

(6) 【正解】 **3 maintain**
【訳】 ローラが部屋の壁を白く塗ろうと決めたとき，白を保つためにはどれくらい努力が必要か知らなかった。すぐ汚れてしまい，塗り替えなければならなかった。
【解説】 (   ) the white color「白色を(   )」と，後半の became dirty quickly and had to be repainted「すぐ汚れてしまい，塗り替えなければならなかった」から，正解は 3 maintain「維持する」とわかる。壁を白くすると汚れが目立ってしまい，維持するのが大変という話。1 involve「巻き込む」 2 steal「盗む」 4 document「記録する」

(7) 【正解】 **2 concentrate**
【訳】 図書館の中で話すのは禁止されていたが，グレッグには子供たちの話し声が聞こえてきた。彼は仕事に集中するのが難しかった
【解説】 グレッグは話し声が聞こえてきて，(   ) on his work「仕事に(   )」ことができなかったと言っている。選択肢の 2 concentrate「集中する」を入れると concentrate on ～で「～に集中する」の意味になる。1 explore「探検する」 3 perform「演じる」 4 measure「測る」

(8) 【正解】 **1 split**
【訳】 A：何かデザートを注文しない，ビル？ 私はチョコレートケーキを試してみたいけれど，ちょっとおなかいっぱいなのよね。
B：じゃあ，1つだけ注文して分けるのはどう？
【解説】 A は食べてみたいけどおなかがいっぱい。そこで B は order just one and (   ) it「1つだけ注文して，それを(   )」という提案をした。選択肢では 1 split「切り分ける」が適切。2 resign「辞職する」 3 invade「侵入する」 4 dump「(ごみなどを) 捨てる」

(9) 【正解】 **2 assured**
【訳】 エレンは階段でつまずいて転び，とても恥ずかしかった。でも，友人たちは，ほかに誰も気づかなかったと請け合った。
【解説】 エレンは，恰好の悪い姿を見られたと思い，恥ずかしさでいっぱいだった (trip「つまずく」，fall「転ぶ」，be embarrassed「恥ずかしく思う」) が，そばにいた友人たちが慰めている。her friends (   ) her that ...「…ということを彼女に(   )」。空欄には 2 assured が適切 (assure A that ... で「A (人) に…ということを請け合う」とい

252

う意味になる)。that 以下は no one aside from them had noticed「彼らのほかには誰も気づかなかった」(aside from ～「～を除いて」)。 1 occupied (occupy「占有する」) 3 dedicated (dedicate「捧げる」) 4 fastened (fasten「締める」)

---

(10) 【正解】 **2 particularly**
【訳】 ジェームズは多くの点で彼の政治学の教授を尊敬していたが，特に学生の意見が自分とどんなに違っていても，それを尊重するところに感銘を受けた。
【解説】 多くの点で尊敬していたが was ( ) impressed by ... 「…に( )感銘を受けた」と限定しているので，by ... で述べることを強調する語が入りそうだと予想がつく (be impressed by how S V で「いかに…であるかに感銘を受ける」)。正解は **2 particularly**「特に」。1 accordingly「それに応じて」 3 accidentally「偶然に」 4 chemically「化学的に」

---

(11) 【正解】 **3 worth**
【訳】 トッドは中古家具店で安いテーブルを見つけた。しかし，家に送ってもらうには金がかかるため，それは骨を折る価値がないことに気づいた。
【解説】「(値段は安いが) 送ってもらえば運送代がかかる」という内容に続いて，he realized that it was not ( ) the trouble「骨折りに( )ないと気づいた」とある。この文意から，選択肢の **3 worth**「～の価値がある」を用いて not worth the trouble「骨を折る価値がない」とすればよい。1 beneficial「有益な」 2 ordinary「普通の」 4 suitable「適切な」

---

(12) 【正解】 **4 Unless**
【訳】 A：このダンスの振り付け，絶対わからないわ。難しすぎます!
B：忍耐力がなければ，決して覚えられませんよ。一気にすべてわかろうとしないで。少しずつ覚えなさい。
【解説】 ( ) you have patience, you will never learn「忍耐力を持つ( )，決して覚えることはできない」の空欄に入れて意味が通る接続詞は **4 Unless**「もし～でなければ」である。all at once「一度に」，step by step「一歩一歩，少しずつ」の意味。1 Now「～だから」 2 Since「～だから」 3 Wherever「どこで～しても」

---

(13) 【正解】 **3 behind**
【訳】 桜はふつうは3月下旬から4月上旬にかけて咲くが，寒冷のため，花の成長が遅く，予定より遅れている。
【解説】 寒さで花の成長が遅くなれば，開花がどうなるか考えればよい。**3 behind**「～より遅れて」を入れて，behind schedule で「予定より遅れて」の意味になる。なお，「予定より早く」は ahead of schedule となる。

---

(14) 【正解】 **1 with**
【訳】 A：ジョン，今日の午後オーストラリアに電話するのを頼んでもいいですか。

253

B：もし，差し支えなければ，明日の朝にしたいと思います。あちらはもうすぐ夜ですので。

【解説】 A から電話をかけてほしいとの依頼されたのに対し，B は I'd rather do that tomorrow morning「それを明朝にしたい」(would rather do は「(どちらかといえば)…したい」の意味) と言っている。ただし，if that's all right (　) you「あなたにとって問題なければ…」と相手の意向を聞いている。空欄には **1 with** を入れて be all right with A (人)「A (人) にとって申し分ない，差し支えない」の形にする。

---

(15) 【正解】 **2 through**

【訳】 メアリーはスマートフォンから国際電話番号に (電話を) かけてみたが，つながらなかった。

【解説】 メアリーは tried calling「…に電話をかけてみた」(try doing で「…してみた」) が，she couldn't get (　)「彼女は (　) なかった」で，うまくいかなかったことがわかる。空欄には **2 through** を入れて get through「電話がつながる」という意味のイディオムにする。

---

(16) 【正解】 **3 influence on**

【訳】 子供時代に楽しむことは将来のキャリアに影響することが多い。その時にはそれがわからないかもしれないが。

【解説】 … has a great (　) our future careers は「…は将来の職業に大きな (　) を持つ」。選択肢で意味を成す語は **3 influence on**「～への影響」である。have a great influence on で「～に大きな影響を持つ」の意味になる。 1 increase in「～の増加，上昇」　2 age of「～の年齢」　4 range of「～の範囲」

---

(17) 【正解】 **2 carry out**

【訳】 科学者がしばしばネズミを使って実験を行う理由は，ネズミの生態と行動が人間に似ているためだ。

【解説】 (　) experiments「実験を (　)」の後に来るのは，「行う」や「実行する」などの語だと考えられる。選択肢では **2 carry out**「行う」が適切。similar in biology and behavior は「生態と行動が似ている」(be similar in A「A が似ている」)。
1 compare with「～と比較する」　3 adapt to「～に順応する」　4 exchange for「～と取り換える」

---

(18) 【正解】 **3 disadvantage**

【訳】 ケンジの中学校では，生徒はフランス語の授業を受けなければならない。ケンジの同級生の多くは小学校でそれを習い始めていたので，彼は不利だと感じた。

【解説】 Many of his classmates had started learning it …, so「同級生の多くは…でそれを習い始めていた。それで…」から，ケンジには初めてだったことが推測できる。したがって，he felt that he was at a (　)「ケンジは自分が (　) と感じた」のである。正解は **3 disadvantage**「不利 (な点)」(be at a disadvantage で「不利な立場にある」)。 1 decision「決心」　2 target「目標」　4 degree「度，程度」

(19) 【正解】 **2 was being chased**
   【訳】　A：サリー，昨日の夜，寝ているときに何か話しているのを聞いたわ。大丈夫なの？
   　　　B：大丈夫よ，お母さん。悪夢を見たの。夢の中で犬に追いかけられていたの。
   【解説】 I（　　）by a dog とあるので，受動態である。選択肢では **2 was being chased** が受動態の過去進行形となり正解。in your sleep「睡眠中に」，be chased by ～「～に追いかけられる」。

(20) 【正解】 **1 would have been**
   【訳】　ローレンの誕生日パーティーは前夜にひどい雨が降らなければ，裏庭で行われていたはずである。
   【解説】 if の後が it had not rained「もし雨が降らなかったら」（仮定法過去完了）なので，主節は〈would＋have＋過去分詞〉の形にする。よって **1 would have been** が正解。the night before「その前の夜に」。

2 A

【問題文訳】

ショッピングカートの発明

　多くの国で，買い物をするときにショッピングカートを使う。アメリカのスーパーには合計 2,500 万台のショッピングカートがあり，車に続いてショッピングカートは最もよく使われる乗り物であると言われている。ショッピングカートは 1898 年に生まれたシルバン・ゴールドマンによって発明された。彼がアメリカで成長した当時は，食料品店には大抵 1 人の店員がいて，カウンターの後ろに立ち，その人の後ろの棚に商品が置いてあった。しかし，1920 年にゴールドマンが初めてスーパーを開いたとき，（　21　）があり，顧客は歩き回って，必要なものを自分で取ることができた。

　彼のスーパーはとても人気になったが，1920 年代と 30 年代の大恐慌によって事業が厳しくなった。新しいビジネスアイデアを考えているとき，ゴールドマンは人々が食料品を入れるのにワイヤーでできたバスケットよりも簡単なものがあれば，（　22　）ということに気づいた。ゴールドマンは 2 つの折りたたみいすを重ねて置き，それぞれの座席の上にワイヤーでできたバスケットを載せたデザインを作った。そして，4 つの車輪を下につけた。1936 年にゴールドマンはこのショッピングカートを自分のスーパーに置き始めた。彼は，カートがいかに買い物を楽にするかを説明した新聞広告を作った。また，お店の中を歩き回り，カートを使いながら買い物をするふりをする役者を雇った。徐々に人々はショッピングカートを使うことに慣れた。

　80 年後，ショッピングカートはほぼ同じままである。1946 年に水平に重ねて収納できるショッピングカートが発明され，一部の店は今や鉄製ではなくプラスチックのカートを使用している。大きな変化の 1 つは大きさにある。店は，大きなカートのほうが一般的な大きさのものより 40% 多く，客が買い物をすることを発見した。しかし，いかに（　23　）かを最もはっきりと表すものはオンラインショッピングにあるかもしれない。インターネット上で買い物をするときでさえ，買いたい商品を把握しておくために，ショッピングカートの考え方とイメージが用いられている。

(21) 【正解】 **3 a self-serve system**
　　【訳】　1　乗り物を売っているセクション
　　　　　　2　店員がいない店
　　　　　　3　セルフサービス方式
　　　　　　4　多くの大きな冷蔵庫
　　【解説】（　　）の後に，「客が歩き回って，必要なものを自分で取る」とあるから，そうしたやりかたを何と言うか考えればよい。

(22) 【正解】 **4 they could purchase more things**
　　【訳】　1　スーパーマーケットをより大きく建てられるだろう
　　　　　　2　ショッピングカートをもっと利用できるだろう
　　　　　　3　彼が大恐慌を終わらせることができるだろう
　　　　　　4　客がより多くの物を購入することができるだろう
　　【解説】（　　）は if people had something … 「もし人々が…なものを持ったならば […なものがあれば]」という仮定法の文の主節になっている。もし，金網製の買い物カゴに代わってもっと便利な入れ物ができたなら，客はどうするか考えてみるとよい。その日だけの買い物をしていた人が明日の分も買うとか，あるいは食料品をまとめ買いするとか，とにかく人は前よりもたくさん買い物をするようになると予想される。したがって，正解は 4 they could purchase more things「より多くの物を購入することができる」。ゴールドマンはそういう客の行動を見抜く洞察力を持っていたようだ。

(23) 【正解】 **1 the shopping cart has endured**
　　【訳】　**1　ショッピングカートが使い続けられた**
　　　　　　2　誰ももうショッピングカートを使わない
　　　　　　3　ショッピングの方法が大きく変わった
　　　　　　4　今日ではより多くの人が買い物する
　　【解説】ショッピングカートは材料や大きさが多少変わったところもあるが，当初とほぼ同じ形で 80 年もの長い間利用されてきた。その説明後に，本問の「いかに（　　）かを最もはっきりと表すものはオンラインショッピングにあるかもしれない」の文があるが，流れから判断して（　　）の部分は，「長い間利用されてきた」を言い換えたものである。「長く続いてきた」や「存続してきた」などの意味の語句が入ると考えよう。正解は 1 the shopping cart has endured「ショッピングカートが生き延びてきた」。

2 B

【問題文訳】

中国の経済力

　　中国は人口 13 億人の国である。経済は毎年成長していて，人々は昔に比べてより多くの金を使っている。中国経済の可能性は，（　24　）たいと考えている世界中の企業の興味を引いている。そして，それらの企業は中国市場を念頭に置いて商品を作っている。1 つの例はアメリカの映画産業である。中国にはたくさんの映画館があり，映画市場は将来さらに成長するだろう。

このことが，ハリウッドに中国の観客を対象とする映画を作らせている。アクション映画などの多額の予算を投じたハリウッド映画は，よく何らかの形で中国について言及している。ある場面を中国で撮るとか，映画に中国人の俳優を起用したり中国の製品を活用したりすることもある。

中国の経済力のもう1つの証しは，海外を旅行する中国人観光客の数に見られる。2015年前半には6,200万人近くが国外を旅行し，この数はここ数年伸びている。人気目的地の1つは日本である。（　25　）中国からのたくさんの観光客が日本の経済を支えていることが明確になって，店は中国人客に良いショッピング体験を提供することに集中し始めた。とても人気の高い観光スポットである東京の銀座では，多くの店に中国語を話せる従業員がいる。また，店は中国人顧客の好む商品を必ず揃えておくようにしている。

しかし，中国市場に商品を売るのは必ずしも簡単なわけではない。世界中の有名なブランドが中国で店舗を開いては失敗している。国があまりにも大きいので，（　26　）の予測を立てることが難しいのだ。例えば，年齢によってお金を使うことに対する姿勢がまったく違う。また，都市に住んでいる人と地方の人の間でも消費傾向がまったく異なる。したがって，中国市場への参入を考えている企業は，消費者が何を欲しているかを注意深く考える必要がある。

---

(24) 【正解】 **2　export their products to China**
【訳】　1　より多くの人を中国に連れて行く
　　　2　商品を中国に輸出する
　　　3　国をより大きくする
　　　4　自国により消費してもらう
【解説】　（　）の後に「それらの企業は中国市場を念頭に置いて商品を作っている」との記述があるが，何をしたいからそうしているのかを考えればよい。もちろん，2　export their products to China「製品を中国に輸出する」ためである。

(25) 【正解】 **4　Once**
【訳】　1　それにもかかわらず
　　　2　いつも
　　　3　ちょうど
　　　4　いったん～すると
【解説】　（　）it became clear that ..., stores began focusing on ... は，2つの文でできているから，これらをつなぐ接続詞が必要である。選択肢の中では，Onceだけが接続詞で「いったん～すると」や「～するやいなや」などの意味がある。Onceを入れると，英文の意味は「いったん～が明確になると，店は～に集中し始めた」となり，自然な流れの文になる。

(26) 【正解】 **4　how people will respond to a brand**
【訳】　1　誰が買い物に行くのが好きか
　　　2　どの市が大きくなるか
　　　3　人々がいつ，どこを旅行したいか
　　　4　人々がブランドに対してどう反応するか
【解説】　「国があまりにも大きいので，（　）の予測を立てることが難しい」の後の，年齢層や，

生活している場所（都市部と農村部）によって消費傾向がまったく異なる，との記述から，（　　）には「人々の好み」や「反応の仕方」などの語句が入りそうだと予測できる。選択肢の中では，**4 how people will respond to a brand**「人々がブランドに対してどう反応するか」が適切。

3 A

【問題文訳】
送信者：マイケル・ベネット <mbennett@northfort.gov>
受信者：ケイト・マーシュ <kate.marsh@gomail.com>
日時：2016 年 6 月 22 日　10:15
件名：ご登録ありがとうございます

ケイト・マーシュ様
ノースフォート市営バイクシェアリングシステムをご利用になるご登録ありがとうございます。現在，100 万人の常時利用者があり，460 の駐車ステーションで 5,000 台の自転車を確保しています。どの駐輪ステーションでも，いつでも自転車を借りたり，返却したりすることができます。本制度の需要を確かめ，利用者からのフィードバックを集めた 2 年間の試用期間を終え，本バイクシェアリングシステムはこの市に必須であるという結論を出しました。
さらに良いお知らせがあります。利用者の皆様から他の市にも駐輪ステーションを追加することに対してコメントをいただき，7 月 1 日から，本制度をさらに近隣の 3 つの市に拡大します。今後はスカウト，イーストフォート，そしてハンプトンで自転車を借りたり，返却したりすることができます。料金システムは引き続き，初めの 3 時間は 2 ドル，その後は 30 分ごとに 50 セント請求されます。
すべての駐輪ステーションに拡大の通知を貼る予定です。さらに，この情報をより広めるため，キャンペーンを実施します。7 月 1 日から 8 月 31 日の間，私たちの自転車に乗った写真か記事をソーシャルメディアに投稿した場合，1 回無料で自転車に乗ることができます。私たちのシステムのご利用を楽しんでいただけることを期待しています。そして改善のご提案をお寄せください。
敬具
マイケル・ベネット

(27)【正解】**3 They ask users for their feedback.**
【訳】　バイクシェアリングシステムについてわかることの一つは何ですか。
　　　1　あまり人気がある制度ではない。
　　　2　国中に 460 の駐輪ステーションがある。
　　　3　利用者からフィードバックを求めている。
　　　4　自転車は市民によって作られた。
【解説】選択肢を見ると，1 は第 1 段落第 2 文に one million regular users「常時利用者が 100 万人」とあり，かなり人気があるといえるから不適切である。2 は同じ第 2 文に 460 stations とあるが，これはノースフォート市内であって throughout the

country「国中」ではない。よって，正しくない。4の「自転車は市民によって作られた」の記述はない。残るのは3だけだが，最後の文 please give us suggestions for improvement「改善のご提案をお寄せください」の記述が They ask users for their feedback. と一致するので，これが正解である。

(28) 【正解】 **3 The system is expanding to other cities.**
【訳】 バイクシステムはどのように変わりますか。
1 自転車を借りるのによりお金がかかる。
2 自転車の性能が良くなる。
3 システムが他の市にも拡大される。
4 学生は3時間の利用に2ドル払う。
【解説】 第2段落第2文の … beginning July 1, we are expanding our program to three neighboring cities「7月1日から本制度をさらに近隣の3つの市に拡大します」から3が正解。1は，第2段落第4文 The pricing system will continue to be …「料金システムは引き続き…」から不適切。2，4はまったく記述がない。

(29) 【正解】 **1 the city will conduct a promotional campaign.**
【訳】 7月1日から8月31日の間
1 市は宣伝キャンペーンを実施する。
2 すべての駐輪ステーションは工事のため閉鎖される。
3 自転車が撮影される。
4 すべての利用者は自転車に無料で乗れる。
【解説】 第3段落第2文と第3文 …, to help spread the word, we are holding a campaign. Between July 1 and August 31, if you …, you will receive a free ride「この情報を広めるため，キャンペーンを実施します。7月1日から8月31日の間，もしあなたが…あなたは1回無料で自転車に乗ることができます」の記述から1が正解。2は記述がない。また，3，4は「(バイクシステムの) 自転車に乗った写真か記事をソーシャルメディアに投稿した場合」と断っているので不適切である。spread the word は「情報を広める」という意味のイディオム。

3 B

【問題文訳】

バイリンガルであることの社会的利点

バイリンガルまたはマルチリンガルであること，すなわち2つ以上の言語を流暢に使えることは，長い間便利なスキルとして見なされてきた。バイリンガルであるとより多くの人々と会話することが可能であり，異なる文化に加わることが可能である。また，仕事を探すとき，役に立つスキルでもある。これらの利点は研究を通じて以前から確立されているが，今日，科学者はあまり目に見えない利点に注目している。

数年前，シカゴ大学の発達心理学研究所は，子供の社会的能力を試す実験を実施した。4歳から6歳の子供のグループが選定された。そこにはバイリンガルまたはマルチリンガル，および

モノリンガル，すなわち1つの言語のみを話す子供たちの両方が含まれていた。研究者たちは，子供が他の人の視点から物事を考えなければ十分に理解できないような状況を提示した。

結果は，バイリンガルまたはマルチリンガルの子供たちはモノリンガルの子供たちよりも高い理解力を持っていることを明らかにした。研究者たちは，これは，バイリンガルまたはマルチリンガルの子供たちは周囲の状況を考慮することに慣れていて，場面に応じてどの言語を使うかを決めているからであると考えた。こういった子供たちは言葉で表されていないものも考慮し，対話者の立場から物事を考えている。しかし，研究者たちはもう1つの興味深い事実も発見した。すなわちモノリンガルであるが，常に他の言語に触れている子供たち（例えば子供は英語を話すが，祖父・祖母はスペイン語を話す場合）も，バイリンガルの子供たちと同じくらい良い点を取ったことである。

したがって，研究者たちは，日常的に別の言語に触れることは，子供たちに高い社会的能力を発達させると確信した。バイリンガルまたはマルチリンガルであるということは，話したり書いたりするだけの問題ではない。さまざまな人たちの視点を理解し，どのようにいつそのスキルを活用するかを知っていることも含む。しかし，バイリンガルまたはマルチリンガルになることはすべての人にとって可能ではないため，研究者たちはバイリンガルな環境で育ったモノリンガルの子供たちの結果に元気づけられた。その結果は，子供たちがより高い社会的能力を取得し，バイリンガルである利点の一部を身につける方法があることを示している。

---

(30) 【正解】 **3** It can help you communicate with people from different parts of the world.

【訳】 バイリンガルであることの明らかな利点の一つは何ですか。
1 バイリンガルの人は自分で物事を解明するのが容易である。
2 脳を高齢になるまで活発に保ち，脳の病気の発症を遅らせる。
3 世界の異なる地域の人とコミュニケーションを図ることに役立つ。
4 バイリンガルの人はテストの勉強にあまり時間をかけなくてもよい。

【解説】 第1段落第2文 Being bilingual allows people to communicate with a larger number of people, and be a part of different cultures「バイリンガルであるとより多くの人々と会話することが可能であり，異なる文化に加わることが可能である」と選択肢3が一致する。1，2，4については本文では触れられていない。

---

(31) 【正解】 **2** included both monolingual and bilingual or multilingual children.

【訳】 実験に参加した子供たちは
1 他の子供たちの絵を描くように研究者たちに頼まれた。
2 モノリンガルの子供とバイリンガルまたはマルチリンガルの子供の両方を含んでいた。
3 まだ読むことを学んでいなかったため，スピーキングの能力のみテストされた。
4 2つ以上の言語を流暢に話せた。

【解説】 第2段落第2文 ..., including both bilingual or multilingual and monolingual「バイリンガルまたはマルチリンガル，およびモノリンガル（の子供たち）の両方を含む」の記述から，選択肢2が正解。選択肢4に注意しよう。more than one language は「1よりも多い言語」の意味なので monolingual を含まないことになる。

よって間違い。1, 3についてはまったく記述がない。

---

(32)【正解】**4** They can consider things from another person's point of view.

【訳】バイリンガルまたはマルチリンガルの子供たちが持つ有利な点は何だと研究者たちは考えていますか。
1　彼らは英語だけではなく，スペイン語も話せる。
2　自分の文化以外の文化を怖がらずに育つ。
3　とても高いレベルで一つの言語を読み書きする。
4　他の人の視点から物事を考えることができる。

【解説】第3段落第3文 They ... think about things from the other speaker's point of view.「彼らは…対話者の立場から物事を考えている」の記述から，選択肢4が正解。本文の the other speaker は「(2人のうちの) もう一方の話し手→対話者」という意味。選択肢では another person「もう1人 (の人)」に言い換えられている。

---

(33)【正解】**4** If exposed to another language, they can have the same social skills as bilingual children.

【訳】この研究結果はモノリンガルの子供たちについて何を示していますか。
1　他の子供たちと一緒に遊ぶことが得意である。
2　すべてのモノリンガルの子供はバイリンガルの子供たちよりも低い社会的能力しかない。
3　すべてのモノリンガルの子供は高いレベルの社会的能力を持っている。
4　他の言語に触れていれば，バイリンガルの子供たちと同じ社会スキルを持つことができる。

【解説】第4段落第1文で Therefore, ... regular exposure to a different language leads children to develop strong social skills.「したがって，日常的に別の言語に触れることは，子供たちに高い社会的能力を発達させる」から，選択肢4と一致する。1についての記述は見られない。また，2，3は研究結果と異なることを言っているので不適切である。

---

3 C

【問題文訳】

フラッキングとその可能性

　フラッキングとは，地面から深いところにある岩盤層を破砕するのに高い水圧の水を使う技術である。水と砂とある種の化学物質の混合物を極度の高圧で穴を通して岩盤層にあてると，油やナチュラルガスが放出される。穴はまず垂直に地下3,000メートル以上，それから水平に数百メートル掘られる。そうすることで新しいエリアを探すのが容易になる。

　このフラッキングの手法は70年くらい前から存在していたが，新しいエネルギー源を見つけられる可能性によって，ここ10年注目を集めてきた。アメリカとカナダでは，フラッキングは両国に約100年は十分にもつ油を供給した。アメリカは油とナチュラルガスの世界一の産出国になった。フラッキングのもう1つの利点は，フラッキング産業で働く人のための何千人分もの職

を作ることである。

しかし，いくつかの利点があるにもかかわらず，フラッキングには大きな議論の余地がある。主な心配は環境への影響である。フラッキングは大量の水と化学物質を地中に押し込むので，地下水の汚染を引き起こす可能性がある。さらに，一部の科学者はフラッキングによって作られた亀裂が，時に小さな地震を引き起こすのではないかと疑っている。フラッキングを行っている地域では，それまでは地震が起きていなかった地域でも，地震の増加が記録されている。

これらの影響は各国からさまざまな反応を引き起こしている。アメリカとカナダはフラッキングにおける先導者と見なされている。ロシアや中国はフラッキングによって得るものが大きい。しかし，ヨーロッパではフラッキングに対する興味が減っているようだ。フランスは多くの核エネルギーを使っているのでフラッキングを禁止した。オランダも2020年まで禁止したが，1つの理由は環境に対する懸念であった。ポーランドとルーマニアは初め興味を持っていたが，油を得ることができなかった。さらに，一般市民が強く反対した。フラッキングが世界でより広く受け受け入れられるかどうかはまだわからない。

---

(34) 【正解】 **4** A lot of sources of energy can be released.

【訳】 高圧の水の混合物が岩盤層に加えられると何が起きますか。
1 砕かれた岩が穴の空間を埋める。
2 最初は垂直に，次に水平に穴が開けられる。
3 何百万ガロンもの水があふれ出る。
4 たくさんの量のエネルギー資源が放出される。

【解説】 第1段落第2文の By applying a mixture of ... to rock layers through the hole, oil and natural gas can be released.「…の混合物を穴を通して岩盤層にあてると油やナチュラルガスが放出される」から，選択肢4が一致。1は記述がない。2は先に掘られる穴の形状についての説明，3の「何百万ガロンもの水」は油とガスをとるために岩に水圧をかけるために使われるもので，吹き出すものではない。

---

(35) 【正解】 **2** It will lead to thousands of new jobs being created.

【訳】 フラッキングの一つの利点は何ですか。
1 国々に新しいエネルギーの一番の産出国であると主張させることができる。
2 何千もの新しい職が作られることにつながる。
3 太陽エネルギーより環境に優しいエネルギーを何百万人もの人に提供する。
4 地球温暖化の影響を少なくすることができる。

【解説】 第2段落最後の文 Another advantage of fracking is that it creates thousands of jobs for people who work in the fracking industry.「フラッキングのもう1つの利点は，フラッキング産業で働く人のための何千人分もの職を作ることである」と選択肢2が一致。1はすべての国が一番の産出国になるわけではないので誤り。3の「太陽エネルギー」や4の「地球温暖化」などの語は出てこない。

---

(36) 【正解】 **3** led to concern about environmental problems fracking causes.

【訳】 小さな地震の発生は
1 地面に穴をより簡単に掘れるようにした。

        2　大量の水を輸送することを難しくした。
        3　フラッキングによって引き起こされる環境問題への懸念をもたらした。
        4　フラッキングの専門家に穴を開ける技術についてより考えさせるようになった。
【解説】第3段落第4文に some scientists suspect that small earthquakes sometimes occur because of the cracks produced by fracking「一部の科学者はフラッキングによって作られた亀裂が，小さな地震を引き起こすのではないかと疑っている」とあるので，選択肢3が一致する。1, 2, 4の記述は見当たらない。

(37)【正解】 **4** In many countries people are strongly opposed to fracking.
【訳】ヨーロッパがフラッキングに対する興味を失っている理由の一つは何ですか。
        1　多くの国が天然資源から十分なエネルギーを得ているから。
        2　いくつかの国が原子力発電とフラッキングの両方を禁止したから。
        3　フラッキングはカナダとアメリカでしかうまくいかないことが証明されたから。
        4　多くの国で人々が強く反対しているから。
【解説】第4段落の第6文以降に The Netherlands has also banned it ...., and one reason was concerns about the environment. Poland and Romania were initially interested, but .... In addition, the public was strongly against it.「オランダも禁止したが，1つの理由は環境に対する懸念であった。ポーランドとルーマニアは初め興味を持っていたが，…さらに，一般市民は強く反対した」とあり，多くの国で環境への懸念から反対する声が広がっていることがわかる。したがって，選択肢の4が一致する。1, 2, 3については記述がない。

(38)【正解】 **3** Fracking may allow some countries to be less dependent on imports of oil.
【訳】次の文で正しいものはどれですか。
        1　フラッキングの弊害は多くの人には知られていない。
        2　フラッキングの技術はこの10年に発見された。
        3　フラッキングは一部の国が油の輸入に頼ることを減らすかもしれない。
        4　フランスはフラッキングにとても成功している。
【解説】1は，第3段落の多くの人が反対しているという記述から正しくない。2は，第2段落の最初に This method of fracking has existed for about 70 years「このフラッキングの手法は70年くらい前から存在していた」とあるので不適。それが gained attention in the past decade「ここ10年間で注目を集めた」のである。4は，France ... has banned fracking.「フランスは…フラッキングを禁止した」という記述と矛盾するので誤り。残る選択肢3は，第2段落第2文の In the United States and Canada, fracking has provided enough oil to last for about 100 years.「アメリカとカナダでは約100年は十分にもつ油を供給した」の記述から，両国の油の輸入が少なくなることは容易に推測できる。よって，これが正解である。

263

4

【問題文訳】

[トピック]
日本人の労働者は他の国よりも長時間働くことで知られています。あなたは将来，これが変わると思いますか。

[ポイント]
・費用　・効率　・健康

【解答例 1】

I think Japanese workers will work less hours in the future. One reason is that it costs money to pay people to work long hours. Many companies have to pay higher salaries to workers when they do this. Another reason is that working long hours does not always improve work efficiency. It is said that people can get the same amount of work done in less time if they improve efficiency, and people will want to work shorter hours so they can have more free time. For these reasons, I think that work hours in Japan will change in the future. (101 語)

[訳]
日本の労働者は将来，働く時間がより少なくなると思います。1つの理由は，長時間働く人に支払うのにお金がかかるからです。多くの会社は，従業員が長時間労働をするときは，より高い給料を払わなければいけません。もう1つの理由は，長時間働くことは必ずしも仕事の効率を良くしないからです。効率を良くすれば，同じ仕事量をより少ない時間で済ませることができると言われています。そして，人々はより多くの自由時間を持つため，働く時間をより短くしたいと思うでしょう。これらの理由で，日本の労働時間は将来変わると思います。

【解答例 2】

I think Japanese workers will work shorter hours in the future. One reason is that companies don't want to pay overtime because it is expensive. They want workers work harder in fewer hours to help the company grow. Another reason is that more people want to spend more time on their private lives and families. In the old days, women had to stay home and do all the housework. But now women as well as men work outside to support their families. For these reasons, I think that work hours in Japan will change in the future. (97 語)

[訳]
日本の労働者は将来，働く時間がより短くなると思います。1つの理由は，会社は時間外労働手当を支払いたくありません。なぜならそれは高いからです。会社は成長するために，社員にはより少ない時間で，より一生懸命働いてもらいたいと思っています。もう1つの理由は，私生活や家族のためにより多くの時間を費やしたいと思う人が増えていることです。昔は，女性は家にい

て家事のすべてをしなければなりませんでした。しかし，現代は，女性も男性同様に家族を養うために外で仕事をします。これらの理由で，日本の労働時間は将来変わると思います。

【解説】
　日本の労働者が他の国よりも長く働く状況が，将来変わるかを尋ねる問題である。POINTS について考えてみると，まず「費用」に関しては，長時間労働が会社にとって負担になるということが考えられる。「効率」については，Yes の立場からは，効率をあげれば長時間労働を減らすことができるという意見になるだろう。No の立場からは，これ以上効率をあげることはできないので，今よりも労働時間を増やして生産力をあげるしかない，という考え方になるが，文章が難しくなりそうだ。最後の「健康」については，長時間労働が健康にとって良いことはないので，Yes の立場の理由になるだろう。以上のような理由を想定して，Yes の立場の解答例を 2 つ用意した。

[解答例 1]
　第1文では，I think 〜の形を使い，TOPIC の文の longer hours を less hours に変えて意見を述べている。続いて One reason is 〜 . と Another reason is 〜 . の形で 2 つの理由をあげている。第1の理由は「費用」に関して，it costs money ...「それは金がかかる」とし，第 2 の理由は「効率」について「効率を改善すれば，少ない時間で同じ量の仕事をすることができる」としている。最後に，For these reasons, を使い，work hours ... will change「労働時間は変わるだろう」と，まとめを述べている。

[解答例 2]
　この解答例はやや上級の英文だ。語彙的にも少し難しいかもしれない。同じ内容でも別の書き方ができるということの参考になるだろう。
　第1文は，解答例1と同じだが，less hours を shorter hours としている。2 つの理由も，基本的には同じことを言っている。1 つ目の理由にある overtime は「時間外労働手当」，pay overtime で「時間外労働手当を支払う」という意味。「時間外労働手当」は通常勤務時間の手当（給料）より割増になるので，会社はできるだけ「時間外労働」を少なくしたいということである。2 つ目の理由も，人々はプライベートな生活を重視するようになってきているので，労働時間は少なくなるだろうという趣旨だ。

リスニング　解答・解説

第1部

No. 1　【正解】**4 A comedy.**

【放送文】
☆ What kind of movie are you in the mood for, John?
★ I watched a very long, demanding drama yesterday, so either a comedy or a horror movie.
☆ I don't want to watch something scary at night. I won't be able to sleep!
★ We'll watch something funny, then, so we can go to bed smiling.
Question: What kind of movie will the couple watch?

【訳】
☆ ジョン，どんな映画を見たい気分？
★ 昨日はとても長くてつらいドラマを見たから，コメディかホラー映画がいいな。
☆ 夜に怖いものは見たくないわ。眠れなくなる！
★ じゃあ，おもしろいものを見て，にこにこしながら眠れるようにしよう。
質問　2人はどのような映画を見ますか。
1　ホラー映画。
2　ドキュメンタリー。
3　ドラマ。
4　コメディ。

【解説】
最初のWhat kind of movie are you in the mood for, John?「ジョン，どんな映画を見たい気分？」から，夫婦がテレビで何を見るかを相談している会話とわかる。be in the mood for A で「A を見たい［したい］気分である」という意味。夫が ..., so either a comedy or a horror movie「コメディかホラー映画（がいい）」という提案に対して，妻が I don't want to watch something scary.「怖いものは見たくない」という流れをつかもう。夫も賛成して，We'll watch something funny「おもしろいものを見よう」と提案している。したがって，選択肢 4 A comedy. が正解である。

No. 2　【正解】**3 She will see a dentist.**

【放送文】
☆ Honey, do you have to go to the office tomorrow? I also have to go to work.
★ Yes, let's ask your mother to look after the children. I have an important meeting at 2 p.m.
☆ She will go to the dentist's tomorrow morning, but she'll be at home in the afternoon.
★ Well, I'll go to the office after she returns.
Question: Why can't the woman's mother look after the couple's kids tomorrow morning?

【訳】
☆ あなた，あしたは会社に行かないといけないの？　私も仕事に行かなくてはならないのよ。
★ うん，じゃ子供たちの世話は君のお母さんに頼もうよ。僕は午後2時に重要

な会議があるんだ。
☆ 母は明日の朝，歯医者に行くのよ。でも午後は家にいるわ。
★ じゃ，僕はお母さんが戻ってから会社に行くよ。

質問 女性の母はなぜ明朝，夫妻の子供たちの世話ができないのですか。
1 買い物に行くから。
2 旅行に出かけたから。
3 歯医者に行くから。
4 遠くに住んでいるから。

【解説】 女性が最初の発話で相手に Honey と呼びかけていること，次の男性の最初の発話で ... let's ask your mother to look after the children「君のお母さんに子供たちの世話を頼もう」と言っていることから，共働きの夫婦の会話とわかる。女性の2番目の発話の前半 She will go to the dentist's tomorrow morning「彼女(母)は明日の朝歯医者に行くの」から，選択肢3 She will see a dentist. が正解である。

No. 3 【正解】 **2 Visiting countries in Europe.**

【放送文】
☆ I can't believe your university has three months of summer holidays, Robert!
★ Yeah, it's great. I'm going to spend it traveling through Europe.
☆ How can you afford such a long holiday?
★ I'll be taking short-term jobs there whenever I need some money.

Question: How will Robert spend his summer holidays?

【訳】
☆ あなたの大学は3か月も夏休みがあるなんて信じられないわ，ロバート！
★ うん，すごくいいよ。夏休みはヨーロッパ中を旅して過ごすんだ。
☆ そんなに長い休暇旅行のお金をどうやって払うの？
★ お金が必要になったときはそっちで短期の仕事をするんだ。

質問 ロバートは夏休みをどう過ごしますか。
1 オフィスで仕事する。
2 ヨーロッパの国々を訪ねる。
3 短い旅に出かける。
4 旅行をするためにお金を貯める。

【解説】 女性の発話 I can't believe your university has three months of summer holidays, Robert!「あなたの大学は3か月も夏休みがあるなんて信じられないわ，ロバート！」から，大学生のロバートと友達が夏休みについて話していることがわかる。ロバートは，それに答えて，I'm going to spend it traveling through Europe「それ(夏休み)をヨーロッパ中を旅して過ごす予定だ」と言っている。spend A doing で「A(時)を〜して過ごす」を覚えておこう。質問は「夏休みをどう過ごしますか」なので，この部分が答えになる。選択肢では 2 Visiting countries in Europe. が正解。

No. 4 【正解】 **2 Teach Greek.**

【放送文】
☆ What kind of part-time job do you have, Henry?
★ I help out my sister. She owns a café. How about you, Maria?
☆ I teach Greek to my friend's children. Their father is Greek.
★ They are lucky to know someone in this country who can speak the

　　　　　　　language!
　　　　　Question: What does Maria do for her part-time job?
【訳】　☆ヘンリー，どんなアルバイトをしているの？
　　　★姉の手伝いをしているんだ。彼女はカフェを経営しているので。君はどう，マリア？
　　　☆私の友達の子供たちにギリシャ語を教えているの。彼らのお父さんがギリシャ人なの。
　　　★この国でその言語を話せる人を知っていて彼らは運がいいね！
　　　質問　マリアはアルバイトで何をしていますか。
　　　1　お姉さんの子供たちの世話をしている。
　　　2　ギリシャ語を教えている。
　　　3　カフェで働いている。
　　　4　学校で教えている。
【解説】1番目と2番目の発話から，友達同士（ヘンリーとマリア）でpart-time job（アルバイト）について話していることがわかる。質問は，どちらかのアルバイトについて問われることが考えられるので，それぞれ何をしているかを聞き取ることがポイントとなる。質問は「マリアはアルバイトとして何をしていますか」である。マリアは，I teach Greek to ...「…にギリシャ語を教えている」と言っているので，2 Teach Greek. が正解。

No. 5　【正解】　**2　That Fred has many relatives.**
【放送文】☆ How was Fred's family gathering last week? I couldn't go.
　　　★ It was great, Holly. I can't believe how many relatives he has!
　　　☆ Oh yes, he has three brothers and four sisters, and they're all married. Did they bring their children?
　　　★ Yes. There were close to 20 kids running around.
　　　Question: What is the man surprised by?
【訳】　☆先週フレッドの家族の集まりはどうだった？　私は行けなかったの。
　　　★素晴らしかったよ，ホリー。彼にどれだけたくさんの親戚がいるか信じられない！
　　　☆ああそう，彼は3人の兄弟と4人の姉妹がいて，全員結婚しているの。彼らは子供たちを連れてきた？
　　　★うん。20人近くの子供たちが走り回っていたよ。
　　　質問　男性は何に驚きましたか。
　　　1　ホリーが集まりに行かなかったこと。
　　　2　フレッドにたくさんの親戚がいること。
　　　3　フレッドの家がなんと大きいか。
　　　4　子供たちがなんと行儀が良いか。
【解説】女性の最初の発話 How was Fred's family gathering last week?「先週フレッドの家族の集まりはどうだった？」から，フレッドの家族のことを話していることがわかる。gatheringは「集まり，集会」。男性は It was great, Holly. I can't believe how many relatives he has!「素晴らしかったよ，ホリー。彼にどれだけたくさんの親戚がいるか信じられない！」と驚いている。質問は「男性は何に驚きましたか」なので，2 That Fred has many relatives. が正解。

No. 6

【正解】 **1** Signs and signals for blind pedestrians.

【放送文】
☆ Can I ask you a question, Kenji? Why do we hear music every time we cross the street?
★ It's for the people who cannot see. The music tells them when it's safe to cross.
☆ Are these yellow bumps on the street for them as well?
★ Yes, those bumps tell them the way to go.
Question: What are the two people discussing?

【訳】
☆ ケンジ，質問をしてもいい？ なんで私たちが道路を渡るたび音楽が聞こえるの？
★ 目が見えない人たちのためだよ。音楽が彼らにいつ道路を渡るのが安全かを教えるんだよ。
☆ 道にあるこの黄色いでこぼこも彼らのためなの？
★ そうだよ，そのでこぼこが彼らに道を教えるんだ。
質問　2人は何を話し合っていますか。
1 目が見えない歩行者のための標識と指示について。
2 道路の渡り方について。
3 それぞれの国の道路標識について。
4 彼らの街の法律について。

【解説】 留学生と日本人の会話のようだ。最初に Why do we hear music every time we cross the street?「なんで私たちが道路を渡るたび音楽が聞こえるの？」と尋ねている。初めて日本に来て，横断歩道で音楽が鳴るので驚いたのだろう。この質問とケンジの答えから，彼らが1 Signs and signals for blind pedestrians. について話していることがわかる。pedestrian は「歩行者」という意味。

No. 7

【正解】 **2** He does not know a lot about tea.

【放送文】
★ Wow, I have never seen so many types of tea in one place.
☆ That's why I love this tea shop. They have over 500 types of tea!
★ I have to confess I don't know much about tea. I don't know what I should order.
☆ That's all right! Tell the waiter or waitress what kind of flavors you like and they will find something that suits you.
Question: What is the man's problem?

【訳】
★ すごい，こんなにたくさんの種類のお茶「紅茶」を1か所で見たことがないよ。
☆ だからこの喫茶店が好きなの。500種類以上のお茶があるのよ！
★ 正直なところ，お茶についてあまり詳しくないんだ。何を頼んでいいかわからないよ。
☆ 大丈夫よ！ ウェイターかウェイトレスにどんな味が好きか伝えれば，あなたに合ったものを見つけてくれるわ。
質問　男性の問題は何ですか。
1 財布を忘れてしまった。
2 お茶についてあまり詳しくない。
3 良いプレゼントを探している。

4 お茶を飲むのが好きでない。

【解説】男性が I have never seen so many types of tea in one place.「こんなにたくさんの種類のお茶［紅茶］を1か所で見たことがないよ」と驚いているのに対して，女性が That's why I love this tea shop.「だからこの喫茶店が好きなの」と言っている。That's why ～は「そういうわけで［だから］～」。男性は I don't know much about tea. I don't know what I should order.「お茶についてあまり詳しくないんだ。何を頼んでいいかわからないよ」と困っている。これが質問の「男性の問題は何ですか」の答えになる。選択肢 2 He does not know a lot about tea. が正解。

No. 8 【正解】 3 Playing soccer with his coworkers.

【放送文】★ I'm going to play soccer with some of the guys in my office this weekend.
☆ Sounds like fun. Are you going to make teams and play games against each other?
★ No, we're playing against another company that works in the same building.
☆ Well, don't take it too seriously. There's no need to make enemies.
Question: What is the man doing this weekend?

【訳】★ 今週末，会社の男性スタッフ何人かとサッカーをするんだ。
☆ 楽しそうね。チームを作って対戦するの？
★ いや，同じ建物にある別の会社（のチーム）と対戦するんだ。
☆ まあ，あんまり真面目に受け止めないでね。敵を作る必要はないから。
質問 男性は今週末何をしますか。
1 サッカーの試合を見に行く。
2 会社で仕事する。
3 同僚とサッカーをする。
4 別の会社とバスケットボールをする。

【解説】男性の最初の発話，I'm going to play soccer with some of the guys in my office this weekend.「今週末，会社の男性スタッフ何人かとサッカーをするんだ」から選択肢 3 Playing soccer with his coworkers. が正解である。対話の最初の聞き取りがポイントとなる問題。男女の対話が進む中で，男性たちが別の会社（another company）と対戦することも話されているので，4 Playing basketball with another company は紛らわしい選択肢である。しかし，会話の中に basketball は出てこない。

No. 9 【正解】 3 The restaurant is difficult to find.

【放送文】★ Where should we meet tomorrow?
☆ The restaurant I reserved can be hard to find, so I think we should meet at the station.
★ OK. Shall we meet outside the ticket gate?
☆ Yes. There's only one so we won't have trouble finding each other.
Question: Why are the man and woman meeting at the ticket gate?

【訳】★ 明日どこで会おうか。
☆ 予約したレストランは見つけづらいから，駅で会ったほうがいいと思うわ。

★ いいね。改札口の外で会おうか。
☆ ええ。1つしかないからお互い見つけるのは難しくないわ。
質問 男性と女性はなぜ改札口で会うのですか。
1 レストランが閉まってしまったから。
2 女性が映画のチケットを持っているから。
3 レストランが見つけづらいから。
4 駅がとても混んでいるから。

【解説】 最初の発話 Where should we meet tomorrow?「明日どこで会おうか」から，待ち合わせの場所を相談する会話とわかる。このような会話では，次に場所などが提案されるので，そこを注意して聞こう。2番目の発話で女性が The restaurant I reserved can be hard to find, so I think we should meet at the station.「予約したレストランは見つけづらいから，駅で会ったほうがいいと思うわ」と提案すると，次に男性が OK. Shall we meet outside the ticket gate?「いいね。改札口の外で会おうか」と同意している。質問の「男性と女性はなぜ改札口で会うのですか」は，この女性の提案に含まれている。選択肢では 3 The restaurant is difficult to find. が一致する。

No. 10 【正解】 **3 She is late for her meeting.**

【放送文】
☆ Excuse me, can you tell me where the closest parking lot is?
★ There's one on the next block, but the parking fee is expensive.
☆ I'm very late for a meeting, so I don't care if I have to pay.
★ Well it has a lot of parking spaces, so you'll find it easy to park. Good luck.

Question: Why does the woman not care if the parking lot is expensive?

【訳】
☆ すみません，一番近い駐車場はどこにあるか教えてもらえますか。
★ 次のブロックにありますが，駐車料金が高いですよ。
☆ 私は会議に大幅に遅れているので，お金を払うのはかまいません。
★ それなら駐車スペースはたくさんあるので，簡単に駐車できると思いますよ。幸運を。

質問 なぜ女性は駐車場が高くてもかまわないのですか。
1 高級な車を運転しているから。
2 とてもきれいで大きな駐車場だから。
3 彼女は会議に遅れているから。
4 駐車スペースがたくさんあるから。

【解説】 最初の女性の発話 Excuse me, can you tell me where the closest parking lot is?「すみません，一番近い駐車場はどこにあるか教えてもらえますか」から，道案内の会話とわかる。男性は駐車場は the next block「次のブロック」にあるが，the parking fee is expensive「駐車料金が高い」と注意する。しかし，女性は I'm very late for a meeting, so I don't care if I have to pay.「私は会議に大幅に遅れているので，お金を払うのはかまいません」と言う。これが質問「なぜ女性は駐車場が高くてもかまわないのですか」の答えになっている。選択肢の 3 She is late for her meeting. が正解。

No. 11 【正解】 1 Give her his seat.

【放送文】
★ Excuse me, would you like to sit down?
☆ That's very kind of you. But I'll be getting off in a couple of stops.
★ I'm getting off at the next stop, so I would like you to have my seat.
☆ I'll take you up on your offer, then. Thank you very much.
Question: What is the man going to do for the woman?

【訳】
★ すみません，おかけになりますか。
☆ ご親切にありがとうございます。けれども私はあと何駅かで降ります。
★ 私は次の駅で降りますので，私の席に座ってください。
☆ それではお言葉に甘えます。ありがとうございます。
質問　男性は女性のために何をしますか。
1 彼の席を彼女に譲る。
2 彼女に道案内をする。
3 彼女が座るのを手伝う。
4 彼女が電車を降りるのを手伝う。

【解説】男性の最初の発話 ..., would you like to sit down?「おかけになりますか」に対して，女性はお礼を述べた後 I'll be getting off in a couple of stops「私はあと何駅かで降ります」と言って断っている。車内での席の譲り合いの場面である。男性がさらに勧めると，女性は I'll take you up on your offer, then.「それではお言葉に甘えます」と言って応じる。したがって，最終的には男性は席を譲ることになるので，選択肢の 1 Give her his seat. が一致する。take *A* up on *B* は「A（人）の B（申し出など）に応じる」という意味のイディオム。

No. 12 【正解】 4 A trick to using the elevator.

【放送文】
★ Sorry, I pushed the wrong button. I'm going to floor five, not six.
☆ No problem. Just push the button for six again and it won't stop on that floor.
★ I had no idea you could do that!
☆ It doesn't work on all elevators, just some of the newer ones.
Question: What does the woman teach the man?

【訳】
★ すみません，間違ったボタンを押してしまいました。5 階ではなく 6 階に行きます。
☆ 問題ないですよ。もう一度 6 のボタンを押すだけでいいんです。そうするとその階には止まりませんよ。
★ そういうことができるとは知りませんでした！
☆ すべてのエレベーターでできるわけではなくて，新しいものの一部でだけできるんです。
質問　女性は男性に何を教えていますか。
1 コンピューターの使い方。
2 どの階段を使うか。
3 オフィスビルへの道順。
4 エレベーターを使うコツ。

【解説】最初の男性の発話からエレベーター内での会話とわかる。男性は I pushed the wrong button. I'm going to floor five, not six.「間違ったボタンを押して

しまいました。5階ではなく6階に行きます」と言っている。それを聞いて女性が，Just push the button for six again and it won't stop on that floor「もう一度6のボタンを押すだけでいいんです。そうするとその階には止まりません」と教える。質問は「女性は男性に何を教えていますか」なので，答えはこのボタンの押し方ということだが，選択肢で当てはまるのは 4 A trick to using the elevator. だ。trick はここでは「コツ，秘けつ」という意味。

No. 13　【正解】　**1　They ran out of food.**

【放送文】　☆ Matthew, can I put you in charge of ordering food for the office party?
★ Sure, sounds like fun. I should order food for 50 people, right?
☆ Yes. The last party we had, there wasn't enough food to go around.
★ I'll make sure that doesn't happen, then. I know a great restaurant that can deliver food.
Question: What happened at the last office party?

【訳】　☆ マシュー，あなたをオフィスパーティーの食べ物を注文する係にしていいですか。
★ いいですよ，楽しそうです。50人分の食べ物を頼むのですよね？
☆ そうです。この前のパーティーでは，みんなに行き渡るだけの食べ物がなかったですからね。
★ でしたら，そうならないようにしますよ。食べ物を配達してくれるすごくいいレストランを知っているんです。
質問　この前のオフィスパーティーで何が起きましたか。
1 食べ物が足りなくなってしまった。
2 人々は食べ物が好きではなかった。
3 マシューが食べ物を注文するのを忘れた。
4 みんな忙しすぎて来られなかった。

【解説】　最初の女性の発話 Matthew, can I put you in charge of ordering food for the office party?「マシュー，あなたをオフィスパーティーの食べ物を注文する係にしていいですか」から，会社のパーティーの打ち合わせをしている会話とわかる。put A in charge of B は「A（人）を B の責任者［係り］にする」という意味。女性の2番目の発話で The last party we had, there wasn't enough food to go around.「この前のパーティーでは，みんなに行き渡るだけの食べ物がなかった」と言っているのに対して，男性が I'll make sure that doesn't happen.「そうならないようにします」と約束している。enough A to go around は「みんなに行き渡るのに十分な A」。質問は「この前のオフィスパーティーで何が起きましたか」なので 1 They ran out of food. が正解。食べ物が行き渡らなかったことを run out of A「A を使い切る，なくなる」で言い換えていることに注意しよう。

No. 14　【正解】　**2　She wants to use environmentally friendly products.**

【放送文】　★ Bradford Gardening Center. May I help you?
☆ Hi, I'm looking for something that will get rid of the bugs on my tomato plants.
★ We have several kinds of sprays. They are all environmentally

friendly.
☆ Oh good. I don't want to use anything that will be harmful to the plant or the earth.
Question: Why is the woman relieved by the man's information?

【訳】★ ブラッドフォード・ガーデニング・センターです。ご用件を承ります。
☆ こんにちは，トマトの木についている虫を駆除できるものを探しています。
★ 数種類のスプレーがあります。すべて環境に優しいものです。
☆ あらよかった。植物や土に害を及ぼすようなものを使いたくないんです。
質問　女性はなぜ男性の情報にほっとしていますか。
1　トマトの育て方を知らなかったから。
2　環境に優しい商品を使いたいから。
3　お店が家の近くにあるから。
4　男性が虫の種類を知っているから。

【解説】ガーデニング・センターにかかってきた電話での，店員と女性客の会話である。女性客は I'm looking for something that will get rid of the bugs …「虫を駆除できるものを探している」と言っている。get rid of A で「A を取り除く」という意味。店員が several kinds of sprays「数種類のスプレー」があり，それらは environmentally friendly「環境に優しい」と説明すると，女性客は Oh good. と言って喜んでいる。質問は「なぜほっとしているか」なので 2 She wants to use environmentally friendly products. が内容と一致する。

No. 15 【正解】 2 The bathroom has no hot water.

【放送文】★ Front desk. How can we help you?
☆ Hi, I'm in room 908. Can you have someone look at the bathroom for me? I want to take a shower but there's no hot water.
★ Sure, we'll send a repair person right away. They should be there in about 10 minutes.
☆ Thank you, I'll be waiting.
Question: What is the woman's problem?

【訳】★ フロントです。ご用件は何でしょうか。
☆ こんにちは，908 号室にいます。どなたかにバスルームを見てもらえますか。シャワーを浴びたいのですがお湯が出ません。
★ 承知いたしました。すぐ修理人を行かせます。10 分くらいで着くと思います。
☆ ありがとうございます。お待ちします。
質問　女性の問題は何ですか。
1　彼女は部屋を変えたい。
2　バスルームでお湯が出ない。
3　彼女はもっとタオルが欲しい。
4　ベッドの修理が必要である。

【解説】男性の最初の発話と続く女性の発話から，ホテルのフロント係と宿泊客の会話とわかる。宿泊客の女性の 1 番目の発話がポイントになるので，しっかり聞き取ろう。客は I'm … I want to take a shower but there's no hot water.「私は…。シャワーを浴びたいのですがお湯が出ません」と言っている。質問は「女性の問題は何ですか」なので，2 The bathroom has no hot water. が正解。

第2部

No. 16 【正解】 **4 She would get customers' orders wrong.**

【放送文】Six months ago, Linda got a job at an ice cream store. She works there after school. At first, she was very nervous and was worried that she would get people's orders wrong. Now, she is so used to the job that she likes to guess what flavor ice cream they will order before customers say anything.

Question: Why was Linda worried about her job?

【訳】半年前,リンダはアイスクリーム店で働き始めた。彼女は放課後そこで働いている。初め,彼女はとても緊張し,人々の注文を間違えてしまうのでないか心配していた。今は,仕事によく慣れたのでお客が何か言う前にどの味のアイスクリームを注文するか推測するのを楽しんでいる。

質問 リンダはなぜ仕事の心配をしていたのですか。
1 人々が何が好きかを推測できなかったから。
2 お客が彼女のアイスクリームを好まないかもしれないから。
3 アイスクリームを落としてしまうかもしれないから。
4 お客の注文を間違えてしまうかもしれないから。

【解説】リンダが a job at an ice cream store「アイスクリーム店での仕事」を始めたことが話されている。At first ...「最初は…」,Now, she is so used to the job (that) ...「今は,その仕事によく慣れたので…」(so 形容詞 (that) ... の形に注意)と対比している。質問の「心配をしていた」のは最初のことで, ... was worried that she would ... で述べられている。選択肢では 4 She would get customers' orders wrong. である(get A wrong「A を間違える」)。

No. 17 【正解】 **4 Carl was very good at the trumpet.**

【放送文】Last Friday, Grace went to listen to her coworker Carl's band play a live show. She knew that Carl played the trumpet, but it was the first time to hear her friend play. When the concert started and she heard him playing, she was surprised. Carl turned out to be a very talented musician. He played the trumpet very beautifully.

Question: Why was Grace surprised to hear the concert?

【訳】先週の金曜日,グレイスは同僚のカールのバンドのライブ演奏を聞きに行った。彼女はカールがトランペットを吹くことは知っていたが,友が演奏するのを聞くのは初めてだった。コンサートが始まり彼が演奏するのを聞いて驚いた。カールがとても才能のある音楽家であることがわかったからだ。彼はトランペットをたいへん美しく演奏した。

質問 なぜグレイスはコンサートを聞いて驚いたのですか。
1 コンサートはとても遠かったから。
2 夜遅くに開催されたから。
3 彼女はトランペットが好きではないから。
4 カールはトランペットがたいへん上手だったから。

【解説】Grace went to listen to ....「グレイスは…を聞きに行った」→ When the concert started ... and she heard ..., she was surprised.「コンサートが始

まり…を聞いて驚いた」が流れのポイント。この後に，質問の「なぜ驚いたか」の理由が話される。Carl turned out to be a very talented musician.「カールがとても才能のある音楽家であることがわかった」は，選択肢 4 Carl was very good at the trumpet. と一致する。

No. 18 【正解】 **2** She let people stay at her home.

【放送文】 Maria is in her sixties. Now that her children are grown, her house is empty. Wanting to share her house with other people, Maria decided to become a homestay host. Every month, someone from a different part of the world comes to stay with her for two weeks. She likes introducing her city and feeding them the famous local food.
Question: What did Maria do with her house?

【訳】 マリアは 60 代である。今や子供は大きくなり，家は空いている。自分の家を他の人たちと共有したいと思い，マリアはホームステイのホストになることにした。毎月，世界のいろいろなところから人が来て，彼女のところに 2 週間滞在する。彼女は自分の街を紹介し，地元の名物を食べさせるのを楽しんでいる。
質問 マリアは自分の家をどうしましたか。
1 自分の子供に譲った。
2 人々を家に泊めた。
3 レストランにかえた。
4 部屋を一室貸し出した。

【解説】 マリアについて述べられている。Now that …「（今や）…なので」，Wanting to …, Maria decided to … 「…をしたいと思いマリアは…を決めた」が骨子である（Wanting to … は分詞構文）。この「決めた」ことが，質問の「自分の家をどうしたか」の答えになっている。選択肢では，2 She let people stay at her home. である。

No. 19 【正解】 **4** Readers were asked to share their views.

【放送文】 One day, Hiroshi was reading a British newspaper on the Internet. The newspaper was asking readers from around the world to give their opinions on their country's healthcare system. Hiroshi very carefully wrote his views, making sure to include both good and bad points. A month later, he saw his own piece on their homepage, and was proud of himself.
Question: Why did Hiroshi write for the newspaper?

【訳】 ある日，ヒロシはインターネットでイギリスの新聞を読んでいた。その新聞は，世界中の読者に自国の医療制度に関する意見を述べるよう求めていた。ヒロシは慎重に自分の意見を書き，良い点と悪い点の両方をきちんと含むようにした。1か月後，彼は自分の書いたものが新聞のホームページに掲載されているのを見て，誇らしく思った。
質問 なぜヒロシは新聞のために書いたのですか。
1 イギリスの新聞の編集長だったから。
2 イギリスで以前過ごしたことがあるから。
3 読者たちが彼に意見を述べるよう頼んだから。
4 読者たちは意見を共有するように頼まれたから。

【解説】　ヒロシがインターネット新聞を読んでやったことが話される。The newspaper was asking readers …「その新聞は読者に…を求めていた」, Hiroshi … wrote his views …「ヒロシは…自分の意見を書いた」, he saw his own piece on …「彼は自分の書いたものを…で見た」が聞き取るポイントだ。質問の「なぜ（意見を）書いたか」は，最初に述べられている。選択肢では 4 Readers were asked to share their views. が一致する。

No. 20 【正解】 **3** It had a small hole in it.

【放送文】　Last week, Yuko bought a skirt online. She was worried that the size was not correct, but when it arrived, it fit perfectly. However, the skirt had a small hole in it, so she needed to return it. Luckily, the brand had a shop near her house. All she had to do was take the skirt to the shop.

Question: What was the problem with Yuko's skirt?

【訳】　先週，ユウコはインターネット上でスカートを購入した。彼女はサイズが合わないのではないかと心配したが，いざ着いたらぴったりだった。しかし，スカートに小さな穴があったので，返品しなければいけなかった。幸運なことに，そのブランドは彼女の家の近くにお店があった。彼女はスカートをお店に持っていけばいいだけだった。

質問　ユウコのスカートの問題は何ですか。
1 大きすぎた。
2 返品できなかった。
3 小さな穴があった。
4 違う色が欲しかった。

【解説】　ユウコがオンラインでスカートを購入したのだが…という話。was worried that the size was not correct「サイズが合わないのではないかと心配した」（correct は「適切な」），it fit perfectly「（サイズは）ぴったりであった」。the skirt had a small hole「小さな穴があった」，the brand had a shop near her house「そのブランドは彼女の家の近くにお店があった」，take the skirt to the shop「スカートをお店に持っていく」などが聞き取るポイントだ。質問の「スカートの問題」は 3 It had a small hole in it. である。1，2 は内容と逆。4 は述べられていない。

No. 21 【正解】 **1** It was not crowded.

【放送文】　A week ago, Brian was invited to the opening of a new exhibit at a museum. It was held on Monday night, after regular visiting hours were over. The exhibition was about technology used in late 19th century Britain. What Brian appreciated most was that there were only 50 people there. Therefore, he was able to admire the exhibit at his own pace.

Question: What is one thing we learn about the opening of the new exhibit?

【訳】　1週間前，ブライアンは博物館の新しい展覧会のオープニングに招待された。それは月曜の夜，一般の利用時間が終わった後に行われた。展示は19世紀末のイギリスで使われた技術についてであった。ブライアンが最もありがたく思った

のは，たった 50 人しかそのにいなかったことである。それで彼は，自分のペースで展示を鑑賞することができた。
質問 新しい展覧会のオープニングについてわかることの一つは何ですか。
1 混んでいなかった。
2 イギリス美術の展覧会だった。
3 一般の利用時間中に開催された。
4 彼自身の展覧会だった。

【解説】 英文中ごろの What Brian appreciated most was that there were only 50 people there.「ブライアンが最もありがたく思ったのは，たった 50 人しかそこにいなかったことである」の聞き取りがポイント。そこから，正解は選択肢 1 It was not crowded. とわかる。museum から連想される British art（選択肢 2）や英文中の regular visiting hours（選択肢 3），exhibit（選択肢 4）などの音にまどわされないよう注意しよう。

No. 22 【正解】 **2 By renting some rooms to students.**

【放送文】 Mr. and Mrs. Cooper live in the house where they raised three kids. Since their kids had moved out, they had many rooms that were empty. They considered moving to an apartment, but did not want to sell the house. In the end, they put up an advertisement on the Internet and rented out three of their rooms to students attending a nearby university.
Question: How did Mr. and Mrs. Cooper solve their problem?

【訳】 クーパー夫妻はかつて 3 人の子供を育てた家に住んでいる。子供たちがみな家を出て以来，空いている部屋がたくさんあった。マンションに引っ越すことも考えたが，家を売りたくなかった。最終的に彼らはインターネットに広告を載せ，3 つの部屋を近くの大学に通っている学生たちに貸し出した。
質問 クーパー夫妻は問題をどのように解決しましたか。
1 より小さなマンションに引っ越すことによって。
2 学生にいくつかの部屋を貸し出すことによって。
3 インターネットを使って家を売ることによって。
4 家を子供たちにあげることによって。

【解説】 次の語句を押さえよう。live in the house where they raised ...「…を育てた家に住む」，since ...「…なので」，move out「家を出る」，consider moving to ...「…へ引っ越すことを考慮する [考える]」，in the end「最終的に」，put up an advertisement「広告を載せる」，rent out A to B「A を B へ賃貸する」。質問にある their problem は「空いた部屋」のことと考えられるので，内容と一致する 2 By renting some rooms to students. が正解。1，3，4 はいずれも内容と異なる。

No. 23 【正解】 **2 He looks around their age.**

【放送文】 At the age of 27, Arnold started teaching Spanish at a university. He did not look much older than his students, so at first he worried that they would not respect him as a teacher. But he found out that it allowed the students to feel friendly towards him. He likes hearing all the different reasons why students are taking his class.

Question: Why do Arnold's students feel friendly towards him?

【訳】 27歳のときアーノルドは大学でスペイン語を教え始めた。彼は学生よりもあまり年上に見えなかった。それで初めは，学生たちが教師として敬意を払ってくれないのではないかと心配した。しかし彼は，そのことで学生が彼に対して親しみを感じていることに気づいた。彼は学生たちがなぜ彼の授業を取っているのか，さまざまな理由を聞くのを楽しんでいる。

質問 アーノルドの学生たちはなぜ彼に対して親しみを感じているのですか。
1 彼らとたくさん話すから。
2 彼らと年齢が近いように見えるから。
3 スペイン語がとても流暢だから。
4 彼らに対してとても厳しいから。

【解説】 アーノルドについて話されている。At the age of 27, Arnold started teaching Spanish「27歳で教え始めた」，at first he worried that …「初めは…と心配した」，But he found out that …「しかし…ということに気づいた」。He likes hearing …「(今は)…することが好きである」という話の流れをつかもう。質問の「なぜ学生が彼に親しみを感じているか」については，found out that の後で it allowed the students to feel friendly「そのことが，学生が彼に対して親しみを感じさせている」と述べられている。この it は，前の文の not look much older than his students ということ。選択肢では 2 He looks around their age. である。

No. 24 【正解】 **2 They are active at night.**

【放送文】 The mouse deer can be found on a small island in the Philippines. Its body is only about 40 to 50 centimeters long, and it has white stripes on it. They are very shy, and like to move around at night. They eat fruits, leaves, and grasses. Because their habitat is getting smaller due to human activity, they are an endangered species.

Question: What is one thing we learn about the mouse deer?

【訳】 マウス・ディア（ネズミ鹿）はフィリピンの小さな島で見ることができる。体長はたった40～50センチくらいであり，白い縞模様がある。非常に警戒心が強く，夜間に動き回るのが好きである。彼らは果物，葉，草を食べる。人間の活動によって生息地が小さくなっているため，彼らは絶滅危惧種である。

質問 マウス・ディアについてわかることの一つは何ですか。
1 他の動物を食べる。
2 夜間に活動する。
3 ネズミくらいの大きさである。
4 アジア中に生息している。

【解説】 mouse deer（マウス・ディア）について説明されている。質問は「選択肢照合タイプ」を想定して聞こう。be found on a small island in the Philippines「フィリピンの小さな島で見ることができる」，about 40 to 50 centimeters long「40～50センチくらい」，white stripes「白い縞模様がある」，very shy「非常に警戒心が強い」，move around at night「夜間に動き回る」，eat fruits, leaves, and grasses「果物，葉，草を食べる」，an endangered species「絶滅危惧種」など，聞き取るべき事実が多く難問である。選択肢では 2 They are active at night. が一致する。1，3，4 はいずれも説明と異なる。

No. 25 【正解】 **4 Many people live in traditional tents.**

【放送文】Ulaanbaatar is the capital of Mongolia. It is also known as the coldest capital in the world. Between September and May, it is often as cold as -30 degrees Celsius. Despite its cold, the city is home to 1.3 million people, and many families live in wooden houses or traditional Mongolian tents made of animal skins.

Question: What is one thing we learn about Ulaanbaatar?

【訳】ウランバートルはモンゴルの首都である。世界で最も寒い首都としても知られている。9月から5月の間にしばしば摂氏−30度という寒さになる。その寒さにかかわらず，ウランバートルには130万人が住んでいて，多くの家族は木造の家や動物の皮でできた伝統的なモンゴルのテントに住んでいる。

質問　ウランバートルについてわかることの一つは何ですか。
1 人々は年中室内にいる。
2 人口がとても少ない。
3 夏の間もとても寒い。
4 伝統的なテントに住んでいる人が多い。

【解説】Ulaanbaatar「ウランバートル」について説明されている。the capital of Mongolia「モンゴルの首都」，the coldest capital in the world「世界で最も寒い首都」，is home to 1.3 million people「130万人が住んでいる」（be home to Aは「Aの居住地である［住んでいる］」），many families live in wooden houses or traditional Mongolian tents「多くの家族は木造の家や伝統的なモンゴルのテントに住んでいる」などが聞き取るポイント。選択肢では4 Many people live in traditional tents. が一致する。

No. 26 【正解】 **2 Foreigners can be hired to pick grapes.**

【放送文】France is known for producing a lot of wine. During harvest season, around September every year, many workers are needed to help pick the grapes that eventually become wine. Therefore, people come from all over the world and work as grape-pickers during this season. This allows them to help in the wine-making process, and also provides them with an opportunity to visit France.

Question: What is one thing we learn about grape-picking season?

【訳】フランスはワインをたくさん生産することで知られている。収穫期間中，毎年9月頃，最終的にワインになるブドウを摘むのを手伝うために多くの労働者が必要になる。それで，この期間，世界中から人々がやって来てブドウ摘みとして働く。これは彼らにワイン造りの過程を手伝うことを可能にし，同時にフランスを訪れる機会をも提供している。

質問　ブドウ収穫期についてわかることの一つは何ですか。
1 ブドウはフランス外から輸入される。
2 ブドウを摘むために外国人が雇用できる。
3 冬の間に行われる。
4 ブドウは完全に機械によって収穫される。

【解説】ワイン用ブドウの収穫について話されている。many workers are needed「多くの労働者が必要である」，people come from all over the world「世

界中から人々が来る」,work as grape-pickers「ブドウ摘みとして働く」,provides them with an opportunity to visit France「フランスを訪れる機会をも提供している」などが内容のポイントである。選択肢では 2 Foreigners can be hired to pick grapes. が一致する。1,3,4 は内容と異なる。

No. 27 【正解】 **3** The weather has been bad.

【放送文】Attention all passengers. Due to strong winds and heavy rain, all trains are running at reduced speed this morning. As a result, there are 30% less trains running than usual. We are also going to stop for longer periods at each station so we can make sure the trains are not running too close to each other. Thank you for your understanding.
Question: Why are the trains running slower than usual?

【訳】ご乗車の皆様にお知らせいたします。強風と豪雨のため,今朝はすべての電車が減速して運転しております。その結果,走っている電車は普段より3割少なくなっています。また,電車の間隔が近づきすぎないよう,各駅でより長く停車することが予想されます。ご理解ありがとうございます。
質問 なぜ電車は普段より遅く走っていますか。
1 ある電車が緊急停車したから。
2 普段より電車の数が多いから。
3 天候が悪いから。
4 電車が非常に込み合っているから。

【解説】Attention all passengers. から交通機関でのアナウンスとわかる。all trains are running at reduced speed「すべての電車が減速して運転している」,… going to stop for longer periods at each station「各駅でより長く止まる」などが知らされる。質問は「なぜ電車は普段より遅く走っているか」である。最初に Due to strong winds and heavy rain「強風と豪雨のため」と言っているので,それを言い換えた 3 The weather has been bad. が正解。

No. 28 【正解】 **3** See the marine life of the island.

【放送文】Good afternoon, travelers! Thank you for joining us on the Ocean Tour. We will head to the southern end of the island today. It will take about an hour to get there, and once we're there we'll show you the marine life in the area. We'll see fish, turtles, and if we're lucky, dolphins.
Question: What can you do on the Ocean Tour?

【訳】旅行者の皆様,こんにちは！ 私どものオーシャンツアーにご参加いただきありがとうございます。本日は島の南端に向かいます。そこまで約1時間くらいかかりますが,着きましたらそのエリアの海洋生物をご覧いただきます。魚,亀,そして運が良ければイルカが見られるでしょう。
質問 オーシャンツアーではどのようなことができますか。
1 海の新鮮な魚を食べる。
2 船の乗り方を学ぶ。
3 島の海洋生物を見る。
4 その地域の島のツアーに行く。

【解説】 ツアーガイドのアナウンスで，本日の予定が話されている。head to the southern end of the island「島の南端に向かう」，take about an hour to get there「そこまで約1時間くらいかかる」，we'll show you the marine life「海洋生物を見せる」などが予定である。選択肢の 3 See the marine life of the island. が一致する。1，2，4 は述べられていない。

No. 29 【正解】 **4 Make Helen feel welcome.**

【放送文】 Good morning class! I have someone very special to introduce to you today. We have a new student in our class. Her name is Helen. Her family moved here from London last week. I'm sure you all remember how nervous you were on your first day of school, so I hope you give Helen a warm welcome.
Question: What does the teacher ask the class to do?

【訳】 クラスのみなさん，おはようございます！ 今日はとても特別な人を紹介したいと思います。このクラスに新しい生徒が入ります。彼女の名前はヘレンです。彼女の家族は先週ロンドンからここに越してきました。みんなも学校の初日にどんなに緊張していたか覚えていると思います。ですから，ヘレンを温かく迎えてあげることを期待します。
質問 先生はクラスに何をすることをお願いしていますか。
1 ヘレンの家に行く。
2 クラスの生徒が自己紹介をする。
3 授業が始まったときを思い出す。
4 ヘレンを温かく迎える。

【解説】 最初の Good morning class! と，someone ... to introduce to you「ある人を紹介する」や have a new student「新しい生徒が入る」から，先生が転入生を紹介する場面とわかる。このあと，転入生についての説明があり，最後に先生が I hope (that) you give Helen a warm welcome.「あなたたちがヘレンを温かく迎えてあげることを期待します」とお願いをしている。これが質問の答えである。選択肢では，4 Make Helen feel welcome が一致する。give *A* a warm welcome「*A* に温かい歓迎を与える」が make *A* feel welcome「*A* を歓迎されていると感じさせる」と言い換えられていることに注意しよう。

No. 30 【正解】 **2 Take a break if you feel tired.**

【放送文】 OK, everyone, let's start today's yoga class. First of all, I want everyone to know that they don't have to be able to do all of the poses perfectly. If you can't do a pose, I can teach you some simpler versions. And it's very important for everyone to remember: if you feel tired and need to rest, please take a break. Don't push yourself.
Question: What does the teacher recommend to the class?

【訳】 さあ，みなさん，今日のヨガのクラスを始めましょう。まず初めに，みなさんにすべてのポーズが完ぺきにできなくてもよいということを知っておいてもらいたいと思います。もし，あるポーズができないときは，より簡単なバージョンをお教えします。そして，大事なことを覚えておいてください。もし疲れて休みが必要なときは休憩してください。無理をしないでください。
質問 先生はクラスの生徒に何を勧めますか。

1 パートナーに手伝ってもらうこと。
2 疲れたら休憩すること。
3 毎日ヨガの練習をすること。
4 家ですべてのポーズをできるようにすること。

【解説】　yoga class「ヨガ・クラス」の先生が最初に注意事項を述べている。I want everyone to know that ....「…ということを知っておいてください」や，it's very important for everyone to remember: ...「…を覚えておくことは大事です」などの後に述べられることを集中して聞くようにしよう。選択肢では，2 Take a break if you feel tired. が内容と一致する。1，3 については述べられていない。4 は内容と逆。

英文校閲： ahoney
問題作成 社
執筆協力 学道, 佐々木功, ㈱河源社
編集協力 源社

」で絶対合格！英検® 2 級 まるごと対策

2016 年 7 月 5 日　初版発行

編　者	ジャパンタイムズ
	© The Japan Times, Ltd., 2016
発行者	堤　丈晴
発行所	株式会社 ジャパンタイムズ
	〒108-0023 東京都港区芝浦 4 丁目 5 番 4 号
	電話　(03) 3453-2013 [出版営業部]
	振替口座　00190 6 64848
	ウェブサイト　http://bookclub.japantimes.co.jp
印刷所	図書印刷株式会社

本書の内容に関するお問い合わせは、上記ウェブサイトまたは郵便でお受けいたします。
定価はカバーに表示してあります。

万一、乱丁落丁のある場合は、送料当社負担でお取り替えいたします。
ジャパンタイムズ出版営業部あてにお送りください。

Printed in Japan　　ISBN978-4-7890-1635-3